教育部人文社会科学重点研究基地重大项目
"十四五"国家重点图书出版规划项目
江苏省 2022 年主题出版重点出版物

国家出版基金项目
NATIONAL PUBLICATION FOUNDATION

马克思主义思想史研究丛书
丛书主编　张一兵

The Influence of Andrew Ure's
The Philosophy of Manufactures on the
Development of Marx's Philosophy

尤尔的《工厂哲学》
对马克思哲学发展的影响

徐丹　著

南京大学出版社

图书在版编目(CIP)数据

尤尔的《工厂哲学》对马克思哲学发展的影响 / 徐
丹著. — 南京 : 南京大学出版社,2023.7
(马克思主义思想史研究丛书 / 张一兵主编)
ISBN 978 - 7 - 305 - 26497 - 9

Ⅰ. ①尤… Ⅱ. ①徐… Ⅲ. ①马克思主义哲学—研究
Ⅳ. ①B0 - 0

中国国家版本馆 CIP 数据核字(2023)第 003723 号

出版发行　南京大学出版社
社　　址　南京市汉口路 22 号　　　邮　编　210093
出 版 人　金鑫荣

丛 书 名　马克思主义思想史研究丛书
丛书主编　张一兵
书　　名　尤尔的《工厂哲学》对马克思哲学发展的影响
著　　者　徐　丹
责任编辑　黄隽翀

照　　排　南京南琳图文制作有限公司
印　　刷　南京爱德印刷有限公司
开　　本　635mm×965mm　1/16　印张 20.75　字数 264 千
版　　次　2023 年 7 月第 1 版　2023 年 7 月第 1 次印刷
ISBN 978 - 7 - 305 - 26497 - 9
定　　价　98.00 元

网址：http://www.njupco.com
官方微博：http://weibo.com/njupco
官方微信号：njupress
销售咨询热线：(025) 83594756

总　序

　　2022 年,我完成了《回到马克思》的第二卷[1]。会令读者吃惊的是,在这部接近百万字的第二卷中,我关于马克思历史文本的不少看法,竟然是异质于第一卷的,这直接造成了过去思想史常态中的一种巨大"逻辑矛盾"。同一个作者,对相同历史文本,居然会做出不完全一致的解读。这可能就是**新史学方法论**所依托的全新思想史本体个案。

　　记得 2007 年的某天,在上海,在《中国社会科学》杂志社举办的中国哲学家与历史学家对话的研讨会上,我所提出的历史研究建构论[2]遭到了历史学家们的批评。一位历史学教授在现场问我:"我是我爸爸生的是不是被建构的?"这真的很像当年杜林质问恩格斯:"2+2＝4 是不是绝对真理?"如果打趣式地硬抬杠,我也可以辩识说,在一个根本没有"父亲"的母系社会中,当然没有"你爸爸生你"的社会建构关系。而在次年在台北举行的"两岸三地人文社会科学论坛"[3]上,台湾"中研院"的一位史学前辈在对我的学术报告现场提问时,有些伤感地说:"我不知道大陆的唯心主义已经如此严重。"令人哭笑不得。其实,当狄尔泰和福柯讨论历史文

1　拙著《回到马克思——社会场境论中的市民社会与劳动异化批判》(第二卷),将由
　　江苏人民出版社出版。
2　发言提纲见拙文《历史构境:哲学与历史学的对话》,《历史研究》2008 年第 1 期。
3　这是由南京大学、香港中文大学和台湾"中央大学"联合举办的系列学术研讨会议。

献（档案）的"被建构"问题时，他们并非在涉及直接经验中的每个时代当下发生即消逝的生活场境，而是在追问史学研究的**方法论前提**。谁制定了历史记载和书写的规则？实际上，历史记载永远是历代统治者允许我们看到的东西，恐怕，这是更需要史学家明白的**历史现象学**。

我曾经说过，任何一种历史研究对社会定在及其历史过程的绝对客观复现都是**不可能**的。这是因为，我们的历史研究永远都是在以当下社会生活生成的认识构架重构已经不在场的过去，思想重构并不等于曾有的历史在场。更重要的方面还在于，因为社会生活与个人存在之间始终存在一种无法打破的隔膜，所以社会生活情境不等于个体生活的总和，个人生存总有逃离社会的一面，其中，个人生存的处境、积极或消极行动的建构、情境、心境与思境都不是完全透明可见的，虽然人的生活构境有其特定的物性基础，但构境达及的生存体验是各异和隐秘的。我在上课的时候，有时也会以电影故事中内嵌的新史学观为例，比如根据英国作家拜雅特[1]

---

1 拜雅特（A. S. Byatt, 1936— ），英国当代著名作家。1936 年 8 月 24 日出生于英国谢菲尔德，1957 年在剑桥大学获得学士学位。曾在伦敦大学教授英美文学。1983年，拜雅特辞去高级教师职位，专心致力于文学创作，同年成为英国皇家文学协会会员。主要作品有：长篇小说《太阳的阴影》(1964)、《游戏》(1968)、《庭院少女》(1978)、《平静的生活》(1985)、《隐之书》(1990)、《传记作家的故事》(2000)，以及中短篇小说集《夜莺之眼》等。1990 年，拜雅特因《隐之书》获得英国小说最高奖布克奖，同年获颁大英帝国司令勋章(CBE)。2010 年，74 岁的拜雅特又获得了不列颠最古老的文学奖——詹姆斯·泰特·布莱克纪念奖。

的著名小说《隐之书》(*Possession：A Romance*,1990)[1]改编的电影《迷梦情缘》(*Possession*,2002)。故事虚构的情节是一个双层时空构境结构：今天(1986年)的阅读者——一位年轻的文学研究助理罗兰,在研究过去19世纪维多利亚时代著名诗人艾许(他也被建构成一个复杂隐喻诗境的"腹语大师")的过程中,偶然发现了夹于一部艾许最后借阅归还的维柯的《新科学》(*New Science*)中的两封写给无名女士的未完成的信件。经过细心的文献研究,他确认收信者竟然是艾许同时代著名的女诗人兰蒙特。由此,揭开了一桩隐匿了百年的秘密史实：有着正常家庭生活的艾许和孤守终生的兰蒙特在1868年发生了一段刻骨铭心的爱情,并且,兰蒙特背着艾许生下了他们的女儿。从小说中作为精彩艺术手段的细节中,我们可以看到,罗兰和兰蒙特的后代莫德小姐竟然通过兰蒙特诗歌中的暗示,在家族庄园中兰蒙特的住所里找到了她百年前隐藏在婴儿车中的秘密书信,甚至找到了诗歌隐喻的两位大诗人的疯狂秘恋之旅和情爱场境。由此,一直以来英国诗歌史中关于两位诗人那些早有定论的作品释义,瞬间化为文学思想史研究中的谬误。"有些事情发生了,却没有留下可以察觉到的痕迹。这些事情没有人说出口,也没有人提笔写下,如果说接下来的事件都与这些事情无关,仿佛从来没有发生过,那样的说法可就大错特错

1　其实,此书的英文原书名为 *Possession：A Romance*,直译应该是《占有：一段罗曼史》。但 Possession 一词也有被感情支配和着魔的意思,所以如果译作《着魔：一段罗曼史》更准确一些。当然,现在的中译名《隐之书》的意译更接近书的内容。拜雅特还有另外一部艺术构境手法相近的小说《传记作家的故事》(*The Biographer's Tale*,2000),说的是一个研究生菲尼亚斯(Phineas G. Nanson),决定研究一位非常晦涩的传记作家斯科尔斯(Scholes Destry-Scholes)。在研究的过程中,他并没有了解到很多关于这位作家本身的生平,而是发现了这位作家**未发表的**关于另外三位真实历史人物(Carl Linnaeus, Francis Galton and Henrik Ibsen)的研究。拜雅特在书中将事实与虚构相结合,再现了这三位被隐匿起来的历史人物的生活。

了。"[1]这是此书最后"后记"中开头的一段文字。我觉得,他(她)们不想让人知道的书信是另一种**遮蔽历史在场性**性质的**秘密文献**,这是一种逃避现实历史关系的另类黑暗历史记载。然而,这种黑暗考古学的发现,却会改变对允许被记载的历史"事实"的全部判断。虽然,这只是艺术虚构,但它从一个侧面直映了这样一种新史学观:正是个人生存中的这种可见和不可见的多样性生活努力,建构出一个社会内含着隐性灰色面的总体生活情境。在每一个历史断面上,总有来自个体生存情境隐秘和社会生活的意识形态遮蔽。这些非物性的生存构境因素和力量,从一开始就是**注定不入史**的。这样,"能够历经沧海桑田,保存下来的那些作为历史印记的文字记载和物性文物,只是一个时代人们愿意呈现和允许记载的部分,永远都不可能等于逝去的社会生活本身。与文本研究中的思想构境一样,这些记载与历史物都不过是某种今天我们在生活中重新建构历史之境的有限启动点"[2]。

摆在读者面前的这一套由南京大学出版社出版的《马克思主义思想史研究丛书》,是近年来这一研究领域中的最新成果。它的作者,主要是南京大学马克思主义哲学专业培养出来的一批青年学者。他们从不同的思想史侧面和角度,研究和思考了马克思主义思想史中发生的一个个深层次的问题。除去少数带有总论性质的文本以外,丛书中的大多数论著都是微观的、田野式的专业研究,比如马克思与费尔巴哈的关系、马克思与19世纪英国社会主义思潮的关系、马克思与尤尔机器研究的关系、马克思方法论的工艺学基础以及马克思文本中的对象化概念考古等。或多或少,它

1　[英]拜雅特:《隐之书》,于冬梅等译,南海出版公司2010年版,第577页。

2　张一兵:《〈资本主义理解史〉丛书总序》,《资本主义理解史》(六卷),江苏人民出版社2009年版。

们都从一个马克思主义思想史的断面,进入我们现代人观察马克思生活的那个远去的历史生活场境。虽然我们无法重现那些无比珍贵的伟大革命实践和思想变革的历史在场性,但多少表达了后人在马克思主义思想史探索中积极而有限的努力。

其实,在最近正在进行的《回到马克思》第二卷的写作中,我再一次认真通读了马克思与恩格斯长达 40 年的通信。阅读这些历史信件,也使那些灰色的思想文本背后的生活场境浮现在眼前。出身高级律师家庭的马克思和作为贵族女儿的燕妮、有着资本家父亲的恩格斯,没有躺在父辈留下的富裕的生活之中,而是选择了为全世界受苦受难的无产阶级获得解放寻求光明的艰难道路。在那些漫长而黑暗的岁月里,马克思被各国资产阶级政府驱逐,作为德国的思想家却不能返回自己的家乡,这么大的世界却没有一个革命者安静的容身之处。常人真的不能想象,马克思在实现那些我们今天追溯的伟大的思想革命时,每天都处于怎样的生活窘迫之中,在很长一段时间里,马克思写给恩格斯的大量信件都是这样开头的:"请务必寄几个英镑来。"因为房租、因为债主逼债、因为孩子生病,甚至因为第二天的面包……这种令人难以想象的生活惨状,一直持续到《资本论》出版后才略有好转。而恩格斯则更惨。我经常在课堂上说一个让人笑不出来的"笑话":"恩格斯自己当资本家养活马克思写《资本论》揭露资本家剥削工人的秘密。"这是令人潸然泪下的悲情故事。当你看到,有一天恩格斯兴奋地写信告诉马克思"今天我不用去事务所了,终于自由了",你才会体验到,什么叫伟大的牺牲精神。恩格斯自己有太多的事情要做,有无数未完成的写作计划,可是,为了马克思的思想革命和人类解放的事业,他义无反顾地放下了一切。马克思去世之后,为了整理出版《资本论》第二、三卷,自比"第二小提琴手"的恩格斯毫不犹豫地表示:"我有责任为此献出自己的全部时间!"[1]这才是人世间最伟大的友谊。这是我们在学术文本中看不到的历史真实。研究马克思主义思想史,对我们来说,不应该是谋生取利的工具,而是为了采撷那个伟大事业星丛的思想微粒,正是由于这些现实个人的微薄努力,光明才更加耀眼和夺目。

本丛书获得了 2022 年度国家出版基金的资助,感谢参加评审的各位专家,也感谢南京大学出版社的领导和诸位辛劳的编辑老师。我希望,我们的努力不会让你们和读者们失望。

张一兵

2022 年 4 月 5 日于南京

---

1 《马克思恩格斯全集》第 36 卷,人民出版社 1975 年版,第 92 页。

目 录

尤尔的《工厂哲学》对马克思哲学发展的影响

尤尔的《工厂哲学》对马克思哲学发展的影响

导　论

在国内学术界，关注尤尔的学者非常少，尤尔对马克思的影响还没有被充分重视。据笔者研究，在马克思的思想发展过程中，尤尔产生了非常重要的影响。本文选择"尤尔的《工厂哲学》对马克思哲学发展的影响"这个题目，是基于以下几个因素。

1. 马克思能够立足机器大工业的基础分析资本主义的内在矛盾很大程度上是受到了尤尔的影响。

在马克思的哲学发展史上，马克思对资本主义社会的分析经历了这样一个变化，他早期是立足工场手工业的基础分析资本主义社会，到了后期，他立足于机器大工业的基础去分析当时的资本主义社会。那么，为什么会有这样一个变化呢？在早期，马克思之所以立足手工业的基础分析资本主义社会，是因为他受到了亚当·斯密的影响。斯密是工场手工业时代的政治经济学家，因而他的理论是基于资本主义工场手工业的。1845 年之后，马克思的理论视域渐渐转向机器大工业社会，直至 1857 年之后，马克思才真正从机器大工业的角度去分析资本主义社会，只有从机器大工业出发才能真正分析透彻资本主义的内在矛盾，那么这一理论转向是受到谁的影响呢？李嘉图是继斯密之后的又一重要的政治经济学家，他的理论视域已经开始渐渐走出手工业资本主义社会，但是，他的《政治经济学及赋税原理》出版于1817年，而工业革命是在19世纪30年代左右才结束的，工业革命的成效还没有完全展现出来。那么马克思的理论视域转向机器大工业究竟是受到谁的影响呢？国内学术界还没有很深入地去探讨这个问题，马克思何以能够从斯密的资本主义工场手工业立场转向了机器大工业立场，这是值得追问的。

尤尔的《工厂哲学》出版于1835年，在这本书中，尤尔恰恰是从机器大工业的理论视角，在经验层面描绘了一个机器大工业的崭新场景。尤尔在《工厂哲学》的开篇就指出斯密的理论是站在手工业资本主义之上的。斯密在《国富论》中，从分工开始分析当时的资本主义社会，他用扣针制造业详细说明了他的分工理论。"扣针制造业是极其微小的了，但它的分工往往唤起人们的注意。所以，我把它引来作为例子……"[1]这是我们所熟悉的斯密的分工理论。尤尔指出，现在已经是机器大工业资本主义，斯密的理论是站在资本主义工场手工业的基础上的，因此斯密的理论已经不适用于现在的机器大工业资本主义。"当亚当·斯密撰写他的政治经济学原理这一不朽著作时，工业中的自动体系几乎还无人知道。他完全有理由把分工看作改进工场手工业的伟大原则……但是，在斯密博士时代有用的例子，在我们这个时代只会使公众在现代工业的实际原则问题上陷入歧途……"[2]尤尔是首次提出这一观点的理论家，这说明尤尔已经清晰地看到了当时他所处的机器大工业社会已经不同于斯密所处的工场手工业社会，尤尔的这一理

1　[英]亚当·斯密:《国民财富的性质和原因的研究》上卷，郭大力、王亚南译，商务印书馆2012年版，第6页。

2　Andrew Ure, *The Philosophy of Manufactures*, London: Charles Knight, 1835, p. 19.

论视角给了马克思很大的影响。马克思在《资本论》中专门区分了工场手工业与机器大工业，只有区分清楚了这两者，才能真正从机器大工业的视角深入分析资本主义的内在矛盾。

2. 在理论史上，尤尔首次从生产过程的内部去分析当时的资本主义社会。

尤尔的《工厂哲学》的一个重要的理论贡献就在于他深入到生产过程中去分析当时的资本主义社会。在尤尔之前的经济学家，像斯密、李嘉图等人，他们虽然也涉及生产过程，但关注更多的是市场交换，主要是从流通过程去分析当时的社会经济运行状态。而尤尔这本著作基本是从生产过程去分析当时的资本主义机器大生产的运行状况，这是一个重要的理论场域的转换。在当时，尤尔将他的理论基础放在工厂的技术和制造上，当时能够基于这个理论点的政治经济学家很少，同时期的还有查·拜比吉（拜比吉的著作《论机器和工厂的节约》）。在《工厂哲学》中，尤尔通过58幅图和很多翔实的图表数据来说明当时资本主义发展的状况。通过对生产过程的分析，尤尔看到了工业革命给社会带来的巨大变化，看到了从农业生产向工业生产转变的生产力的巨大进步。虽然尤尔的理论更多的是经验层面的描述，但是能够从生产过程去观察资本主义社会，这是一个重大的理论转向。

马克思之所以能够对资本主义社会的内在矛盾有如此深刻的分析，主要在于马克思是从资本主义的生产过程去分析资本主义的内在矛盾的。马克思从生产过程去分析资本主义的内在矛盾，也不是从一开始就从生产过程去分析，而是经历了一个摸索的过程。在早期，他也是从流通过程去分析资本主义社会的矛盾的。当马克思站在斯密和李嘉图的理论基础上的时候，显然，他也会跟着从流通过程去分析资本主义社会，直至《德意志意识形态》马克思才从生产过程去分析资本主义的矛盾,而成熟地从生产过程的内部去分析资本主义社会的内在矛盾是在《1857—1858年经济学手稿》(以下简称《57—58手稿》)中,剩余价值的秘密就存在于生产过程的深处,资本主义社会的内在矛盾是从生产过程中生发出来的。在这个理论转变过程中,尤尔的著作给了马克思很大的影响。虽然尤尔给马克思展示的是生产过程中的经验层面的描述,但是机器大工业生产过程的呈现给了马克思一个全新的视野,这也足以让马克思对机器大工业社会有一个全新的思考。马克思只有置身在生动翔实的机器大工业的场景中,才能够真正体会资本主义工场手工业社会与机器大工业社会的差别,只有从机器大工业的生产过程的内部,才能真正透彻分析资本主义社会的内在矛盾。

3. 在马克思的著作中,马克思对尤尔的评价在他的早期和晚期是不一致的,这种不一致正说明了马克思自身理论水平的发展。

在马克思的著作中,马克思第一次提到尤尔的《工厂哲学》是在《布鲁塞尔笔记》中。而后在《评李斯特》《哲学的贫困》《伦敦笔记》和《57—58手稿》等著作中都提到尤尔,直至在《1861—1863年经济学手稿》(以下简称《61—63手稿》)和《资本论》中,马克思大段大段地引用尤尔的《工厂哲学》。将马克思前期和后期的著作相比较,马克思对尤尔的《工厂哲学》的看法并非一以贯之,而是有一个变化的过程。

在《布鲁塞尔笔记》中,马克思摘录了尤尔的《工厂哲学》,随后,马克思就用其中的摘录去批评李斯特。在《评李斯特》中,马克思并没有真正理解尤尔的理论,他是以误读的方式来批评李斯特;在《哲学的贫困》中,马克思用尤尔来批判蒲鲁东,此时马克思对尤尔的引用长达两页。从《哲学的贫困》中马克思对分工和机器的分析可以看出,马克思此时还没有达到尤尔的深度;而在《伦敦笔记》第 XV 笔记中,马克思摘录了尤尔关于工艺学方面的笔记,研究了自然科学和技术问题;在这之后,马克思在《57—58 手稿》中虽然只很少提到尤尔,但是马克思对机器大工业的分析已经达到尤尔的水平,并且开始渐渐超越尤尔;直到《61—63 手稿》和《资本论》中马克思大段大段地引用尤尔的《工厂哲学》,而对尤尔的评价也已经换了一个全新的角度。"两本书——尤尔博士的和弗里德里希·恩格斯的——无疑都是关于工厂制度的著作中最好的;两本书的内容相同,只有一个区别:尤尔是作为这个制度的仆人,作为被这个制度俘虏的仆人来讲话的,而恩格斯则是作为这个制度的自由批评家来讲话的。"[1]这个时候,马克思已经深刻领会了尤尔的理论,撇开了尤尔的资产阶级立场的视角,从尤尔所描述的客观的机器大工业的事实出发去理解尤尔的理论,并且形成了自己系统的机器观,从机器走向了固定资本,并从机器理论中生发出对资本主义社会内在矛盾的批判。尤尔的理论对马克思有很大的影响,同时,马克思之所以对尤尔的看法有这样一个大的转变,也是源自马克思自身理论的发展,马克思自身理论发展到什么程度,对尤尔的理解就会达到什么程度。

4. 马克思的机器大工业理论是他对资本主义社会内在矛盾的批判的源头。

在马克思的理论中,马克思最重要的理论贡献在于发现了资本主义社会的内在矛盾,即生产力与生产关系的内在矛盾。但是我们对这一矛盾的理解还停留在抽象层面,那么放在具体层面,在生产过程中,生产力与生产关系的内在矛盾是以什么为载体生发

---

1 《马克思恩格斯全集》第 37 卷,人民出版社 2019 年版,第 162 页。

出来的，这是值得追问的问题。在马克思的晚期著作中，马克思对资本主义内在矛盾的批判深入到生产过程中去，缘起于对机器的深刻理解。马克思通过对机器的批判走出了一条批判资本主义社会内在矛盾的道路。在机器这个问题上，马克思受到了尤尔的影响，但又没有止步于尤尔，他理解了尤尔，同时又超越了尤尔。而在国内学术界，很多人对马克思关于机器的理解仅仅停留于将机器看做一门技术，将机器看做生产力的代表，因此对机器的理解一直在技术层面盘旋，而实际上，理解马克思的机器观必须从哲学层面去理解，哲学层面的机器才是马克思要表达的内容。

虽然马克思和尤尔都区分了资本主义工场手工业和资本主义机器大工业，但是他们的分析视角是不同的。尤尔以生产力发展水平的不同来区分手工业资本主义和机器大工业资本主义。在历史的纵向上，尤尔描述了手工业时期的工人劳动条件很艰苦，机器大工业将工人从繁重的劳动中解放出来。通过这两者的对比来说明机器大工业资本主义代替手工业资本主义的优越性。在机器大工业资本主义中，生产力的提高对资本家而言，一方面可以促进社会生产力的发展，使得资本家在市场竞争中处于有利地位，另一方面，可以使得资本家不再受制于那些难以驯服的工人。对工人而言，可以获得更轻松的劳动。尤尔通过这种视角来说明机器大工业资本主义代替手工业资本主义是历史的进步。尤尔更多的是停留在经验层面的描述，而没有去深刻地分析当时的机器大工业资本主义社会的内在本质。

尤尔对机器的理解也是很深刻的，在尤尔的理论中，颠覆了机器与人之间的关系，在前资本主义社会的生产过程中，人是主体，而工具是人的帮手，而在机器大工业社会的生产过程中，人与工具的关系颠倒了，机器是主体，而人是站在机器旁边的看管者，这一理论是非常深刻的。但是马克思并没有止步于此,马克思透过尤尔的这些经验层面的描述看到了资本主义机器大工业经验层面背后的内在本质。在马克思的理论中,机器身上所承载的不仅是生产力,更是生产关系。面对机器大工业社会的机器,在马克思的眼中,呈现出的不仅仅是机器,而是机器身上所承载的资本家对工人的剥削。于是,马克思将机器延伸到了固定资本,机器已经不再是机器,而是固定资本。固定资本与机器有本质的区别,固定资本是一个哲学概念,固定资本固定的不是资本,而是固定着资本家对工人的剥削。沿着这个思路,马克思从机器大工业生产的内部去找到资本主义发展的内在矛盾,并从这种发展历程中得出资本主义的发展是有自身发展的界限的,通过这种发展的界限,通过资本主义内在矛盾的分析说明资本主义必然灭亡的历史趋势,完成了对资本主义社会内在矛盾的批判。

第一章　当时的西欧学界关于资本主义特征的几种代表性观点

要想剖析尤尔对马克思产生的影响,不能不去探讨在尤尔之前以及与尤尔同时期的思想家对马克思产生的影响。在尤尔之前,对马克思产生重要影响的两个政治经济学家是亚当·斯密和大卫·李嘉图。与尤尔同时期对马克思产生重要影响的思想家是拜比吉和舒尔茨。只有对这样的原初背景做出分析,我们才能够在思想史的背景下给尤尔做出准确的理论定位,从而深入分析尤尔对马克思产生的重要影响。

第一节
亚当·斯密对资本主义工场手工业的理解

亚当·斯密(1723—1790)是英国古典政治经济学的开山鼻祖,马克思对他有着极高的评价:"在亚当·斯密那里,政治经济学已发展为某种整体,它所包括的范围在一定程度上已经形成。"[1]

1　《马克思恩格斯全集》第34卷,人民出版社2008年版,第182页。

在斯密的著作中，对马克思的政治经济学思想产生重要影响的著作是出版于 1776 年的《国民财富的性质和原因的研究》（以下简称《国富论》）。在此本著作中，斯密从工场手工业的视角对资本主义社会的内在机理进行了深刻的分析。但是，因为斯密所处的时代是资本主义工场手工业阶段，因此，他的理论基本是围绕工场手工业的特征展开的。而马克思在其理论发展的早期阶段，由于受到斯密观点的较大影响，因此，尽管在他那个时代，机器大工业已经在英国蓬勃发展了起来，但马克思仍然基于工场手工业来布展其资本主义批判理论。直到《61—63 手稿》时期，马克思才完全认识到斯密所处的时代与他自身所处的时代已经完全不同，生产方式本身已经发生根本改变。但是，不可否认的是，斯密在马克思早期的思想发展过程中产生了重要影响。

一、斯密基于工场手工业资本主义的分工理论

斯密在《国富论》一书中，重点要解决的一个问题就是研究一个国家的财富是如何增长的。对于这个问题，之前的重商主义者认为财富就是货币，财富是从贸易中产生的，也就是从流通领域中产生的。重农主义将理论域转向生产过程，但是重农主义的生产过程是在农业生产中。斯密的理论贡献在于将财富的本质归结为劳动。斯密在《国富论》的开篇就说："一国国民每年的劳动，本来就是供给他们每年消费的一切生活必需品和便利品的源泉。"[1]他不再区分不同行业的劳动，所有的劳动都在他的理论视域中。将

---

1 [英]亚当·斯密：《国民财富的性质和原因的研究》上，郭大力、王亚南译，商务印书馆 2012 年版，第 1 页。

劳动归结为抽象劳动是理论的重大进步。

劳动如何创造财富？在这个问题上，斯密提出了分工理论。用分工来说明劳动生产力的提高并非斯密的原创，柏拉图在《理想国》中就已经提出了分工理论。柏拉图认为，在城邦中，一个人单搞一种手艺要比搞很多种手艺要好，柏拉图的分工完全是社会分工。"这样，只要每个人在恰当的时候干适合他性格的工作，放弃其它的事情，专搞一行，这样就会每种东西都生产得又多又好。"[1]斯密也是从分工入手的，他看到了分工的重要性："劳动生产力上最大的增进，以及运用劳动时所表现的更大的熟练、技巧和判断力，似乎都是分工的结果。"[2]分工理论贯穿斯密整本书的始终。但与柏拉图不同的是，斯密不仅看到了社会分工，而且还进入生产领域中去研究生产过程中的分工。接下来，我们就来对斯密的分工理论做具体的分析。

《国富论》一书的前三章是集中围绕分工而展开的。他以扣针制造业为例对分工提高生产力的原因进行了说明："扣针制造业是极微小的了，但它的分工往往唤起人们的注意。所以，我把它引来作为例子。"[3]分工带来劳动生产力的提高，如果没有分工，生产力的水平将会倒退很多："如果他们各自独立工作，不专习一种特殊业务，那末，他们不论是谁，绝对不能一日制造二十枚针，说不定一天连一枚针也制造不出来。他们不但不能制出今日由适当分工合作而制成的数量的二百四十分之一，就连这数量的四千八百分之

1　[古希腊]柏拉图：《理想国》，郭斌和、张竹明译，商务印书馆 2002 年版，第 60 页。

2　[英]亚当·斯密：《国民财富的性质和原因的研究》上，郭大力、王亚南译，商务印书馆 2012 年版，第 5 页。

3　[英]亚当·斯密：《国民财富的性质和原因的研究》上，郭大力、王亚南译，商务印书馆 2012 年版，第 6 页。

一,恐怕也制造不出来。"[1]由此可见,斯密强调分工是因为他看到了在工场手工业条件下分工带来了生产力的巨大进步。

接着,斯密又进一步说明了行业分工:"凡能采用分工制的工艺,一经采用分工制,便相应地增进劳动的生产力。各种行业之所以各个分立,似乎也是由于分工有这种好处。一个国家的产业与劳动生产力的增进程度如果是极高的,则其各种行业的分工一般也都达到极高的程度。未开化社会中一人独任的工作,在进步的社会中,一般都成为几个人分任的工作。在进步的社会中,农民一般只是农民,制造者只是制造者。"[2]应该注意的是,扣针制造业是生产过程内部的分工,而行业分工则是社会分工,在斯密的理论中,这两种分工都被注意到了。

无论是社会分工还是工场内部分工,斯密都是从提高劳动生产率的角度来分析的。因此,对斯密来说并不需要区分这二者。那么分工为什么能够促进劳动生产率的提高呢?斯密进一步分析:"有了分工,同数劳动者就能完成比过去多得多的工作量,其原因有三:第一,劳动者的技巧因业专而日进;第二,由一种工作转到另一种工作,通常须损失不少时间,有了分工,就可以免除这种损失;第三,许多简化劳动和缩减劳动的机械的发明,使一个人能够做许多人的工作。"[3]其实,斯密在这里已经看到了一个很重要的问题,那就是在工场手工业条件下,生产方式本身已经发生改变,这种改变非常重要,这种生产方式改变本身能够带来生产力的

---

1 [英]亚当·斯密:《国民财富的性质和原因的研究》上,郭大力、王亚南译,商务印书馆 2012 年版,第 6 页。

2 [英]亚当·斯密:《国民财富的性质和原因的研究》上,郭大力、王亚南译,商务印书馆 2012 年版,第 7 页。

3 [英]亚当·斯密:《国民财富的性质和原因的研究》上,郭大力、王亚南译,商务印书馆 2012 年版,第 8 页。

提高。

那么,社会为什么会出现分工呢?斯密认为这是人类交换的结果。"引出上述许多利益的分工,原不是人类智慧的结果,尽管人类智慧预见到分工会产生普遍富裕并想利用它来实现普遍富裕。它是不以这广大效用为目标的一种人类倾向所缓慢而逐渐造成的结果,这种倾向就是互通有无,物物交换,互相交易。"[1]斯密的这种观点显然是从社会分工的角度来切入的。

那么,工场内部的分工如何用交换来解释呢?"必须记住,制造业的完善,全然依赖分工,而制造业所能实行的分工程度,又必然受市场范围的支配,这是我们曾经说过的。"[2]显然,斯密仍然是从市场交换关系的角度来加以解释的,他并没有分清生产过程与流通过程的区别。实际上,虽然社会分工的理论视域是在流通及交换过程中,但工场内部分工的理论视域是在生产领域中,而斯密并没有意识到这两者有重要的区别。在《国富论》的开篇,斯密是从生产过程切入的,但是随后就转向了交换过程,并且理论视域基本都是在交换过程中。不过对于斯密来说,他的理论目的是说明分工如何提高劳动生产力并带来国家财富的增长,因而,混淆两种分工倒也无大碍。

分工带来的结果就是导致人的片面性。"分工进步,依劳动为生者的大部分的职业,也就是大多数人民的职业,就局限于少数极单纯的操作,往往单纯到只有一两种操作。可是人类大部分智力的养成,必由于其日常职业。一个人如把他一生全消磨于少数单

1　[英]亚当·斯密:《国民财富的性质和原因的研究》上,郭大力、王亚南译,商务印书馆2012年版,第12—13页。

2　[英]亚当·斯密:《国民财富的性质和原因的研究》下,郭大力、王亚南译,商务印书馆2012年版,第247页。

　　尤尔的《工厂哲学》对马克思哲学发展的影响

纯的操作,而且这些操作所产生的影响,又是相同的或极其相同的,那么,他就没有机会来发挥他的智力或运用他的发明才能来寻找解除困难的方法,因为他永远不会碰到困难。……这样看来,他对自身特定职业所掌握的技巧和熟练,可以说是由牺牲他的智能、他的交际能力、他的尚武品德而获得的。但是,在一切改良、文明的社会,政府如不费点力量加以防止,劳动贫民,即大多数人民,就必然会陷入这种状态。"[1]这是斯密在分工问题上的一个非常重要的观点:分工导致人的片面性。

二、斯密对机器的理解还未到达真正的机器大工业的层面

斯密在《国富论》的开篇就以扣针制造业布展他的理论,但是斯密时代的制造业并非马克思时代的制造业。斯密当时处于工场手工业时期,制造业中的机器生产还未完全展开,但是,斯密已经开始关注到机器,只不过,斯密时代的机器还不是机器大工业下的机器。接下来看一下斯密对机器的分析。

首先,斯密分析了在当时的社会中为什么会出现机器。"第三,利用适当的机械能在什么程度上简化劳动和节省劳动,这必定是大家都知道的,无须举例。我在这里所要说的只是:简化劳动和节省劳动的那些机械的发明,看来也是起因于分工。人类把注意力集中在单一事物上,比把注意力分散在许多种事物上,更能发现达到目标的更简易更便利的方法。分工的结果,各个人的全部注意力自然会倾注在一种简单事物上。所以只要工作性质上还有改

---

1 [英]亚当·斯密:《国民财富的性质和原因的研究》下,郭大力、王亚南译,商务印书馆 2012 年版,第 339 页。

良的余地,各个劳动部门所雇的劳动者中,不久自会有人发现一些比较容易而便利的方法,来完成他们各自的工作。唯其如此,用在今日分工最细密的各种制造业上的机械,有很大部分,原是普通工人的发明。他们从事于最单纯的操作,当然会发明比较便易的操作方法。不论是谁,只要他常去观察制造厂,他一定会看到极像样的机械,这些机械是普通工人为了要使他们担当的那部分工作容易迅速地完成而发明出来的。"[1] 从这里的分析可以看到,斯密认为机器的发明者是工人,机器是由分工引起的。由于有了分工,工人能够从事专项劳动,将注意力集中在一项工作上,这样就为发明机器创造了有利条件。这里要注意的是,斯密所说的机器与机器大工业下的机器是有本质区别的。后来马克思在《资本论》中说,机器的发明和使用是科学和资本联合的结果,而绝不是斯密这里所说的工人为了操作变得简单而发明出来,这就是斯密由于时代的限制而没有看到的。科学成为一种发明,会慢慢地渗透到资本中,要生产什么机器完全由资本来决定,资本掌握科学是资本的最终完成形式。在斯密的时代,资本对科学的统治还远没有到达这个程度。

其次,斯密认为机器的出现使得操作变得简单:"反之,就普通机械工艺说,所有操作都可在薄薄数页的小册子里附加插图,做详尽明了的说明。"[2] 因为机器使得操作变得简单,从而不再需要长时间的学习,这也就使得工人不再需要学徒时间。"长的学徒年限,是全然不必要的。比一般手艺高得多的技艺,如挂钟手表的制

---

1 [英]亚当·斯密:《国民财富的性质和原因的研究》上,郭大力、王亚南译,商务印书馆 2012 年版,第 10 页。

2 [英]亚当·斯密:《国民财富的性质和原因的研究》上,郭大力、王亚南译,商务印书馆 2012 年版,第 120 页。

造,并不含有需要长期教授的神秘技术。诚然,这些美妙机器的最初发明,甚至用以制造这些机器的一些器具的最初发明,无疑是经过长久时间和深湛思索之后才做出的作品,并且可公公正正说是人类发明才能的最可喜成果之一。但是,当这些机器和器具,一经发明好了,一经理解好了,那末,要详详细细地,给少年人讲解,怎样使用器具和怎样做机器,大概不需要几星期以上的讲授时间,也许只需要数天的讲授时间。"[1] 因为新出现了操作简单的机器,工人在很短的时间内就能掌握技术,而在工场手工业之前,学徒制在手工技术的流传中起着非常重要的作用。斯密的这一理论发现为马克思日后分析机器取代工人导致过剩人口埋下伏笔。

再次,斯密指出机器的使用减少了作业的劳动量。"但是,改良会自然而然地产生逐渐降低一切制造品真实价格的结果。随着改良,一切制造业的费用,大概都会逐渐减低,没有例外。机械的改善,技巧的进步,作业上更妥当的分工,无一非改良所致,亦无一不使任何作业所需的劳动量大减。诚然,社会状态,日益繁荣,劳动的真实价格,必大大增高,但必要劳动量的大减少,一般足以补偿劳动价格的增高而有余。"[2] 这里需要注意的是,斯密说的是劳动量大减而非是工人减少。斯密已经看到机械的进步减少总的劳动量,但是因为分工越细所需工人越多,因此,在工场手工业条件下,机器的运用导致工人的人数减少的趋势还没有显现出来。更重要的是,斯密已经注意到了必要劳动量的减少要足以补偿劳动价格的增高,否则就不会使用机器了,这一观点继续往下深入就会

1　[英]亚当·斯密:《国民财富的性质和原因的研究》上,郭大力、王亚南译,商务印书馆 2012 年版,第 116—117 页。

2　[英]亚当·斯密:《国民财富的性质和原因的研究》上,郭大力、王亚南译,商务印书馆 2012 年版,第 236 页。

涉及机器的资本主义应用问题，当然斯密是不会看到的。

从以上的分析可以看到，斯密对机器的分析是基于将机器看作是生产力。但斯密对机器的分析没有止步于此，他对机器的分析进一步深入到了固定资本的层面，这一分析是很深刻的，只不过他的这一理论还不够成熟。

先来看一下斯密对固定资本和流动资本的划分标准："对投资者提供收入或利润的资本，有两种使用方法。一，资本可用来生产、制造或购买物品，然后卖出去以取得利润。……商人的资本不断以一个形态用出，以另一个形态收进；而且也只有依靠这种流通，依靠这种继续的交换，才有利润可图。因此，这样的资本可称为流动资本。二，资本又可用来改良土地，购买有用的机器和工具，或用来置备无须易主或无须进一步流通即可提供利润的东西。这样的资本可称为固定资本。……种子的全部价值，亦可称为固定资本。种子虽往返于土地与谷仓之间，但未更换主人，所以没有真正地流动过。农业家获取利润，不是靠出售种子，而是靠种子孳生产品。"[1] 从这里可以看到，斯密对固定资本和流动资本的分析混淆了四个问题。首先，斯密混淆了农业生产和工业生产。斯密在划分固定资本和流动资本这二者的时候，将农业生产也放在理论视域中，他将农业生产中的种子也划分为固定资本。其次，斯密混淆生产领域和流通领域。他将生产出来的产品看作是固定资本，将花出去的产品称为流动资本。再次，斯密混淆了固定资本和流动资本的所有权。他认为需要易主的就是流动资本，不需要易主的就是固定资本。最后，斯密混淆了机器和工具。他将裁缝的

---

1 ［英］亚当·斯密：《国民财富的性质和原因的研究》上，郭大力、王亚南译，商务印书馆 2012 年版，第 255—257 页。

一包针都看作是固定资本。

斯密混淆了生产领域和流通领域，所以他对固定资本和流动资本的划分还是含糊不清的。但是，需要肯定的是，当斯密将理论视域转向生产领域时，他指出了固定资本的特性，他的这些认知是很深刻的。

第一，固定资本带来生产力的大幅度提高。"固定资本的目标，在于增加劳动生产力，换言之，在于使同一数目的工人能够完成多得多的工作。……有最精良机器设备的厂坊，和工具不这么完备的厂坊比较，虽所雇工人的人数相等，出产量亦一定会大得多。适当地花在固定资本上面的任何费用，一定都能很快地带回很大的利润，而且年产物价值由此而来的增加，会比这类改良物所必要的维持费大得多。……现在机器改良了，这一定数量的材料和人工，可以节省下来，再凭借某种机器的力量，用来增加产品的数量。"[1]斯密将机器看作是固定资本，斯密认为机器能够带来劳动生产力的提高，并且机器的维持费用小于它能带来的价值，机器能够带来更大的利润。

第二，斯密指出固定资本流转不易。"固定资本的收回，比流动资本的收回缓慢得多。固定资本一经投下，即使投下的方法非常适当，亦要经过许多年才能收回。"[2]斯密看到了固定资本的一个重要特征就是固定资本一旦使用需要很多年才能收回，这已经涉及固定资本的周转这一问题的核心。这为马克思日后发现固定资本的周转奠定了基础。

1　[英]亚当·斯密：《国民财富的性质和原因的研究》上，郭大力、王亚南译，商务印书馆 2012 年版，第 264 页。

2　[英]亚当·斯密：《国民财富的性质和原因的研究》上，郭大力、王亚南译，商务印书馆 2012 年版，第 283—284 页。

第三,斯密指出固定资本的使用必须加之以流动资本,否则固定资本是不能够带来任何收入的。斯密的这一判断是非常深刻的,这就潜在地区分了工具和机器。在工场手工业的生产过程中,工具不使用不会影响到工具本身的价值,工具被闲置是经常的事情。在机器大工业的生产过程中,机器被闲置就会影响机器本身的价值。马克思后来看到这一点:机器如果不处于生产过程中就是一堆废铁,机器只有运转才能给资本家带来资本增殖。

三、斯密理论的历史背景

从以上的分析可以看到,斯密以分工展开对工场手工业的分析,却混淆了两种分工;在工场手工业条件下,斯密虽然看到了机器,但对机器的判断也是不准确的,追根溯源,源自以下几个原因。

首先,斯密处于工场手工业时期,所以斯密的理论视角核心是分工和交换。斯密在《国富论》的开篇就分析制造业,但是斯密所分析的制造业不同于机器大工业下的制造业,这里的制造业是工场手工业生产。在工场手工业时期,关注分工是情理之中,而在当时的生产方式下,分工也确实是能带来生产力的提高的。同时,斯密要论述的重点并不是工厂内部分工,而是社会分工,他在《国富论》中开篇就讲扣针制造,一般我们认为,他是通过扣针制造来说明分工。实际上,斯密是想用个别制造业的分工来说明社会分工,他从工场内部分工着手分析了劳动的生产过程,可是除此之外,他就从生产过程进入了流通过程。因为斯密认为这两者是同质的,所以他虽然已经开始从生产过程入手,但是那是他的理论无意识,实际上,他的理论视域是在交换过程中。

其次,在斯密的理论中,人这个概念是抽象的概念,既不是制造者也不是工人。斯密还没有使用资本家这个概念,他用的是制造者,因为斯密研究的是国家的财富是如何增加的,而不是作为资本家阶级的财富如何增加。实际上,在斯密那里,工人也还不是马克思意义上的工人:"在物资丰厚的年度,佣工往往离开主人,靠自己劳动生活。但食品价格的低廉,由于增加用来维持佣工的资金,也鼓励雇主,尤其是农业家,雇用更多的佣工。因为在这时期,农业家与其以低廉市价出卖谷物,倒不如以谷物维持较多佣工,以期得到较大的利润。对佣工的需求增加,而供应这需求的人数却减少。所以劳动价格往往在物价低廉时上升。"[1]斯密的理论说明,在工场手工业时代还没有建立起完全的工人与资本家之间的依附关系。在斯密那个时代,佣工可以随时游离出生产过程,离开主人而独立劳动,这与机器大工业是完全不同的。在机器大工业下,工人只能依附于资本家而存在。在斯密的理论视域中,人是抽象的人,不是具体的资本家阶级和工人阶级。"其抽象性在于它只反映了抽象的人与人之间的物的关系,而不是具有现实内容的社会关系。"[2]这也解释了为什么斯密会混淆两种分工,因为人在斯密的视域中是笼统的人,不分工人和资本家,也不分工业劳动者和农业劳动者,因此,在工场中进行的分工和社会交换活动中的分工是同质的。

最后,斯密所处的时代是资本主义上升期,资本主义的内在矛盾还未充分展开。在斯密眼里,他看到的是财富如泉水般涌现,沿着这样的发展路径,斯密妄想了一个普遍丰裕的社会,因此,他要去研究财富涌现的原因。"资本增加,由于节俭;资本减少,由于奢

1　[英]亚当·斯密:《国民财富的性质和原因的研究》上,郭大力、王亚南译,商务印书馆2012年版,第76—77页。
2　唐正东:《从斯密到马克思》,江苏人民出版社2009年版,第18页。

侈与妄为。一个人节省了多少收入,就增加了多少资本。这个增多的资本,他可以亲自投下来雇用更多的生产性劳动者,亦可以有利息地借给别人,使其能雇用更多的生产性劳动者。个人的资本,既然只能由节省每年收入或每年利得而增加,由个人构成的社会的资本,亦只能由这个方法增加。"[1]斯密将国家财富增加的原因归之于个人的节俭。斯密研究的是国家财富如何增加,并没有研究资产阶级的财富如何增加。斯密是站在国家的层面进行研究的,这就决定了他整体的思维方式,作为阶级的资本家和工人还不在斯密的理论视域中。同时,因为斯密所处的时代处于资本主义上升期,所以,工场手工业下的分工和机器带来的是生产力的快速提高,这种生产方式带来的弊端还未充分展现。

第二节
李嘉图对资本主义机器大工业的理解

在斯密之后,对马克思的经济学、哲学思想有重要影响的人物就是大卫·李嘉图(David Ricardo,1772—1823)。李嘉图继承了斯密的政治经济学理论并超越斯密走向古典政治经济学的巅峰,他对政治经济学的贡献已是不言自明。李嘉图的最重要的一本著作是写于 1817 年的《政治经济学及赋税原理》。根据以往的研究成果,普遍认为李嘉图对机器大工业的分析对马克思的思想发展产生了重要的影响。而笔者通过研究发现,李嘉图写这本著作的

1　[英]亚当·斯密:《国民财富的性质和原因的研究》上,郭大力、王亚南译,商务印书馆 2012 年版,第 311 页。

时候工业革命还未结束，工业革命所带来的生产方式的巨大改变还没有呈现出来，所以，认定李嘉图站在机器大工业之上并以此进行分析，值得商榷。

通常我们对李嘉图的理论关注点基本是劳动价值论、税收理论等。除此之外还不能忽略一个理论生长点就是李嘉图的机器观。这本重要的著作于1817年出版，后来于1819年和1821年再版。不可忽视的一个重要的差别就是，李嘉图在1821年再版时加进了单独的一章《论机器》。这一章的加入不可小觑，从这一章的加入可以看出，李嘉图已经隐约捕捉到了以机器为主导的机器大生产所呈现出来的社会矛盾。

一、李嘉图对机器的理解打破了作为物的机器

如果说机器在斯密的理论视域中还是若有若无，那么在李嘉图的理论视域中就已经开始浮出水面。在《论机器》这一章中，李嘉图一开始就进行了自我批评，纠正自己对机器的错误认识。"这章所论述的，是采用机械，会怎样影响于社会各阶级的利害关系。这个重要问题，无人研究得了满意的结论。我的更进一步的考察，又改变了我原来的意见，所以关于这问题，实有发纾我见的责任。关于机械问题，我昔日公表的各种意见，虽至今尚无取消必要，但我昔者赞成的各种学说，至今，却已被我看出了错误。对于我现今的见解，我有检验一番的义务。"[1]当李嘉图的这本著作出版第三版时，他对机器的态度已经发生了变化。李嘉图已经认识到了机

---

1 ［英］大卫·李嘉图：《政治经济学及赋税原理》，郭大力、王亚南译，译林出版社2011年版，第227页。

器在生产过程中的重要性，并且超越了生产力层面去看机器，这是斯密没有认识到的问题。

在这一章之外，李嘉图也有对机器的分析，但他在这一章之外对机器的考察基本是停留于斯密的水平，即认为机器是一种自然力，当机器只是一种自然力的时候，机器就是孤立的，与劳动者之间没有必然的联系。而李嘉图超越斯密的地方就在于他不再将工具和机器混为一谈。在加进的这一章中，他对机器的理解迈上了一个新的台阶，他不再将机器看作是孤立的机器，而是将机器与劳动者联系在一起。接下来就具体地看一下李嘉图的机器理论，在《论机器》这一章中，李嘉图对机器的深入剖析体现在三个方面。

第一，李嘉图重新厘清了机器的运用问题。在李嘉图的理论中，他看到了机器运用的复杂性，即机器的发明不代表机器的运用。而看到这一点就意味着李嘉图不仅仅将机器看作劳动力。"某制造家，会投资建立工厂机械；后因新有发明，机械改良了，他所制造的商品价值亦大降落。这时，舍旧机械价值而建立更完美的机械呢，抑继续运用旧机械，甘于落后呢？这其实是一个费人划算的问题。"[1]"跟着资本与人口的增加，食物亦将因生产困难而为一般的腾贵。食物腾贵，结果是工资腾贵。工资腾贵的结果，制造家愿以较大部分的蓄积资本，投在机械上。机械与劳动，常在竞争中；劳动未腾贵以前，机械往往无人采用。"[2]在这里，李嘉图建立了机器与劳动之间的关系。李嘉图认为，机械的采用是因为劳动

1　[英]大卫·李嘉图:《政治经济学及赋税原理》，郭大力、王亚南译，译林出版社2011年版，第154页。

2　[英]大卫·李嘉图:《政治经济学及赋税原理》，郭大力、王亚南译，译林出版社2011年版，第232页。

价格的上涨,虽然这个解释是错误的,但他已经看到了并非任何情况下都会使用机器。另外,李嘉图将机器和劳动放在了平等的平台上,将劳动和机器看作是一对竞争者,这说明在他的眼中人和机器是一样的,都是为资本家的利益服务的,那么究竟用谁取决于机器和劳动谁能给资本家带来更多的利益。后来马克思说,之所以使用机器代替劳动力在于机器能够带来更多的价值增殖。虽然李嘉图没有到达这个层面,但是能够建立机器与劳动之间的关系就已经是重要的理论进步,而非将机器只是当作生产力。

在这个问题上,马克思在《资本论》中误解了李嘉图。马克思认为李嘉图将机器和自然力混为一谈:"李嘉图有时很重视机器的这种作用(但他没有说明这种作用,像他没有说明劳动过程和价值增殖过程的一般区别一样),以致有时忘掉了机器转移到产品上的价值组成部分,而把机器和自然力完全混为一谈。"[1]马克思之所以对李嘉图有这样的批评是因为他没有区分李嘉图加入《论机器》这一章前后对机器的不同理解。在李嘉图专门写《论机器》这一章之前,他也谈到机器在生产过程中的作用,只不过当时机器在生产过程中的作用并没有引起他的重视,并且当时李嘉图确实是将机器仅仅看作自然力。他在谈到农业生产的时候说:"农业改良有两种,一是增进土地生产力,一是凭借机械的改良,使我们能以较少劳动,获得同量收获。"[2]在谈到矿山开采时说:"开矿器具,开矿机械,可改良而大缩减劳动……"[3]所以,不可否认李嘉图在刚开始谈到机器的时候确实是将机器和自然力混为一谈。但是,在《论机

1　《马克思恩格斯全集》第44卷,人民出版社2001年版,第445页,注(109)。

2　[英]大卫·李嘉图:《政治经济学及赋税原理》,郭大力、王亚南译,译林出版社2011年版,第32页。

3　[英]大卫·李嘉图:《政治经济学及赋税原理》,郭大力、王亚南译,译林出版社2011年版,第36页。

器》中,李嘉图对机器的看法已经有所转变,他自己也说要批评自己以前的观点,他不再单纯将机器看作是自然力了,在李嘉图的理论视域中,机器身上所承载的内容开始渐渐丰富。

第二,李嘉图看到了在生产过程中机器的使用对不同阶级的影响。在《论机器》这一章的开篇,李嘉图说:"这章所论述的,是采用机械,会怎样影响于社会各阶级的利害关系。"[1]在李嘉图之前的政治经济学家,无论是斯密还是其他人,都还没有阶级这个概念。在这里,李嘉图首次提出了"阶级"概念,这是一个重要的理论进步,不过要注意的是,有了阶级概念不等于就有了阶级理论。实际上,在李嘉图的理论视域中这个"阶级"与马克思后来所讲的阶级是有差别的。在李嘉图的视域中,他已经意识到社会上的人分为不同的阶级,但阶级身上的剥削层面还不清晰。他的阶级矛盾并不含有强烈的阶级立场,他是在客观层面看到了这一事实。对李嘉图来说,他关注的是生产,阶级矛盾还不在他的理论视域中,这也是因为在当时社会的发展状态下阶级矛盾还没有充分凸显。但是不管怎么样,能够将社会中的人区分为不同的阶级已经是理论上重要的进步。后来在马克思的理论中,阶级概念蕴含了更深刻的含义,阶级身上承载了资本家对工人的剥削。

第三,李嘉图看到了在生产过程中机器的运用带来的结果就是导致人口过剩。在这个问题上,李嘉图批评了自己原先的观念。"自从注意经济问题以来,一向,我以为生产上采用机械,结果可节省劳动,故于公众有利。我以为,由采用机械而生的唯一不便,是

1　[英]大卫·李嘉图:《政治经济学及赋税原理》,郭大力、王亚南译,译林出版社2011年版,第227页。

资本劳动难于改业。"[1]原先李嘉图认为机械的应用总体上是有利于资本家的,弊端就是制造者难于更换生产领域,也就是资本难以改业。同时,李嘉图也认为机器的运用是有利于劳动者的:"我又以为,劳动者亦将因采用机械而享受同等利益。他们的货币工资依旧,可支配的商品却更多。"[2]使用机器后,商品的价格降低,劳动者可以购买更多的商品,所以对于劳动者而言也是有利的。因此,李嘉图认为机器的运用无论对于谁都是有利的。而在新加入的《论机器》这一章中,李嘉图的观点发生变化,他发现机器的运用对于不同的阶级有不同的结果。"我先前所以误解,因我认为社会纯收入增加了,社会总收入亦必增加。我现今看出了,地主收入和资本家收入所从出的基金的增加,劳动阶级赖以维持生命的基金的减少,是两种可以同时发生的现象。所以,增加一国纯收入的原因,可以同时使人口过剩,因而使劳动阶级的状况恶劣。"[3]李嘉图发现在生产过程中使用机器,会带来人口过剩。之前的政治经济学家往往持补偿说,他们认为使用机器会将人口游离出来,而资本的增加又会重新吸收这些劳动者。但是李嘉图发现:"资本增加一次,投在机械上的资本亦增加一次。劳动的需要虽因资本增加而继续增加,但增加的比例不同。劳动需要的增加率,是递减的。"[4]他发现对劳动者需求的增加远远低于被机器游离出去的劳动者。当机器大工业还未充分发展的时候,被淘汰的工人会因为机器的

1 [英]大卫·李嘉图:《政治经济学及赋税原理》,郭大力、王亚南译,译林出版社2011年版,第227页。

2 [英]大卫·李嘉图:《政治经济学及赋税原理》,郭大力、王亚南译,译林出版社2011年版,第227页。

3 [英]大卫·李嘉图:《政治经济学及赋税原理》,郭大力、王亚南译,译林出版社2011年版,第228页。

4 [英]大卫·李嘉图:《政治经济学及赋税原理》,郭大力、王亚南译,译林出版社2011年版,第232—233页。

不断增加重新获得工作，工人成为剩余劳动还是暂时的，但是当机器大工业不断发展时，工人成为剩余劳动就是真正的剩余劳动了。这一理论对马克思产生了重要的影响。马克思在《资本论》中，对李嘉图的分析集中在两个方面：一方面是批判了李嘉图的劳动价值论，在此基础上形成了自己成熟的劳动价值论；另一方面就是在分析机器大工业时，肯定了李嘉图所提出的机器排挤工人这一理论。

二、李嘉图理论的现实历史背景

从以上的分析可以看到，李嘉图对机器的理解，对当时社会经济运行规律的分析比斯密进步很多，但总体而言，他对机器的理解还是比较薄弱的，究其原因来自以下几个方面：

首先，李嘉图处于工业社会的早期，工业社会的典型特征还没有完全展开。与斯密相比，李嘉图的著作比斯密的著作晚了将近半个世纪，而这半个世纪中，社会发生了翻天覆地的变化。斯密写《国富论》时，他还处于工场手工业时期，第一次工业革命刚刚开始，成效还没有凸显。而李嘉图写《政治经济学及赋税原理》时，第一次工业革命的成效已经慢慢凸显，然而工业革命尚未结束。工业革命的成效日新月异，李嘉图在这一著作初版时还没有认真注意到机器，时隔五年之后，在出版第三版时，李嘉图特地加入了《论机器》这一章。不得不承认，正是在第一次工业革命的影响下，李嘉图的理论视域已经慢慢从工场手工业进入到机器大工业。但是我们不能过高评价李嘉图的机器理论。一方面，李嘉图的理论视域虽然开始转向机器大工业，但是可惜的是，1823 年李嘉图就去世了，享年才 51 岁，他并没有看到真正的机器大工业社会。在李嘉图的著作中,他对经济运行机制的分析没有能够离开农业生产的背景,他在初版的序中开篇就说:"劳动,机械,资本联合使用在土地上面,所生产的一切土地生产物,分归社会上三个阶级,即地主,资本家,与劳动者。"[1] 由此可见,土地还是各个因素所指向的对象。郭大力老师在李嘉图的这本著作中的译序中说:"在《经济学》一书中,《地租论》怕是最重要的一章了。"[2] 从这里可以看到,在当时虽然工业革命已经展开,但是工业生产还没有占据主导地位,农业生产依然是重要的生产形式。另一方面,李嘉图已经看到了机器大工业的萌芽,但是还仅仅是萌芽,他还没有看到真正的机器大工业的生产方式。可以说,李嘉图是处于工场手工业向机器大工业的过渡阶段。李嘉图虽然关注了机器,但是他的理论视域中的机器还不是马克思后来意义上的机器体系下的机器,所以李嘉图的机器与马克思的机器有很大的差别。只有理论基石真正建立在机器大工业上,才能真正弄清资本主义社会的内在矛盾。

其次,李嘉图的理论立足点是财富的增加,还未看到生产过程中的阶级矛盾。李嘉图是通过劳动价值论来说明财富的增加,马克思说李嘉图是"为生产而生产",因此阶级矛盾并不在李嘉图的理论视域中。在斯密的理论中是没有马克思意义上的阶级概念的,他将社会上的人分为制造者和劳动者。李嘉图将人分为地主、资本家和劳动者,还没有资本家和工人的区分。在整本书中,李嘉图用的是制造家并未使用资本家概念,制造家与资本家是有本质

1　[英]大卫·李嘉图:《政治经济学及赋税原理》,郭大力、王亚南译,译林出版社2011年版,初版序。

2　[英]大卫·李嘉图:《政治经济学及赋税原理》,郭大力、王亚南译,译林出版社2011年版,译序。

区别的。制造家的目标指向制造过程,而资本家是一个抽象的概念,资本是看不见的,能看到的是制造过程中的机器和人,所以,李嘉图看到的是资本的物的形式还没有看到资本的社会关系形式。当只见资本不见物的时候,也就是生产过程中的物深化为资本的时候才有资本家。另外,工人还仅仅是劳动者,制造家和劳动者是分工的不同。李嘉图在一些地方提及阶级,但是这个概念并不包含阶级矛盾,他的阶级概念更多的指的是经济关系而非政治关系。因此,当李嘉图发现机器会带来剩余人口的时候并没有去讨论由此带来的阶级矛盾。马克思将概念从制造家推进到资本家,从劳动者推进到雇佣工人,实现了理论的深化。雇佣工人和劳动者是有本质区别的,一切生产关系中的生产者都可成为劳动者,但是只有在资本主义生产方式下,生产者与资本发生关系才叫雇佣工人。在马克思那里,资本家和雇佣工人是含有阶级矛盾和阶级斗争的概念。

最后,李嘉图在分析了机器的基础上研究了固定资本和流动资本,但是他的研究是为了服务于他的劳动价值论。在李嘉图研究机器的过程中,他将机器看作固定资本,并且基本将固定资本和流动资本限定在生产过程中进行分析。李嘉图对固定资本和流动资本进行了划分,但是他划分的标准在于耐久力。"资本,或则消耗迅速,常需再生产,或则徐徐消磨,无须常常再生产,故资本可分为二类,一曰流动资本,一曰固定资本。"[1]固定资本具有较好的耐久力,而流动资本不具备耐久力。在这里李嘉图还用了一个注,

---

1 [英]大卫·李嘉图:《政治经济学及赋税原理》,郭大力、王亚南译,译林出版社2011年版,第12页。

尤尔的《工厂哲学》对马克思哲学发展的影响

"这种区分,并非本质上的区分,其间不能划出分明的界限。"[1] 既然这不是本质上的区分,那么本质的区分是什么呢?李嘉图并没有回答这个问题,但是他在区分这两者的时候大都是以耐久力为标准的。实际上,李嘉图并没有像斯密那样详细地讨论固定资本和流动资本,但是他们都意识到在理论层面需要来探讨固定资本和流动资本的划分。之所以要有这样的划分是因为李嘉图刚开始写这本书的时候是为了说明固定资本越大资本家越难改业。机器作为固定资本具有较好的耐久力,从而难于从一个行业转向另一个行业,后来李嘉图在增加《论机器》这一章时纠正了自己这个观点,不再以改业来说明这个问题。其实这就是马克思后来所分析的固定资本的周转问题。

在固定资本问题上,李嘉图还考察了固定资本与流动资本的比例对于生产的影响。"但社会上各种职业所使用的工具,房屋,机械的耐久力可极不相等,又可是不等劳动量的结果。维持劳动的资本,和投在工具,房屋,机械内的资本,又可按不同的比例结合。因为固定资本的耐久力不等,这二种资本的结合比例不同,所以,除了生产商品所必要的劳动量,尚有一个原因,可以惹起商品相对价值的变动。这原因,就是劳动价值的腾落。"[2] 从这里可以看到,李嘉图的理论出发点是通过这两者的比例来说明商品价值的变化:"所以,无论资本用途何若,考察相对价值变动者,均须顾及资本的耐久力。商品生产若曾采用耐久资本,则相对价值的变

1　[英]大卫·李嘉图:《政治经济学及赋税原理》,郭大力、王亚南译,译林出版社2011年版,第12页。

2　[英]大卫·李嘉图:《政治经济学及赋税原理》,郭大力、王亚南译,译林出版社2011年版,第12页。

动,与工资的变动相反。"[1] 由此可见,李嘉图研究固定资本与流动资本的比例是服务于他的劳动价值论。值得注意的是,在这里已经有了马克思后来分析资本有机构成的原型,那就是固定资本与流动资本的比例问题。后来,马克思通过不变资本与可变资本的比例建构了他成熟的资本有机构成理论,去分析资本主义内在的矛盾。理论出发点不同,理论道路不同轨,理论终点当然也不同。

从这一节的分析我们可以看到,李嘉图的贡献不仅仅在于他的劳动价值论,还有一个很重要的方面是他后来加入的《论机器》这一章中对机器的分析。马克思在《资本论》中批判了李嘉图的劳动价值论,建立了自己成熟的劳动价值论,同时肯定了李嘉图关于机器带来过剩人口的分析。但是,李嘉图只是发现机器在生产中的大规模应用必然会带来剩余人口,并没有意识到这是资本主义不可克服的内在矛盾。"李嘉图的问题只是在于,他的非社会历史性的、只是经济数量性的分析思路无法把他的思想中真实具有的生产的发展和生产关系的矛盾性这两条线索牵引到一起,并达成一种有机的统一关系。"[2] 李嘉图是对现象的描述,而马克思后来是从理论层面进行了深层剖析。

1 [英]大卫·李嘉图:《政治经济学及赋税原理》,郭大力、王亚南译,译林出版社2011年版,第19页。
2 唐正东:《从斯密到马克思》,江苏人民出版社2009年版,第109页。

第三节

拜比吉和舒尔茨对资本主义生产过程的理解

在学术界，普遍认可斯密和李嘉图对马克思的理论贡献，实际上，还有两个思想家对马克思的影响也不能忽视，那就是拜比吉和舒尔茨。这两个思想家最近几年开始进入国内学术界的视野，有些国内学者开始关注拜比吉和舒尔茨与马克思之间的思想渊源。马克思在《61—63 手稿》中大量引用了拜比吉的《论机器和工厂的节约》，实际上，拜比吉的理论影响了马克思对资本主义机器大工业的判断。在《1844 年经济学哲学手稿》（以下简称《1844 手稿》）中，马克思大量引用了舒尔茨的《生产运动》这本著作，马克思在《1844 手稿》以及《德意志意识形态》（以下简称《形态》）中的理论深受舒尔茨的影响，而在《61—63 手稿》和《资本论》中，马克思也提到了舒尔茨。所以，不能忽略这两个思想家对马克思的理论贡献。

一、拜比吉的理论贡献及其理论局限性

查理·拜比吉（Charles Babbage，1792—1871），是英国的数学家、发明家和资产阶级经济学家，他的一生致力于数学问题和发明计算机。拜比吉虽然没有能够发明出计算机，但是他完成了一本重要的著作《论机器和工厂的节约》。这本著作在当时的社会中产生了很大的影响，被翻译成多种文字。这本著作分为两篇：第一篇《关于机器部分的分析》，第二篇《关于工厂的内部经济和政治经

济》。在国内学术界,这本著作往往被作为管理学的著作来进行研究。而事实上,拜比吉的这本著作与马克思有着千丝万缕的联系。拜比吉在《论机器和工厂的节约》这本著作的前言中讲到,在过去的十年里,他参观了大量的工场和工厂,就是为了了解新出现的机器技术。拜比吉的这本著作是通过深入到现实的生产过程中,通过真实的经验观察而来的。通过实际的考察,拜比吉确实在一些问题上提出了独到的见解,在真正理解尤尔之前,马克思在对机器大工业的认知上受到了拜比吉的影响,在《61—63 手稿》和《资本论》中,由于马克思自身思想的不断成熟,马克思又超越了拜比吉。

首先,拜比吉将理论研究的视域转向生产过程。在这之前,斯密和李嘉图虽然也涉及生产过程,但是他们主要的理论域是在流通过程中。拜比吉转入生产过程是重要的理论场域的转变,在理论史上具有重大的贡献。另外,拜比吉的这本著作首次出版于1832 年,那时,第一次工业革命的成果已经开始凸显,而拜比吉敏锐地观察到了工业革命给社会带来的变化,拜比吉的生产过程是基于工业革命之后的生产过程。日本的吉田文和认为"尤尔的书是受到拜比吉的书的启发的"[1]。笔者认为,吉田文和的判断是有一定的道理的,但仅仅是启发而已,尤尔在很多问题上远远超越了拜比吉。尤尔的著作也是将理论域放在生产过程中,看似拜比吉与尤尔都实现了理论场域的转换,但是实际上却有本质的区别,他们所依据的生产过程本身是不同的。拜比吉的理论所依赖的生产过程是工场手工业的生产过程,而尤尔所依赖的生产过程却是机器大工业的生产过程。

---

1 [日]吉田文和:《对查理·拜比吉〈论机器和工厂的节约〉一书的分析》,《马克思主义研究资料》第 10 卷,中央编译出版社 2013 年版,第 312 页。

其次,拜比吉对工具和机器进行区分。"关于工具和机器的差别,不能做到严格区分。一般地说不必对两个用语的含义给予太严格的界定。工具一般较机器简单,通常是由手来使用。机器则不然,往往要用畜力、蒸汽力等等来推动。比较简单的机器,常是经过某种组合的一个或一个以上的工具,由动力来推动。"[1] 由此可见,拜比吉对工具和机器的划分是含混不清的,他只是简单地以动力来划分工具和机器。并且在整本著作中,拜比吉一会儿使用工具, 一会儿使用机器,并没有清晰的界定。后来马克思在《资本论》中批评了这一观点。

与此同时,拜比吉同样错误地区分了制作和制造:"制作是指少数的个人生产,制造是指众多的个人生产。"[2] 拜比吉是以人数的多少也就是以生产规模的大小来区分制作和制造。实际上,拜比吉是想用制作和制造来区分手工业劳动和机器大生产,他模糊地意识到这两者是有区别的,但是由于他事实上并没有能够区分这两者,因而对制作与制造的区分也是错误的。由此可见,拜比吉的理论对象是以人为核心的生产方式,也就是说在生产过程中人还是居于生产的主导地位。而尤尔所分析的生产过程,机器是生产的主体,人只是在机器的旁边从旁照料,两人对生产过程中人与机器的关系的理解有本质的区别。

在对机器的具体分析上,拜比吉看到了两个问题,即固定资本的周转和固定资本的磨损。在第二十九章《论机器和工厂的节约》中,拜比吉说:"事实上,要使得这些先进的机器有利润,在 5 年内

1　Charles Babbage, *The Economy of Machinery and Manufactures*, Cambridge: Cambridge University Press, 2009, p. 12.

2　Charles Babbage, *The Economy of Machinery and Manufactures*, Cambridge: Cambridge University Press, 2009, p. 120.

他必须回收资金,在十年后就被更好的所替代。"[1]拜比吉指出机器的周转年限是十年。在理论史上,拜比吉第一次提出了机器的周转时间问题,马克思在《57—58手稿》中特地讨论了这个问题。另外,拜比吉提出了机器的无形磨损:"产品由于实际磨损(零件磨损)而变旧,但有时却是由于当时普遍爱好的变化,制造方法的改进,即产品形状或款式的改变,旧产品过时了。后一种场合,产品的有用性并没有什么减少……可以把它廉价卖给比先前的顾主低些的阶层。"[2]机器的无形磨损也是拜比吉的新发现,这一理论发现是非常深刻的,对马克思发现固定资本的无形磨损产生了一定的影响。

再次,拜比吉非常重视分工理论,专门用一章来分析分工。拜比吉从六个方面来谈分工所带来的好处。第一,分工缩短了学徒所需要的学习的时间;第二,由于分工,学徒在学徒期间减少了原料的浪费;第三,分工节约了从一个工序转到下一个工序所需要的时间;第四,分工减少了工作前的准备时间和调整工作所需要的时间;第五,在分工中,工人更容易获得技术;第六,工人从事同一工作更有利于发明新的工具。可以看到,拜比吉所分析的分工的六个方面的优势是对斯密的分工理论的细化。但是,拜比吉与斯密的分工理论的理论指向是不同的。斯密的分工理论,是想通过分工来说明分工带来财富的增长,而拜比吉的分工理论是为了说明在生产过程中如何通过分工降低企业的成本。日本学者吉田文和指出:"拜比吉原理的核心,是以'降低产品成本'为目的,以'动作

1　Charles Babbage，*The Economy of Machinery and Manufactures*，Cambridge：Cambridge University Press，2009，p. 285.

2　Charles Babbage，*The Economy of Machinery and Manufactures*，Cambridge：Cambridge University Press，2009，pp. 148－149.

研究'和'时间研究'为方法,采用熟练等级制度,把工资成本减少到最低限度。"[1]这也就是拜比吉在第二篇的开篇所说的他要说明经济原理与机器的使用之间的关系。在对分工的分析中,拜比吉的理论重点正是在经济原理上。

在分工问题上,拜比吉提出了一个"倍数比例原则":"针对各种工厂的产品的特殊性质,采取最有效的办法来分工得到一个工序数,这个数表明应雇佣的工人人数,而一切不按照这个数的准备倍数行事的工厂,必将花费较高的成本去制造产品。"[2]即当一个工厂扩大再生产的时候,必须按照一定的倍数进行扩大,这一观点影响了马克思。马克思在《资本论》中指出:"工场手工业的分工在发展社会劳动过程的质的组成的同时,也发展了它的量的规则和比例性。"[3]实际上,拜比吉在分析工场手工业的分工的时候,确实有其一定的科学性,但是他针对的并不仅仅是他所意识到的工场手工业,他针对的就是当时的工业社会,因此他是将当时的社会置放在分工的逻辑下进行分析的。后来,尤尔一针见血地指出斯密的分工理论只适用于斯密当时的工场手工业社会,而如今的机器大工业社会已经不适用斯密时代的分工理论了。

最后,拜比吉注意到了机器在生产过程中的运用问题,指出经济原理与生产过程中机器的运用之间的关系。拜比吉发现,当机器发明出来的时候,机器不一定会运用于生产过程。"经济原理制约机器的利用,支配大工厂内部事务。它和机械原理一样,对于大

---

1 [日]吉田文和:《对查理·拜比吉〈论机器和工厂的节约〉一书的分析》,《马克思主义研究资料》第 10 卷,中央编译出版社 2013 年版,第 303—304 页。

2 Charles Babbage, *The Economy of Machinery and Manufactures*, Cambridge: Cambridge University Press, 2009, p. 212.

3 《马克思恩格斯全集》第 44 卷,人民出版社 2001 年版,第 401 页。

商业国家的繁荣是不可缺少的。"[1]一方面,从工人的角度来看,拜比吉注意到了,机器会被工人拒绝使用:"在很多工业国家的工人中间,有一种很不幸的错误见解正在蔓延,认为工人本身的利益和他们的雇主之间是矛盾的,结果昂贵的机器屡遭轻视,甚至暗加破坏。"[2]拜比吉看到了机器的运用会带来工人人数的减少。另一方面,从企业主来看,拜比吉要研究的是新的机器是否使用取决于同样的投资是否能够带来同样的利润:"同样的资本,运用了更高级的机器,是否能够带来相同的利润。"[3]拜比吉讨论的出发点是工厂的经济利益,所以,他讨论的是机器的运用如何降低成本。由此可见,拜比吉已经不仅仅从生产力的角度来研究机器,他已经将研究的视角伸向经济效率问题。针对这一问题,拜比吉提出了相应的对策,提高经济效率建立"工厂新体制"。拜比吉没有能够找到运用机器的根本原因,问题的根源没有找到,那么解决问题的办法就只能是治标不治本了。

在机器代替工人的问题上,拜比吉看到了机器的运用带来的后果是机器取代工人,但是拜比吉倡导的是"补偿说"。拜比吉认为,机器所取代的工人能够在扩大再生产中被重新吸收。"因此,尽管机器的使用刚开始会将劳动力抛出生产领域,但是由于工人的工资不断降低,扩大了需求,几乎立马吸收了大量的这部分工人,有时候,几乎完全被吸收。"[4]主张"补偿说"的经济学家,拜比

1　Charles Babbage, *The Economy of Machinery and Manufactures*, Cambridge: Cambridge University Press, 2009, p. 119.

2　Charles Babbage, *The Economy of Machinery and Manufactures*, Cambridge: Cambridge University Press, 2009, p. 250.

3　Charles Babbage, *The Economy of Machinery and Manufactures*, Cambridge: Cambridge University Press, 2009, p. 234.

4　Charles Babbage, *The Economy of Machinery and Manufactures*, Cambridge: Cambridge University Press, 2009, p. 334.

吉倒不是第一人,但是他并不完全主张"补偿说"。与此同时,他也看到了在使用机器的过程中给工人带来的问题。"在商业中,经常需要新的劳动,在一定程度上比旧劳动需要更高的技术;同时,不幸的是,这些被旧劳动抛弃的人并不能适应新的劳动;所以,在所有的劳动都被需要之前会有一个间隔。"[1]拜比吉不仅仅看到了问题,而且还针对这一问题提出了解决的办法,他提出"建立储蓄银行和互助会可能可以补救这些灾祸"[2]。在机器取代工人这个问题上,李嘉图已经看到了机器取代工人会导致人口过剩,拜比吉在李嘉图的基础上往后退了一步,而尤尔在这个问题上基本与拜比吉持相同态度。

二、舒尔茨的理论贡献及其理论局限性

弗里德里希·威尔海姆·舒尔茨(Friedrich Wilhelm Schulz,1797—1860)是 19 世纪德国著名的思想家和政论家,他在马克思早期的思想发展过程中是一个不可忽视的人物。他著有一本重要的著作《生产运动,从历史统计学方面论国家和社会的一种新科学的基础的建立》(以下简称"《生产运动》")。马克思在《1844 手稿》中大段引用了舒尔茨这本著作中的段落,并且舒尔茨的一些观点在《形态》中也是清晰可见,后来在《61—63 手稿》和《资本论》中,马克思也引用了舒尔茨的这本《生产运动》。由此可见,马克思还是很看重舒尔茨的这本著作的。最近几年,国内学术界有些学者

1　Charles Babbage, *The Economy of Machinery and Manufactures*, Cambridge: Cambridge University Press, 2009, p. 335.

2　Charles Babbage, *The Economy of Machinery and Manufactures*, Cambridge: Cambridge University Press, 2009, pp. 340 - 341.

开始关注舒尔茨,去研究舒尔茨对马克思的理论贡献。

国外的一些学者早就已经开始注意到舒尔茨对马克思的影响。美国学者诺曼·莱文在他的一本书《不同的路径:马克思主义与恩格斯主义中的黑格尔》中谈到了舒尔茨与马克思之间的关系:"马克思从威廉·舒尔茨那里知道,社会包含着内在的否定,舒尔茨在 1843 年出版了《生产的运动》这本书,马克思在《1844 年经济学哲学手稿》中引用过该书的内容。在《生产的运动》中,舒尔茨第一次将社会发展描述为产生于生产力和生产方式之间的矛盾。马克思借用了舒尔茨的这个范式,但马克思将社会视为对立力量的冲突这种学术倾向已经得益于黑格尔的矛盾理论。马克思采用了黑格尔的辩证法,并受到舒尔茨的启发,用它来研究社会经济有机体,而黑格尔将辩证法限制在思想领域。"[1] 显然莱文已经看到了马克思在《1844 手稿》中与舒尔茨的关系,虽然他的判断还有待商榷。但是不可否认的是,国外学者已经开始关注舒尔茨与马克思的理论渊源。

可以说,马克思对舒尔茨的关注贯穿于马克思思想发展过程的始终。具体说来,马克思在三个地方提及并引用了舒尔茨的著作。第一次是在《1844 手稿》中。在《1844 手稿》中,马克思有 5 处引用了舒尔茨的这一著作。第二次是在《61—63 手稿》中的《相对剩余价值》章论述积累时重新引用舒尔茨这本著作,并且部分地利用了他在《1844 手稿》笔记本 I 中引用过并在页边划了线的引文。第三次是在《资本论》第一卷中,再次引用。"另一方面,还有人认为,工具和机器的区别在于:工具的动力是人,机器的动力是不同

1　[美]诺曼·莱文:《不同的路径:马克思主义与恩格斯主义中的黑格尔》,臧峰宇译,北京师范大学出版社 2009 年版,第 284—285 页。

　尤尔的《工厂哲学》对马克思哲学发展的影响

于人力的自然力，如牲畜、水、风等等。'根据这个观点也可以在工具和机器之间划出鲜明的界限：锹、锤、凿等等，以及杠杆装置和螺旋装置，不管这些装置如何精巧，它们的动力是人……所有这些都属于工具的概念；而用畜力拉的犁，风力等推动的磨则应算作机器。'（威廉·舒尔茨《生产运动》1843 年苏黎世版第 38 页）这是一部在某些方面值得称赞的著作。"[1]

舒尔茨的《生产运动》共分为两个部分，一是物质生产，二是精神生产。从《1844 手稿》中马克思对《生产运动》的引用可以看到，马克思对舒尔茨的主要的关注点是物质生产。与赫斯一样，舒尔茨是与马克思同时代的思想家。舒尔茨的《生产运动》出版于 1843 年，而马克思的《1844 手稿》完成于 1844 年，也就是说，这本书刚出版就受到了马克思的青睐。舒尔茨的这本著作从两个方面影响了马克思。

一方面，舒尔茨首次提出了"物质生产"概念。舒尔茨单独考察物质生产，也就意味着舒尔茨开始将理论场域转向生产过程，这与古典政治经济学家有很大的不同。那么舒尔茨的物质生产具体是指什么呢？他在物质生产部分开篇就讲到这一问题："在最根本上，人的精神是大地之上最真和最真实的原初产品，它将所有生产的材料不断地占有，并将其不断地构造为新的材料。内在的劳动本质上是创造性的，既包括艺术和科学的作品，也包括发明和操作的全部流程，它们在农业，行业和商业的领域决定了财富的产生。"[2] 从这里可以看到，舒尔茨的物质生产指的是人对劳动对象的改造，在这个过程中人的创造性本性通过生产的运动发挥出来。

---

1 《马克思恩格斯全集》第 44 卷，人民出版社 2001 年版，第 428 页。
2 ［德］舒尔茨：《生产运动》，李乾坤译，南京大学出版社 2019 年版，第 9 页。

再来看一下马克思的物质生产:"到现在为止,我们主要只是考察了人类活动的一个方面——人改造自然。"[1]马克思此时的物质生产指的是人对自然的改造,在人对自然的改造过程中,因为分工导致人的片面化发展,也就是说人的创造性本性在生产过程中被阉割了。通过对比可以发现,马克思此时的物质生产与舒尔茨的物质生产的内涵是相似的。而后,马克思在《形态》中就明确提出了"物质生产",并且"物质生产"成为《形态》中马克思历史唯物主义的重要的理论基础,有理由相信,马克思在《形态》中转向物质生产受到了舒尔茨的影响。

另一方面,在《物质生产》这一章中,舒尔茨从历史的角度梳理了人类社会发展的进程。第一个发展阶段是手工劳动时代,这是一个纯手工的时代。"这样的一种耗费了大量时间和精力、最多只完成了不完美的东西的工业,是最本真和有限意义上的手的劳动的结果。因为在这一文化阶段上,手几乎是人仅有的、唯一的工具,借助于手,人以十分直接的方式从周遭自然中获取满足他需要的东西。他用于生产的所有更多的工具甚至也只是他双手直接劳动的粗糙产品。"[2]

第二个发展阶段是使用工具的手工劳动时代。在这一阶段,由于有了工具的使用,此时的手工劳动便具有了技术性。这种技术性带来了三个结果。一是劳动者的片面化:"这种手工活动在对特定工具的运用中,将人的身体只按照特定的方向使用和塑造。同野蛮条件下的人相比,我们的农民和手工劳动者的身体的发展是一种片面的发展,尽管在特定方向上更加完美了。"[3]二是因为

1　《马克思恩格斯全集》第1卷,人民出版社2009年版,第540页。
2　[德]舒尔茨:《生产运动》,李乾坤译,南京大学出版社2019年版,第11页。
3　[德]舒尔茨:《生产运动》,李乾坤译,南京大学出版社2019年版,第14页。

技术是需要传承的,所以产生了森严的等级制:"通过这种传统,职业轻易地一代一代地传承,甚至这种职业的传承性产生了,时而只是作为允许个别例外的实际规则,时而按照规律,市民社会的分离就成为一种真正等级森严的社会制度的结果。"[1]三是产生了物质劳动和精神劳动的分离:"人们因而进入到这样的境况,他们在其中首先能够贡献精神劳动;在此之上所有人类活动的最大对立:一种以物质为主的和以知识为主的生产的对立,开始决定性地出现了。"[2]

第三个发展阶段是农业和工业发展的更高阶段。"我们到现在为止考察的物质生产组织发展的两个主要时期,依照其进化的次序还没有终结。为了更清楚地认识它进一步的发展及其意义,我们将生产合规律运动的进程,按照农业、工业和商业这三个主要分支来加以探讨。从一种双重的观察角度出发,首先要注意以活动的这些不同的主要分支在人口分布比例上的变化,但还是对那种在劳动进行的本身,或者从生产的人力向服务于生产的无理智的自然力的变化。"[3]在这一阶段上,舒尔茨没有进一步区分,社会发展阶段的划分止步于此。

舒尔茨对社会发展阶段的划分内含了几个问题:第一,舒尔茨是从历史发展的角度对社会发展过程进行划分;第二,舒尔茨也认为手工劳动导致人的片面化发展,这一观点与斯密相似;第三,舒尔茨的这本著作分为两个部分,即物质生产和精神生产,实际上就是提出了物质劳动和精神劳动的分工,而这些观点都在马克思的《形态》中体现了出来。

1　[德]舒尔茨:《生产运动》,李乾坤译,南京大学出版社 2019 年版,第 14 页。

2　[德]舒尔茨:《生产运动》,李乾坤译,南京大学出版社 2019 年版,第 14—15 页。

3　[德]舒尔茨:《生产运动》,李乾坤译,南京大学出版社 2019 年版,第 17 页。

马克思在《1844 手稿》中是从显性的层面直接引用了舒尔茨的《生产运动》,在《形态》中是在隐性的层面运用了舒尔茨的观点。直到《61—63 手稿》和《资本论》中,在工具和机器的分析问题上提及了舒尔茨。可以说,舒尔茨一直没有退出马克思的理论视域,他对马克思产生的影响还是比较大的。

拜比吉、舒尔茨和尤尔他们共同的地方在于开启了生产过程的理论视角。但是,仅仅将理论视域转移到生产过程中还不够,尤尔与拜比吉、舒尔茨最大的不同在于,他们的理论视域所依赖的生产过程中的生产方式的不同。拜比吉和舒尔茨的理论基石是工场手工业。在工场手工业中,人是生产的主体,因而,理论指向必然是人、工人、资本家,那么关注的必然是工人在劳动过程中所体现出来的劳动的非人性,从而理论指向就延伸至以人为核心的阶级斗争。而当理论视域转向机器大工业的时候,在机器大工业生产方式下,生产的主体已经不再是人而是机器,那么在机器大工业下人不再成为生产的主体的时候,从何种角度进行资本主义批判就成了理论批判域的转换,从而也就导致了从人的批判转向对生产过程本身的批判。那么生产过程本身如何能够生发出批判的力量就是马克思所要寻找的客体向度的资本主义的内在矛盾。而这里的客体向度并不是简单的物的客体向度,而是内含人在其中的生产过程的客体向度。

第二章 马克思在 1844—1847 年 对尤尔的解读

与马克思相比,恩格斯比马克思更早接触到尤尔的《工厂哲学》,恩格斯首次提到尤尔是在写于 1843 年的《国民经济学批判大纲》中,大段引用尤尔的著作是在写于 1844 年 9 月至 1845 年 3 月的《英国工人阶级状况》中。马克思首次接触到尤尔的《工厂哲学》是在写作《布鲁塞尔笔记》时期,并且摘录了 5 页纸;随后就在《评弗里德里希·李斯特的著作(政治经济学的国民体系)》(以下简称《评李斯特》)中用所摘录的尤尔的观点来反对李斯特的理论;接着在马克思和恩格斯合写的《德意志意识形态》中,尤尔却消失了;当马克思写作《哲学的贫困》时,他再次启用尤尔来反对蒲鲁东的理论。事实上,马克思在这一过程中并没有真正理解尤尔,更多的是以简单的方式将尤尔的观点作为理论武器。

第一节
恩格斯在《英国工人阶级状况》中对尤尔的批判

恩格斯关注尤尔,不仅关注到尤尔的《工厂哲学》,还关注到尤尔的《大不列颠的棉纺织业》,当然,主要是聚焦在《工厂哲学》中。那么恩格斯在《英国工人阶级状况》中是在什么情况下关注尤尔的《工厂哲学》的?恩格斯对尤尔的评价又说明了什么?这是接下来要厘清的问题。

一、恩格斯对尤尔的批判与肯定

恩格斯在《英国工人阶级状况》中关注尤尔的《工厂哲学》和《大不列颠的棉纺织业》并大段引用的内容主要集中在三个方面。

第一个方面,恩格斯集中批判了尤尔对资本主义制度的辩护。尤尔在《工厂哲学》中不断为资本主义制度辩护,说明资本主义制度并没有如有些调查报告所说的那样压迫工人,工人的生活状况也没有像报告所写的那么悲惨。在《英国工人阶级状况》这一著作中,恩格斯反对尤尔的观点,通过对英国工人状况真实的描写说明了英国工人生活的悲惨。恩格斯抨击了尤尔对童工的描述:"(当然罗,好像活动一下肌肉并不是被工作弄得疲劳僵硬的身体的直接需要似的! 但是尤尔应当再看看这一瞬间的兴奋是不是在几分钟以后就消逝了。而且这种情形尤尔也只能在中午,即在孩子们工作五六小时以后看到,而不能在晚上看到!)至于工人的健康,这个资产者为了证明情况非常之好,更是恬不知耻地引用我们多次引证并摘录过的 1833 年的报告。他企图断章取义地摘引几句话来证明工人当中连一点腺病质的迹象都没有,证明工厂制度使工人摆脱了各种急性病的痛苦(这是完全对的,但是工厂制度同时却给工人们带来了各种慢性病,这一点尤尔当然绝口不谈了)。要了解我们这位可敬的尤尔怎样厚颜无耻地对英国公众撒下弥天大谎,就应当知道,这个报告共有厚厚的对开本三册,一个脑满肠肥的英国资产者根本不会想到要把它好好研究一下的。让我们再听听他对 1833 年自由资产阶级所颁布的工厂法的意见吧。"[1] 与尤尔相反，恩格斯整本著作都是在描述工人的生活状况的悲惨，恩格斯从工人的工作情况，从工人的吃、穿、住各个方面的详细描写展示了当时英国工人的悲惨遭遇，这里就不一一赘述。

从这里我们可以看到此时恩格斯的思路，他带着一种悲天悯人的情怀，站在道德的角度抨击资产阶级，站在同情工人的角度憎恨尤尔的胡说八道，表现出了对工人阶级的关怀。从这些批判中可以看到恩格斯的阶级立场，他是完全站在无产阶级的立场上抨击尤尔，以此来抨击令人痛恨的资本家的惨无人道。不过要注意的是，虽然恩格斯此时从道德的角度来批判尤尔，但是并不说明他就是人本主义，恩格斯是通过对经验事实的描述来说明工人的悲惨境况。恩格斯在这本著作的开端就指出他是致大不列颠工人阶级，他的理论目的是揭露资本主义自身存在不合理而要求工人阶级起来斗争取得革命的胜利，不过恩格斯此时对资本主义自身的内在矛盾还没有分析清楚。

第二个方面，恩格斯否定了尤尔对工人道德的批判。恩格斯在《英国工人阶级的状况》中分析工人的道德问题的时候从批判的角度提到了尤尔："另外还有一个十足的资产者，反谷物法同盟的中心人物安德鲁·尤尔博士暴露了这些后果的另一个方面。他告诉我们，大城市的生活助长工人中的阴谋的发生，并给平民以力量。根据他的意见，如果不适当地教育一下工人（就是教育他服从资产阶级），他们就会片面地从狠毒的自私自利观点来看问题，并且容易被狡猾的煽动家所诱惑；他们甚至还会用嫉妒和敌对的眼

---

1 《马克思恩格斯全集》第 2 卷，人民出版社 1957 年版，第 454—455 页。

光来看待他们的最好的恩人——那些简朴的富于进取心的资本家。在这种情况下只有正确地教育他们才行,否则,国家就要破产,其他灾祸就要发生,因为工人的革命将是不可避免的。"[1]尤尔在书中指出,有的工人堕落、道德低下、酗酒犯罪,还有的工人因为没有自己的主张跟从一些工会组织即工人阶级运动的领导者来进行不法活动。尤尔反对工会组织,反对工人运动,他主张通过教育让工人自愿地臣服于资本家的统治。恩格斯反对尤尔对工会的抨击:"在所有资产者中,又是我们的那位朋友尤尔博士成了所有工会的最疯狂的敌人。"[2]

恩格斯也看到了在工人中存在着一些不道德的行为,他说英国工人的两大恶习是酗酒和纵欲,但是他又看到了工人作为潜在的革命的力量:"大城市是工人运动的发源地,在这里,工人首先开始考虑自己的状况并为改变这种状况而斗争;在这里,首先出现了无产阶级和资产阶级的对立;在这里,产生了工人团体、宪章运动和社会主义。"[3]恩格斯看到工人会起来反抗资本家并且极力支持工人的反抗行为。同时,恩格斯还看到有的工人确实堕落与无知,需要工会联盟将工人组织到一起形成一种联合的力量起来反抗资本家。胡大平教授认为此时恩格斯的这种思想是"精英主义对工人的外部启蒙"[4]。这种具有联盟的有组织的工人运动是日后推翻资本主义统治的主力军。由此可见,恩格斯与尤尔的理论路径完全不同,所以他极力反对尤尔的理论。

第三个方面,恩格斯肯定了尤尔对机器的描述,同时指出尤尔

1　《马克思恩格斯全集》第2卷,人民出版社1957年版,第407页。
2　《马克思恩格斯文集》第1卷,人民出版社2009年版,第458页。
3　《马克思恩格斯文集》第1卷,人民出版社2009年版,第436页。
4　胡大平:《回到恩格斯》,江苏人民出版社2011年版,第184页。

在论述中矛盾的地方。在《英国工人阶级的状况》中,恩格斯不仅批判了尤尔而且肯定了尤尔,那就是恩格斯在分析机器带来资本主义生产方式的改变时肯定了尤尔对机器的判断。"我们在'导言'里已经看到,在这些生产部门中的工作的人如何因新机器的出现而首先被迫脱离了以前的生活条件。因此,后来陆续发明的新技术也极其深刻而持久地影响着这一部分人,这就毫不足怪了。在尤尔、培恩斯等人写的棉纺织业史中,每一页上都讲到日新月异的改进,其中大部分也已经在纺织业中的上述其余部门里被采用了。手工劳动几乎到处都被机器排挤掉,几乎一切操作都用水力或蒸气力,而且每年都有更新的改进。"[1]尤尔的《工厂哲学》主要围绕机器大生产展开,在这里恩格斯肯定了尤尔的分析。恩格斯对尤尔的肯定说明恩格斯已经隐约看到了资本主义机器大工业的生产方式,不过,恩格斯只是一带而过并没有详细展开,这源自于恩格斯本人的理论还没有聚焦到机器大工业的生产方式上来。后来马克思在《资本论》中肯定了恩格斯对资本主义生产方式的判断:"1845年以后发表的工厂视察员报告、矿山视察员报告等等,都说明了恩格斯对资本主义生产方式的精神了解得多么深刻……"[2]恩格斯对资本主义生产方式的理解为他接下来与马克思合写《德意志意识形态》打下了坚实的基础。

恩格斯肯定机器带来资本主义生产方式的改变,与此同时,恩格斯批判了尤尔理论的自相矛盾之处:"最后,尤尔还说了下面这样一个美妙的故事。操纵走锭纺纱机的粗纺工有时滥用他们的力量达到令人难以容忍的程度。高工资并没有引起他们对厂主的感

---

1 《马克思恩格斯全集》第2卷,人民出版社1957年版,第420—421页。

2 《马克思恩格斯全集》第44卷,人民出版社2001年版,第278页,注(48)。

激之情和发展智力(自然是在对资产阶级无害甚至有益的科学方面)的愿望,反而常常使他们变得傲慢,是他们有钱来为罢工者的反叛精神提供支撑,而许多厂主却一个接一个地平白无故地因这种罢工而遭殃。……接着尤尔又证明,同时印四五种颜色的机器的发明,是印花布工人骚动的结果;机织业中砂浆工的反抗行动促成了新的完善的浆纱机的诞生。另外他还提到一些类似的事情。这个尤尔不久前还竭力用许多篇幅来证明,使用机器对工人是有利的!"[1]恩格斯指出,尤尔既说机器对工人是有利的又说机器代替工人导致工人的失业是工人自己造成的。恩格斯的眼光是犀利的,马克思后来在《资本论》中也指出了尤尔在这一点上是自相矛盾的。

二、恩格斯关注尤尔的《工厂哲学》的缘由

从以上的分析可以看到,恩格斯在《英国工人阶级状况》中是很关注尤尔的,无论是从批判的角度还是从肯定的角度。那么,恩格斯的这种肯定与否定是否准确呢?这就要追溯到恩格斯自身的理论域中。

首先,要看恩格斯当时为什么会写这本著作。"本书中所考察的问题,最初我是打算仅仅作为一本内容比较广泛的关于英国社会史的著作中的一章来论述的,但这个问题的重要性很快就使得我不得不对它进行单独的研究。"[2]恩格斯写这本著作的本意只是作为英国社会史的著作来写的,但是当他深入研究时,发现他自己

1　《马克思恩格斯文集》第1卷,人民出版社2009年版,第458—459页。
2　《马克思恩格斯全集》第2卷,人民出版社1957年版,第278页。

已经不能仅仅写一本史学的著作了。

恩格斯研究社会史时发现工人阶级这一群体,他们的遭遇和处境促使恩格斯将理论对象聚焦到工人阶级上来:"工人阶级的状况是当代一切社会运动的真正基础和出发点,因为它是我们目前社会一切灾难的最尖锐最露骨的表现。"[1]于是,恩格斯写了这本翔实地描述工人生活悲惨的著作,以此来揭露当时资本家对工人的剥削。他在这部著作中从工人的吃穿住行等各个方面描述了工人生活的悲惨,以非常翔实的材料给我们展示了当时社会的真实状况,连恩格斯本人也说,这在当时是第一本如此描写英国工人阶级状况的书。那么,这些翔实的材料来源于哪里呢?"我有机会在二十一个月内从亲身的观察和亲身的交往中直接研究了英国的无产阶级,研究了他们的要求、他们的痛苦和快乐,同时又以必要的可靠的材料补充了自己的观察。这本书里所叙述的,都是我看到的、听到和读到的。"[2]为了写这本著作,恩格斯在曼彻斯特生活了21个月,毋庸置疑,恩格斯的这种亲身经历是对英国当时社会状况的最真实的反映,没有什么资料比这更真实的了。恩格斯批判了当时德国的理论界:"德国的社会主义和共产主义比起任何其他国家的社会主义和共产主义来,都更加是从理论前提出发的,因为我们,德国的理论家们,对现实世界了解得太少,以致现实的关系还不能直接推动我们去改造这个'丑恶的现实'。"[3]正是因为恩格斯亲身的观察,真实地掌握了当时资本主义社会真实的悲惨状况,所以他严厉地批评了尤尔对资本主义制度的辩护。

其次,要看恩格斯为什么会以英国社会作为分析的对象。恩

1　《马克思恩格斯全集》第 2 卷,人民出版社 1957 年版,第 278 页。

2　《马克思恩格斯全集》第 2 卷,人民出版社 1957 年版,第 278 页。

3　《马克思恩格斯全集》第 2 卷,人民出版社 1957 年版,第 279 页。

格斯这本著作考察的对象是英国,并且是英国的曼彻斯特,甚至还聚焦到英国的棉纺织业,这说明恩格斯看到了英国产业革命的重要性。"郎卡郡,特别是曼彻斯特,是英国工业的发源地,也是英国工业的中心。曼彻斯特的交易所是英国工业生活中的一切波动的寒暑表;曼彻斯特的现代化的生产已达到了完善的地步。在南郎卡郡的棉纺织业中,自然力的利用、机器(主要是动力织机和骡机)对手工劳动的排挤以及分工都达到了高度的发展,而如果我们认为这三个要素是现代工业的特征,那末我们必须承认棉花加工业在这方面从开始到现在一直是走在其余一切工业部门的前面的。"[1]"要知道,一切最使我们厌恶和愤怒的东西在这里都是最近的产物,工业时代的产物。"[2]英国是工业革命的发源地,是工业革命发展最成熟的地区。在恩格斯 21 个月的亲身经历中,他观察到了英国作为典型的资本主义生产方式的重要性。"工人们! 我献给你们一本书。在这本书里,我想把你们的状况、你们的苦难和斗争、你们的希望和要求的真实情况描绘给我的德国同胞们。"[3]恩格斯认为德国社会的发展落后于英国,英国发展的今天就是德国发展的明天。而在英国,不同地区资本主义生产方式的发展也是不平衡的,恩格斯聚焦到英国的曼彻斯特。恩格斯关注到不同的地区经济发展不平衡,同时还看到了不同生产部门的生产力发展不平衡。在当时,棉纺织行业是发展最成熟的行业,因此也是积重最深的行业,对这个行业的分析具有前瞻性和典型性。尤尔当时也是这样的分析思路,将分析的地区聚焦到英国的曼彻斯特,分析的行业以棉纺织业作为主导行业,因而敏锐地把握到了新出现的

1　《马克思恩格斯全集》第 2 卷,人民出版社 1957 年版,第 322 页。
2　《马克思恩格斯全集》第 2 卷,人民出版社 1957 年版,第 335 页。
3　《马克思恩格斯全集》第 2 卷,人民出版社 1957 年版,第 273 页。

机器大工业的生产方式的特征。所以,恩格斯看到了尤尔对机器大工业的判断,肯定了尤尔对机器大工业生产方式的分析。

最后,恩格斯看到了机器的发展给工人带来的沉重的灾难。恩格斯认为机器剥夺了工人美好的生活:"他们和城市隔离,从来不进城,因为他们把纱和布交给跑四方的包买商,从他们那里取得工资;他们和城市完全隔离,连紧靠着城市住了一辈子的老年人也从来没有进过城,直到最后机器剥夺了他们的收入,把他们吸引到那里去寻找工作。"[1]恩格斯认为工人在从事手工劳动时也就是马克思所说的工场手工业阶段,工人生活状况还是不错的,而机器的运用导致工人从田园诗画般的生活坠入了水深火热的生活中。并且恩格斯看到了李嘉图所看到的一个问题就是机器不断取代工人将工人变成过剩人口。"在目前的社会条件下,机器的改进对工人只能产生不利的并且经常是很严重的后果;每一部新机器都会带来失业、匮乏和贫穷,而在英国这样本来就几乎总有'过剩人口'的国家里,在大多数情形下失掉工作就是一个工人可能遭遇到的最倒霉的事情。"[2]按照恩格斯的观点,机器是罪恶的,工人的灾难都是机器造成的。通过对机器的考察,恩格斯反驳了尤尔在机器观上的矛盾之处。但是因为恩格斯此时所理解的机器并不具有社会关系的性质,他没有能够深入到机器的资本主义运用层面,因而他虽然指出了尤尔在机器观上的矛盾之处,但是并没有触及尤尔理论的错误本质。

---

1 《马克思恩格斯全集》第 2 卷,人民出版社 1957 年版,第 282 页。
2 《马克思恩格斯全集》第 2 卷,人民出版社 1957 年版,第 425 页。

三、恩格斯此时在解读方法上的局限性

恩格斯的这部著作最重要的贡献在于描绘了当时英国资本主义社会最真实的状况。后来马克思在《61—63 手稿》中指出:"两本书——尤尔博士的和弗里德里希·恩格斯的——无疑都是关于工厂制度的著作中最好的;两本书的内容相同,只有一个区别:尤尔是作为这个制度的仆人,作为被这个制度俘虏的仆人来讲话的,而恩格斯则是作为这个制度的自由批评家来讲话的。"[1] 而马克思说的恩格斯的著作应该就是恩格斯的这本《英国工人阶级状况》,马克思后来在《资本论》中也经常引用恩格斯的这部著作。但恩格斯的这部著作也存在一些解读方法上的局限性,他从资本主义生产方式的客体向度和工人阶级革命的主体向度上所做出的解读都存在着有待进一步深化的地方。

一方面,从客体向度来看,恩格斯的分析是基于工人的生存状况,但对工人在生产过程中的生产状况的描述比较少。"我很想在你们家中看到你们,观察你们的日常生活,同你们谈谈你们的状况和你们的疾苦,亲眼看看你们为反抗你们的压迫者的社会统治和政治统治而进行的斗争。"[2] 从这里可以看到,恩格斯集中精力观察的是工人的生活,因而他不惜笔墨地描绘了工人的食物、工人的住宅、工人被病痛折磨的身体情况以及工人的生命等等。相比这些,恩格斯对工人在工厂中工作情况的描述就少之又少了。马克思之所以将尤尔的《工厂哲学》与恩格斯的这部著作放在同等重要

1　《马克思恩格斯全集》第 37 卷,人民出版社 2019 年版,第 162 页。
2　《马克思恩格斯文集》第 1 卷,人民出版社 2009 年版,第 382 页。

　　　　　　尤尔的《工厂哲学》对马克思哲学发展的影响

的地位上来看待,一个很重要的原因就是尤尔的分析是基于对工厂的生产过程的描述,其中包括工人在生产过程中的状况。所以,虽然尤尔是工厂制度的仆人,马克思还是要肯定他的理论贡献的。恩格斯的理论目的并不是要研究生产的状况,而是要去研究工人被资本家压迫得有多么悲惨,他是要将工人的这些惨况呈现出来,因此对工人生活层面的描述就已经达到恩格斯的理论目的了。

正是因为恩格斯对生产过程的关注还不够,因此他对资本主义机器大生产的理论分析还是薄弱的。对生产过程的分析,恩格斯也是集中在对人的关注。恩格斯认为资本家不将工人当作是人而当作是手:"他不能理解,他和工人之间除了买卖关系还有别的关系;他不把工人看做人,而是看做'手'(hands),他经常这样当面称呼工人;正如卡莱尔所说的,除了现金交易,资产者不承认人和人之间还有其他任何联系。"[1]将工人看作是手是典型的工场手工业的视角。而尤尔已经指出工人只是机器的身体的一部分,机器才是生产的中心。并且,恩格斯在著作中多次提到分工的作用:"分工把强制劳动的这种使人动物化的作用增强了好多倍。"[2]"分工,水力特别是蒸汽力的利用,机器装置的应用,这就是从上世纪中叶起工业用来摇撼世界基础的三个伟大的杠杆。"[3]此时,恩格斯是将分工和机器以及动力并列在一起的,可见,恩格斯在分析生产过程时,还没有能够脱离分工的逻辑。而尤尔指出分工是只适用于斯密时代的理论。由此可见,此时恩格斯对机器大工业的本质特征的理解还没有达到尤尔的水平。

另一方面,从主体向度来看,恩格斯基于一个简单的逻辑来分

1　《马克思恩格斯文集》第1卷,人民出版社2009年版,第477页。

2　《马克思恩格斯文集》第1卷,人民出版社2009年版,第432页。

3　《马克思恩格斯文集》第1卷,人民出版社2009年版,第406页。

析工人阶级起来革命的原因。工人阶级为什么会起来革命呢？恩格斯从资本家的角度出发，他认为资本家是贪婪的，极大地追逐金钱，因此，工人的沉重灾难源自资本家作为人的本性的贪婪，而工人阶级就不像资本家这么贪婪。"因此，对金钱没有这种敬畏感的工人，不像资产者那样贪婪，资产者为了赚钱不惜采取任何手段，认为自己生活的目的就是装满钱袋。"[1]恩格斯在这里从人性的角度来分析工人悲惨状况的原因，甚至，他将资本家的这种残酷剥削的行为称为"谋杀"。

恩格斯又从工人的角度出发，他将工人阶级起来革命的原因归之于工人之间的竞争："竞争最充分地反映了流行在现代市民社会中的一切人反对一切人的战争。这个战争，这个为了活命、为了生存、为了一切而进行的战争，因而必要时也是你死我活的战争，不仅在社会各个阶级之间进行，而且也在这些阶级的各个成员之间进行；一个人挡着另一个人的路，因而每一个人都力图挤掉其余的人并占有他们的位置。工人彼此竞争，资产者也彼此竞争。"[2]恩格斯认为工人之所以会有如此悲惨的境遇，原因在于工人彼此之间的竞争。甚至恩格斯在对过剩人口进行分析的时候也是从竞争的角度来切入的："'过剩人口'的产生不如说是由于工人彼此间的竞争，由于迫使每个工人每天都竭尽全力去工作的竞争。"[3]

资本家不断贪婪，工人之间不断竞争，当工人无法生存下去的时候，工人阶级就会起来反抗资本家。"我们在工业无产阶级本身的队伍中也会发现这样的顺序：我们会看到，工厂工人，产业革命的这些初生子，始终是工人运动的核心，而其他工人的参加运动，

1　《马克思恩格斯文集》第1卷，人民出版社2009年版，第439页。
2　《马克思恩格斯全集》第2卷，人民出版社1957年版，第359页。
3　《马克思恩格斯全集》第2卷，人民出版社1957年版，第365页。

却要看他们的手工业被产业革命侵害的程度如何而定。"[1]如果工人阶级还没有起来反抗资本家，那是因为资本家对工人阶级压迫的程度还不够。从以上的分析可以看到，恩格斯建构的理论逻辑是资本家贪婪——压迫工人阶级——压迫极度沉重——工人阶级反抗。需要指出的是，这种解读逻辑过于简单化了，因为后来的资本主义发展事实告诉我们，当资本主义生产过程的内在矛盾还没有激化的时候，虽然资本家也表现出越来越贪婪的本性，虽然工人的生活境况也越来越糟糕，但工人却不一定会起来革命。其实，真正决定资本主义危机及无产阶级革命的动力来自资本主义生产过程内在矛盾的发展水平。

从上面的分析中我们可以看到，此时恩格斯对英国资本主义现状的解读还带有较强的经验主义的特征，而缺少对经验现象背后的内在矛盾的分析。正因为如此，当他想要展开一条现实批判的思路时，就必然需要一根外在的理论拐杖来建构其理论，那就是人性的逻辑：资本家的压迫越深工人起来反抗的力量就越强大——工人阶级定会取得革命的胜利。这也是为什么恩格斯在《英国工人阶级的状况》这本著作中对尤尔的批判主要围绕尤尔作为资产阶级的辩护人而展开。因为，当眼光盯住人的时候，必然只会看到尤尔对资本主义制度的辩护，而忽视他对资本主义机器大工业的新特征的理论判断，从而使尤尔在机器大工业研究上的理论贡献还没能得到很好的批判性吸收。

---

1 《马克思恩格斯全集》第 2 卷，人民出版社 1957 年版，第 299 页。

第二节
马克思对尤尔的初识：
《布鲁塞尔笔记》中对尤尔著作的摘录

1845 年 1 月，马克思被法国政府驱逐，流亡到比利时的首都布鲁塞尔。在 1845 年 2 月至 7 月间，马克思重新研究政治经济学，写下了 6 个摘录笔记，即《布鲁塞尔笔记》。在这一节中，主要剖析马克思在这一笔记中对尤尔的《工厂哲学》的摘录。

一、马克思在《布鲁塞尔笔记》中
对尤尔的《工厂哲学》的摘录

《布鲁塞尔笔记》共六册，马克思对尤尔的《工厂哲学》的摘录在第五个笔记本中。在这一册中马克思依次摘录了吉拉丹、拜比吉、尤尔、贝列拉和罗西的著作，其中对尤尔的摘录占 5 页，即从第 11 页到 15 页。[1] 在这一摘录中，第 11 页马克思是用德语摘录，并且对尤尔的一些观点进行概述，马克思在自己的概述中穿插了法语。剩下的部分马克思全部都是用法语原文摘录，并且标明出自法文版的哪一页，自己没有做概括，也没有做评价。在这里，我们需要详细地介绍一下马克思所摘录的尤尔的《工厂哲学》的内容。

---

[1] 此处的《布鲁塞尔笔记》是出自 MEGA² *Karl Marx Friedrich Engels Gesamtausgabe*（*MEGA*），*Vierte Abteilung：Exzerpte・Notizen・Marginalien*，Vol. 3，Berlin：Akademie Verlag，1998，S. 342–351. 这一部分尚未翻译成中文。由于笔者不懂德文，所以《布鲁塞尔笔记》的这一段的分析是借助于南京师范大学哲学系张福公博士所翻译的这一部分的中文版。

之所以对此做详细的分析,原因在于从马克思的摘录中我们可以看到马克思此时关注的焦点是什么,可以窥见马克思此时思想的脉络。

　　尤尔的《工厂哲学》有英文版和法文版,这两个版本马克思都看过。从马克思在《61—63 手稿》和《资本论》中对尤尔的引用可以看到,马克思大部分引用的是法文版,偶尔也引用了英文版。在《布鲁塞尔笔记》中,马克思所摘录的尤尔的《工厂哲学》是 1836 的法文版,法文版《工厂哲学》共二册,四个部分。马克思先是摘录了《工厂哲学》的第二册。第二册中是《工厂哲学》的第三和第四部分,即工厂体系中的道德经济和工厂中的知识和宗教,然后再回到第一册,即《工厂哲学》的第一部分和第二部分,即制造的基本原则和工厂体系的科学经济。除了这两册有所颠倒外,马克思对《工厂哲学》的摘录基本是依据文本本身的顺序。

　　接下来我们就具体地看一下马克思摘录了《工厂哲学》的什么内容。先来看一下马克思所摘录的第二册的内容。对第二册的摘录,马克思先是用德语摘录并概括了第二册第三部分的内容,剩下的部分都是用法语原文摘录。这里需要注意一个细节,马克思所摘录的部分基本是按照《工厂哲学》原文的顺序进行摘录的,但有一处例外。他在第三部分摘录结束后,德语摘录转为法语摘录,又用法语补摘录了两段,这两段并非接着原文的顺序摘录的,而是回到了第三部分中,所以页码乱序。笔者认为,马克思应该是先概括或摘录了第三部分,停下一段时间,而后继续摘录其他的内容的。接着,马克思摘录的就是第四部分。

　　在第三部分中,马克思的概括以及摘录集中围绕在人身上,这个人既包括工厂主也包括工人。具体说来,马克思的摘录和概括集中在几个方面:第一,尤尔认为工厂制度带来的好处就是可以使用更少的劳动,并且在机器的使用下,工厂制度对工人来说是有利的,它可以减轻工人的劳动。"无限地改善自然产品,将它变成满足人类便利的东西。通过花费最少的人类劳动而获得利益构成了我们工厂制度的基础。"[1]第二,工作时间问题。尤尔反对10小时工作制,对于工人来说,工作12小时甚至14小时都是没有问题的。第三,机器的使用可以减少劳动,从而在与国外的竞争中占据优势。"工厂制度远远没有损害工人的健康,相反,它为工人的健康提供了保障。投入生产的机器越完善,在与外国工厂的竞争中所承担的风险就越小,从而工厂主获得的利益就越多,而工人的工资就越能得到保障。"[2]第四,机器代替工人,从而镇压工人的反抗。"资本招募科学镇压工人的反抗。"[3]在第四部分中,马克思的摘录集中在两个方面,一方面摘录了尤尔支持自由贸易政策的观点。尤尔认为机器生产会导致生产规模扩大,就会产生更多的产品,那么这些过剩产品就必须推销到国外,否则大规模的生产体系就会遭遇困难。另一方面摘录了纺织行业中使用工人的情况,包括工人的工资和工人的年龄状况,这些方面尤尔都是从为资本主义辩护的角度进行分析的。

接下来,马克思转而摘录《工厂哲学》第一册的内容。在第一册中,马克思摘录了几个方面:第一,尤尔所讨论的理论域。尤尔

1　*Karl Marx Friedrich Engels Gesamtausgabe* (*MEGA*), *Vierte Abteilung*: *Exzerpte · Notizen · Marginalien*, Vol. 3, Berlin: Akademie Verlag, 1998, S. 342.

2　*Karl Marx Friedrich Engels Gesamtausgabe* (*MEGA*), *Vierte Abteilung*: *Exzerpte · Notizen · Marginalien*, Vol. 3, Berlin: Akademie Verlag, 1998, S. 343.

3　*Karl Marx Friedrich Engels Gesamtausgabe* (*MEGA*), *Vierte Abteilung*: *Exzerpte · Notizen · Marginalien*, Vol. 3, Berlin: Akademie Verlag, 1998, S. 343.

讨论了五种纺织行业,分别是棉、羊毛、呢绒、亚麻、丝绸这五个行业。第二,尤尔对工厂进行的定义。"工厂是由机器体系构成的。从技术上说'工厂'这个术语标志着各种工人即成年工人和未成年工人的协作,这些工人熟练地、勤勉地看管着由一个中心动力不断推动的、进行生产的机器体系。"[1]第三,尤尔认为现代工厂制度起源于英格兰,看到了英国的生产力远超其他国家。第四,尤尔看到工场手工业向机器大工业的转变,提出斯密的分工原则已经不适用于"我们的时代","我们"已经进入机器大工业时代:"当亚当·斯密写下他的著名的经济原理的时候,自动机器还几乎无人知晓,因此他将分工视为工业发展的重要原则是合理的⋯⋯我们可以从中得出结论,即每个工人要自然地适应他的操作,他的工资也是与他的技巧相一致。"[2]第五,机器的运用使得女工代替男工,童工代替女工和男工。马克思对第一部分的摘录大概就是这些,而这些内容实际上只是尤尔的《工厂哲学》这部著作的开头一部分内容,并没有涉及第一册的全部内容。不过,尤尔对于机器大工业的分析在马克思的这些摘录中已经基本呈现了。

二、马克思对《工厂哲学》的摘录所呈现的思想特征

那么,马克思对尤尔的这些摘录说明了什么呢? 实际上,马克思所摘录的这些内容恰恰显示了他此时的思想特征。

首先,马克思先是摘录第二册的内容,然后摘录了第一册的内

---

1 *Karl Marx Friedrich Engels Gesamtausgabe*（*MEGA*）, *Vierte Abteilung*: *Exzerpte · Notizen · Marginalien*, Vol. 3, Berlin: Akademie Verlag, 1998, S. 348. 说明:马克思在《61—63 手稿》和《资本论》中多次引用尤尔对"工厂"的定义。

2 *Karl Marx Friedrich Engels Gesamtausgabe*（*MEGA*）, *Vierte Abteilung*: *Exzerpte Notizen Marginalien*, Vol. 3, Berlin: Akademie Verlag, 1998, S. 348.

容。为什么会出现这样的顺序呢？笔者觉得这不是随意的，而是有深层原因的。《工厂哲学》的第二册是围绕工人的道德和商业经济展开的，马克思所摘录的第二册的内容集中在"人"上，这里的人包括工厂主和工人。此时，马克思刚写完《1844手稿》不久，人本主义思路还未退却，他的理论视域还是在人身上，因此，当马克思刚开始去看尤尔的这部经济学著作时，首先看到的是尤尔所写的第二部分，围绕人而展开的分析。随后，马克思在阅读经济学著作的过程中思想在不断深化，人本主义的思路在慢慢退却，对生产过程本身的关注程度越来越高，因而，马克思又返回摘录《工厂哲学》第一册的内容。马克思对《工厂哲学》第一册的摘录集中在"物"上，这个"物"即机器大工业生产本身。从"人"到"物"的转变体现了马克思理论场域的变换。马克思实现了理论场域的转变才能够在以后的理论分析中深入到机器大工业内部去研究生产过程中的矛盾，而不是仅仅停留在现象层面看人的维度上的矛盾。

其次，马克思摘录了《工厂哲学》的内容，但不能简单地认为马克思就是支持这些观点或是理解了这些观点。马克思先摘录了《工厂哲学》第二册的内容，这些内容主要描述了工人在生产过程中的悲惨的状况，马克思所摘录的这些内容是他要批判的理论对象。马克思对这些内容的批判最终在《61—63手稿》和《资本论》中呈现出来，他批判了作为资产阶级代言人的尤尔。同时，马克思摘录了《工厂哲学》第一册的内容，这些内容主要是尤尔对机器大工业的分析。并且，马克思只是摘录了第一册的前面部分，然后就停止了，由此可见，他此时并没有真正意识到尤尔对机器大工业的分析的重要性。比如说，马克思在这里已经摘录了尤尔对斯密的判断，这一重要的理论发现并没有引起马克思的重视，因为在他接下来与恩格斯合写的《形态》中仍是以斯密的分工理论贯穿始终。由此可见，在这个笔记本中，马克思虽然摘录了尤尔的《工厂哲学》，却并没有真正理解尤尔的思想。

最后，马克思此时所摘录的内容成了日后马克思理解机器大工业的基础。《工厂哲学》厚厚的上下两册，虽然马克思只摘录了五页纸，虽然此时马克思并没有理解尤尔，但是此时马克思对尤尔的这些摘录已经触及了尤尔对机器大工业的分析的精髓。后来这些摘录在《61—63手稿》和《资本论》中大部分都出现了，究其原因，马克思此时已经隐隐感觉到尤尔的这些理论的重要性，因而他才会摘录下来，这是马克思对机器大工业的分析判断的潜在的"意识流"，这就为日后马克思对机器大工业的分析奠定了坚实的基础。也就是说，马克思此时隐约意识到了尤尔对机器大工业所做的分析的重要性，但当时的他还没有能力来解读这种重要性，因而，还无法让这种新观点在他自己的理论思路中得以消化和扬弃。

第三节
马克思在《评李斯特》中对尤尔的解读

差不多与恩格斯同时期，马克思于1845年写下了著作《评李斯特》，这部手稿针对的是李斯特的《政治经济学的国民体系》。在这部手稿中马克思初次引用了尤尔的《工厂哲学》。值得注意的是，虽然此时马克思与恩格斯都关注了尤尔，但是关注的程度、关注的视角都不同。恩格斯在《英国工人阶级状况》中从阶级立场的角度批判了尤尔作为资产阶级的辩护士，并没有看到尤尔对资本主义机器大工业的准确分析。在《评李斯特》中，马克思仅仅在一处提及尤尔,他是从正面引用了尤尔的著作,以尤尔作为理论武器来批评李斯特的观点。虽然对尤尔的引用只有一处,却可窥见马克思思想的脉络。不过,我们还要客观地看待马克思对尤尔的态度,虽然马克思此时是从肯定的角度来分析尤尔的,但是并不代表他就能理解尤尔关于机器大工业的观点,是否能够理解尤尔还要看马克思自身的理论水平发展到什么程度。

一、李斯特——一个被马克思简单化的经济学家

弗里德里希·李斯特(1789—1846)是 19 世纪德国资产阶级经济学家。主要著有三部著作:《美国政治经济学大纲》《政治经济学的自然体系》和《政治经济学的国民体系》。马克思在《评李斯特》中主要是针对李斯特的《政治经济学的国民体系》这本著作。李斯特的这本著作由四个部分构成:历史、理论、学派和政策。当时,李斯特所处的德国在经济上远远落后于英法等国家。从整本著作来看,李斯特试图从历史的角度来分析德国经济以期找到拯救德国经济的良策。与古典政治经济学家不同,古典政治经济学家是致力于经济理论的分析,而李斯特是想围绕经济政策展开分析,这源自于他的爱国主义情怀,希望通过一定的经济政策来挽救德国落后的生产力。沿着李斯特这本著作的思路,来看一看李斯特在这本著作中所要呈现的理论。

首先:历史。李斯特开篇就谈历史,从历史学的角度细致地分析了意大利人、汉撒商人、荷兰人、英国人等等。李斯特分析这些国家的目的是要说明各个国家在历史发展阶段上的各种状况,有的国家生产力高,有的国家生产力低,通过比较去分析其高低的原因。李斯特的理论目的是想说明,现今德国是落后于英国等国家

的生产力的,因此在经济政策上也应不同。李斯特反对斯密的自由竞争理论,他提出要使用关税保护政策来提高德国的生产力。李斯特的理论是当时德国理论界的典型代表,1807 年改革开始,原来资产阶级的自由派全面转到强调国家精神的凝聚和国家作用上面,不再强调以前的个人。这也是当时德国历史学派的思路,历史主义的兴起往往是跟落后国家的发展相联系的。

那么这种历史的分析方法是否正确呢?唐正东教授在《斯密到马克思》中将李斯特称为"读不懂历史的历史学派思想家"[1]。回到李斯特的著作中可以窥见,李斯特确实是以历史的方法来分析的,但是,他的历史是平铺直叙的历史,是自然主义的历史,是经验主义的历史。在这个历史过程中,李斯特是把各种历史事实简单地连接起来而已,并不分析前一个历史事实与后一个历史事实之间所蕴含的一步步往前递进的历史发生过程。这是一种干瘪的历史,只有其形而无其神。如此分析历史导致李斯特并没有看到历史的内在之流。所以,马克思后来指出,在资产阶级经济学家那里,在资本主义之前是有历史的,而到了资本主义社会历史则停止。

与李斯特不同,马克思的历史是内在矛盾不断发展的历史,历史的暗流汹涌澎湃而非表面呈现出来的样子。张一兵教授指出:"马克思这里说明的历史性生存绝不是简单的单向性的持续性时间,而是一种将将过去扬弃在自身内部,同时创造现在走向未来的历史时间。"[2]马克思哲学意义上的"历史"是一个过程,不是片段,是从以前到现在到未来的过程。并且,这个过程不仅仅是线性的时

1　唐正东:《从斯密到马克思》,江苏人民出版社 2009 年版,第 173 页。
2　张一兵:《马克思历史唯物主义中的历史概念》,《哲学研究》,1998 年第 9 期。

间上的描述,它内含着自身矛盾,这样的矛盾不断地更替和扬弃自身,推动着历史不断向前发展。因此,马克思的历史有着鲜活的生命,它丰富、饱满、有血有肉。

在分析各国历史的过程中,虽然李斯特停留于静态的历史层面的分析,但是不得不承认的是,李斯特看到了德国的生产力落后于英国、法国等国家,马克思此时还没有看到这一点,发现这种差距对于马克思完成对资本主义机器大工业的分析至关重要的。马克思后来到了英国才准确地把握到了资本主义机器大工业的本质特征。

其次,理论。李斯特在历史分析的基础上致力于对经济政策的研究,针对德国的落后提出了相应的措施,即关税保护制度和爱国主义生产力发展理论,这一理论是针对斯密等古典政治经济学家的自由竞争制度的。

先来看一下李斯特的关税保护制度。李斯特的关税保护制度指的是对外关税保护,对内自由竞争。李斯特之所以要提出关税保护,一是外部原因,当时的德国远远落后于英国和法国,英国和法国大量廉价的商品冲击着德国的国内市场。李斯特认为,不能只看眼前的产品的价格低廉,还要看长远的国家生产力的发展。“英国执政者所注意的并不是在于价格低廉的、并不是经久存在的那些工业品的取得,而是在于代价虽较高而能够长期存在的制造力的取得。”[1]因此,李斯特认为要用关税政策保护国内经济的发展,抵御自由竞争的侵害。站在德国国家的立场,这一观点是非常深刻的。二是内部原因。当时的德国各邦都有自己的关税壁垒,这样的关税壁垒阻碍了商品经济的发展,针对这一现象,李斯特提

1　[德]李斯特:《政治经济学的国民体系》,陈万煦译,商务印书馆 2012 年版,第 49 页。

出了要建立统一的关税同盟,在国内实行有节制的关税制度。"但任何种收入关税都应当有相当节制,不可使输入和消费因此受到限制;否则不但将削弱国内生产力,而且也将使增加税收的目的受到挫折。只有以促进和保护国内工业力量为目的时,才有理由采取保护措施。"[1] 从这里可以看到,李斯特确实是基于本国的经济现实来推行他的经济政策,作为一个制定经济政策的经济学家,他还是很伟大的。

再来看一下李斯特的爱国主义生产力发展理论。李斯特反对斯密的理论,认为斯密仅仅研究价值理论,而不够重视生产力理论。"假使他不是把全部精神贯注在'价值''交换价值'那些概念,而同时还能够注意到'生产力'概念,他就会看出,要解释经济现象,除了'价值理论'以外,还必须考虑到一个独立的'生产力理论'。"[2] 这是对斯密的批评。李斯特认为财富本身并不是最重要的,最重要的是财富生产的能力。"由此可见,财富的生产力比之财富本身,不晓得要重要到多少倍;它不但可以使已有的和已经增加的财富获得保障,而且可以使已经消失的财富获得补偿。"[3] 这似乎有点像中国所讲的授人以鱼不如授人以渔的道理。

李斯特的生产力还不完全是客观的生产力,生产力还指生产财富的潜力。李斯特引入爱国主义精神这样一条线索,他认为有了爱国主义精神,生产财富的潜力即生产力就提高了。"只有在普遍繁荣的基础上,民族精神才能生根,才能开出美丽的花朵,结出丰富的果实;只有在物质利益调和一致的基础上,精神力量才会涌

1　[德]李斯特:《政治经济学的国民体系》,陈万煦译,商务印书馆 2012 年版,第 292 页。
2　[德]李斯特:《政治经济学的国民体系》,陈万煦译,商务印书馆 2012 年版,第 136—137 页。
3　[德]李斯特:《政治经济学的国民体系》,陈万煦译,商务印书馆 2012 年版,第 133 页。

现;也只有在这两者的共同基础上,国家力量才能产生。如果我们没有国家,没有使我们国家得以恒久存在的保证,那么我们这些人,不论是统治者或臣民,贵族或平民,也不论是学者、军人、市民、工业家、农业家或商人,我们的一切努力又有什么意义呢?"[1] 李斯特认为没有国家经济,社会经济和个体经济都没有长足的发展。

实际上,李斯特的关税保护制度与生产力理论不是截然分开的:"工业可以使无数的自然资源和天然力量转化为生产资本,这一事实正足以说明保护制度对于国家财富的增长会起怎样有力的作用。"[2] 关税保护制度与生产力理论两者相辅相成。当李斯特分析德国落后的现实时,确实是将根基放在德国的现实的基础上的,但是,当他为德国寻找救国之路的时候,由于他的理论根基不实,走向了理想的途径。

最后,学派。李斯特将古典政治经济学称为流行学派,他反对古典政治经济学的观点,对他们的很多观点进行了批评,在这里就不一一指出,重点分析李斯特如何反对斯密的分工理论。

李斯特专门批评了斯密的分工理论。"如果一个野蛮人在同一天里打猎或捕鱼、砍伐树木、修补屋子、制箭、制渔网、制衣服,这是'分工';但是在制针工业的不同操作中由十个人分司其事(像亚当·斯密所曾举示的一个例子),也是'分工'。前者是客观的分工,后者是主观的分工;前者阻碍生产,后者则促进生产。两者的主要区别在于,前一个例子指的是同一个人把他的工作划分了一下,以便完成各种事物,后一个例子指的是几个人分担一种事物的生产工作。"[3] 斯密在分工理论上所犯的一个明显的错误就是混淆

1　[德]李斯特:《政治经济学的国民体系》,陈万煦译,商务印书馆 2012 年版,第 397 页。
2　[德]李斯特:《政治经济学的国民体系》,陈万煦译,商务印书馆 2012 年版,第 212 页。
3　[德]李斯特:《政治经济学的国民体系》,陈万煦译,商务印书馆 2012 年版,第 148 页。

了两种分工,即社会分工和工场内部分工。需要肯定的是,李斯特看到了斯密的这一错误,将斯密的分工分成了两种分工。但是李斯特是以错纠错,他是用客观与主观来区分这两者,并且认为社会分工阻碍生产,生产内部的分工促进生产。由于李斯特自身理论的水平有限,他虽看到了问题,却没有能够解决问题。

正因为李斯特对分工的理解的薄弱,他甚至认为分工可以等同于联合。"但是两种动作也都可以说是工作的联合,这样说也是同样正确的;那个野蛮时代的人是把各种工作结合在他一个人的身上,而制针业的情况是把各个人结合起来从事于同一生产工作。"[1]李斯特用联合来说明斯密的分工足见他并没有理解斯密。实际上,他们的理论对象是不同的。斯密的理论对象是劳动,是对劳动进行分割;而李斯特的理论对象是人,是工人在工作过程中进行联合。理论对象不同,两者不可同日而语。后来马克思直到《61—63手稿》中才真正分清了这两种分工:一种是社会分工,一种是工厂内部分工,而这两种分工对于经济内部规律的分析具有不同的意义。

二、马克思对李斯特的批评

在了解了李斯特的理论之后,我们来看一下在马克思批评李斯特的过程中尤尔是如何出场的,马克思以尤尔的理论来批判李斯特的理论说明了什么。

在前面已经分析过,李斯特是一个爱国主义者,他看到了德国的落后,因而就想通过经济政策的研究来提高德国的生产力,改变

1　[德]李斯特:《政治经济学的国民体系》,陈万煦译,商务印书馆2012年版,第149页。

德国落后的状况。在此背景之下,李斯特提出了爱国主义生产力发展理论,这一理论中包含了几个方面的内容。

第一,李斯特看到了资本主义工业生产的力量。李斯特在这本著作中所谈论的生产力的发展将范围基本圈定在工业生产中,这种工业生产已经不是斯密所说的工场手工业的生产,李斯特看到了机器大工业的力量。正是因为李斯特捕捉到了机器大工业这一生产方式,因此他才能从工业生产的内部发现工业生产的持续性的重要性。"工业的情况就不同,即使是极轻微的、为时极短暂的间断,也会发生严重影响,如果间断的时间稍久,就会成为致命伤。任何工业部门,进行时所需要的技术与才能越多,所需的资本数量越大,办理这一工业时所投资本陷入的程度越深,一旦发生停顿,所受到的损害就越大。"[1]

第二,李斯特看到了机器在生产中的重要性。李斯特看到了机器已经成为生产的主导。"一国的财产中四分之三以上就属于这一类,这就是不动产和固定着的器械及设备。"[2]与此同时,李斯特看到了机器所带来的生产力的提高,他以英国为例说明机器生产对于国家生产力发展的重要性。由此可见,李斯特已经看到了机器大生产的趋势。

第三,李斯特看到了工业社会中出现的科学和技术与工业的结合。"在工业国家,群众的工业获得了科学的启发,反过来,科学与技术又受到了群众的工业的支持。任何种工业同物理学、力学、化学、数学或图样设计等等多少总有些关系。这类科学方面的任何发展或新发现、新发明,必然会使许许多多的工业操作获得改进

1　[德]李斯特:《政治经济学的国民体系》,陈万煦译,商务印书馆 2012 年版,第 283 页。
2　[德]李斯特:《政治经济学的国民体系》,陈万煦译,商务印书馆 2012 年版,第 270 页。

　　　　　尤尔的《工厂哲学》对马克思哲学发展的影响

或革新。因此在工业国家,科学与技术必然会普遍流行。"[1]科学和工业的结合的结果就是生产力的提高。

第四,李斯特认为物质与精神共同推动生产力的发展。李斯特将精神因素纳入生产力的动因,他认为德国人民本身就是具有崇高品质的民族。"德国在科学与技术、文学与教育、国家行政与公用事业制度各方面都有高度成就,人口繁庶而且富有活力,幅员广阔,土质肥沃,在物质、社会与精神方面资源丰富,在农业方面有高度发展,德国人民有良好的德性与宗教心,勤劳俭朴,进行工作时有毅力、有耐心而且富有创造精神;如果有任何国家可以认为有建立工业资格的话,那就是德国。"[2]李斯特这一理论源自于他的理想主义。

在这样的背景下,马克思反对李斯特的生产力理论。马克思批评道:"为了破除美化'生产力'的神秘灵光,只要翻一下任何一本统计材料也就够了。那里谈到水力、蒸汽动力、人力、马力。所有这些都是'生产力'。人同马、蒸汽、水全都充当'力量'的角色,这难道是对人的高度赞扬吗? 在现代制度下,如果弯腰驼背,四肢畸形,某些肌肉的片面发展和加强等,使你更有生产能力(更有劳动能力),那么你的弯腰驼背,你的四肢畸形,你的片面的肌肉运动,就是一种生产力。如果你的精神空虚比你的充沛的精神活动更富有生产能力,那么你的精神空虚就是一种生产力,等等,等等。如果一种职业的单调使你更有能力从事这项职业,那么单调就是一种生产力。"[3]李斯特提出爱国主义生产力理论,但是他并不认为现实中间的人都是爱国主义的,于是建构出理想的劳动。马克

1　[德]李斯特:《政治经济学的国民体系》,陈万煦译,商务印书馆2012年版,第195页。
2　[德]李斯特:《政治经济学的国民体系》,陈万煦译,商务印书馆2012年版,第396页。
3　《马克思恩格斯全集》第42卷,人民出版社1979年版,第261—262页。

思认为李斯特的生产力带上了"神秘灵光",这种劳动在现实中是没有的,他要破除李斯特的理想的劳动,实际上就是要反对李斯特在生产力理论上的理想主义。

接下来马克思引用尤尔的著作来反驳李斯特的观点:"难道资产者、工厂主关心工人发展他们的一切才能,发挥他们的生产能力,使他们像人一样从事活动因而同时发展人的本性吗? 我们让英国工厂制度的品得,尤尔先生来回答这个问题:'实际上,机器体系的每一项改进的经常目的和倾向,就是使人的劳动成为完全多余的,或者以这种方式降低它的价格:用妇女和儿童的工业代替成年男工的工业,或者用粗工(非熟练工)的劳动代替熟练工匠的劳动。'(《工厂哲学》1836 年巴黎版第 1 卷第 34 页)'人类天性的弱点如此之大,以致工人越熟练,就越任性,越难驾驭,因而也就越不能适应机器体系……因此,对现代工厂主来说最重要的事情,就是通过科学同他的资本的联合把自己工人的任务变为进行管理……'(同上,第 1 卷第 30 页)"[1]这是马克思在《评李斯特》中唯一一次以尤尔作为理论武器来反对李斯特。从马克思文本的上下文的语境来分析,马克思在这里引用了尤尔的《工厂哲学》中的两段话,第一段话马克思所理解的是尤尔分析了在机器体系下工人的处境是非常糟糕的,第二段话马克思所理解的是尤尔分析了在生产过程中工人不会乖乖地服从生产的需要。马克思的意图在于以尤尔的这样两段话来破除李斯特发展生产力的"神秘灵光",也就是说,马克思认为李斯特所提出的发展生产力的理论是不现实的。

那么尤尔的这样两段话能不能驳倒李斯特呢? 这就需要回到

1　《马克思恩格斯全集》第 42 卷,人民出版社 1979 年版,第 262 页。

尤尔的著作中去分析他的这两段话的含义是什么。实际上，第一段话尤尔是要说明机器的出现使得人的劳动变得简单，从而导致妇女和儿童代替男工；第二段话尤尔是要说明有技术的工人是任性、难以驾驭的，机器的出现有助于驯服这些不听话的工人。马克思后来在《61—63手稿》和《资本论》中恰恰是反对了尤尔的这些理论，因为成熟时期的马克思对尤尔这两段话的理解发生了变化。第一段话，马克思由此看到的是在机器大工业下，机器不断取代工人，由此带来了资本主义的内在的矛盾；第二段话，马克思看到的是在机器大工业下，资本通过机器这样的形式实现了对工人的牢牢的统治。在尤尔的理论的影响下，马克思完成了对资本主义机器大工业的批判。而在这里，马克思却是从肯定的角度来引用尤尔的这两段话，试图用现实的工人的非人的劳动来反对李斯特的理想的人的劳动。由此可见，马克思在这里其实是误读了尤尔的理论，马克思的这种误读源自于他自身的理论尚未成熟。

首先，马克思尚未看到德国落后的生产力发展水平。李斯特是站在德国的生产力发展水平上看到了德国的落后，他是一个爱国主义者，他要通过各种措施提高德国的生产力，改变德国落后的面貌。而对于马克思来说，他只有一个目的，无论生产力高与低，他就是要推翻德国的资产阶级的统治，所以，马克思反对李斯特发展德国的生产力。其实正是因为马克思没有看到德国与英国等国家在生产力上的差距，所以他才全盘否定了李斯特，没有看到李斯特所分析的机器大工业。对于马克思来说，什么时候认清德国与英国的差别，站在英国的基础上看资本主义的发展，才能够看到资本主义生产方式的内在矛盾。

其次，马克思对生产力的理解还比较单薄。马克思指出，在现实生产中人都是被作为一种生产力来看待的,他反对将人作为劳动力同蒸汽力等同起来。由此可见,马克思这里的生产力指的是人对自然的改造的能力,这一生产力还是与生产关系相割裂的。后来马克思在《资本论》中间也讲生产力,但是那里的生产力是指与生产关系相结合不断发展和不断向前推进的具有丰富内容的生产力。

最后,马克思对现实的理解尚未成熟。马克思是从人的视角去批评李斯特的生产力理论,但是他没有再从价值悬设的角度去分析人的劳动,也就是说《1844 手稿》中那条应然的逻辑在慢慢退却,这是马克思的"人本主义逻辑在经济现实分析中的亚意图自我弱化"[1]。马克思从现实中工人的非人的劳动来反对李斯特所说的理想中的劳动,可见,马克思此时是从现实出发。但是从现实出发不代表就是历史唯物主义,马克思此时的现实是经验的现实,还不是内含内在矛盾的现实。

因此,在《评李斯特》时期,马克思以尤尔反对李斯特,但是马克思囿于自身的理论水平,他并没有真正理解尤尔的机器大工业理论,因而也没有找到超越尤尔观点的方法论钥匙。

第四节
尤尔在《德意志意识形态》中的缺位

1845 年 11 月至 1846 年 4 月,马克思与恩格斯合写了《形态》,在这之前,恩格斯在《英国工人阶级状况》中大量引用了尤尔的《工厂哲学》,马克思在《布鲁塞尔笔记》中摘录了尤尔的著

1　张一兵:《马克思哲学的历史原像》,人民出版社 2009 年版,第 207 页。

尤尔的《工厂哲学》对马克思哲学发展的影响

作后就在随后的《评李斯特》中作为理论武器来批判李斯特。可是，尤尔却在《形态》中消失了，那么，尤尔为什么会消失呢？这是本节要分析的内容。

一、马克思对机器大工业的分析

1845 年 2 月，马克思来到布鲁塞尔之后潜心研究经济学，写下了《布鲁塞尔笔记》，同年 7—8 月，马克思与恩格斯前往曼彻斯特，继续进行经济学研究，写下了《曼彻斯特》笔记。正是在这些经济学的研究过程中，马克思的思想发生了很大的转化，随后，马克思与恩格斯合写了《形态》。马克思写作这一文本的主要目的就在于清算青年黑格尔派的唯心主义思想，确立自己的世界观。在这一过程中，马克思开始深入资本主义的生产过程展开了对资本主义生产方式本身的分析。在《形态》中，马克思历史唯物主义的基本理论已经达成。马克思这时找到了研究现实的理论立脚点，即研究生产实践；抓住了物质生产，发现历史发展的过程是物质生产的过程。"这是一些现实的个人，是他们的活动和他们的物质生活条件，包括他们已有的和由他们自己的活动创造出来的物质生活条件。"[1]在我们看来，抓住这个层面就标志着马克思已经建立起新的历史观和历史方法论，对历史的研究有了一个崭新的切入点，也就是历史唯物主义方法论；抓住的是最基本的物的生产层次，那就是物的生产与再生产，也就是生产力概念。但是此时的生产实践还是一般生产过程，只有一个主体与客体的关系；它与具体生产

1　[德]马克思、[德]恩格斯：《德意志意识形态》节选本，人民出版社 2018 年版，第 11 页。

过程是有区别的,在一般生产过程中根本看不到是奴隶生产的,还是农民生产的,还是工人生产的,没有一个具体的特性,这就会遮蔽很多丰富的内容。

历史唯物主义的深化应该是具体的历史的。马克思这里讲到了物的生产与再生产,但没有涉及关系的生产与再生产。“这样生命的生产——无论是通过劳动而生产自己的生命,还是通过生育而生产他人的生命就立即表现为双重关系:一方面是自然关系,另一方面是社会关系;社会关系的含义在这里是指许多个人的共同活动,不管这种共同活动在什么条件下、用什么方式和为了什么目的而进行的。”[1]马克思将生产方式和生产目的放在一个无足轻重的地位,这源于他对生活过程理解的薄弱,从本质上来说关系的生产与再生产是考虑整个历史内容的一个过程,马克思在这里只是对其做了初步陈述,这的确是需要进一步拓展的。那么接下来就具体来看一下马克思对资本主义生产方式的理解到达什么水平。

在《形态》中,马克思从历史发展的角度梳理了工业发展的历史脉络。马克思将工业社会的发展分为三个阶段,即行会、工场手工业和机器大工业。这是马克思第一次区分了工场手工业和机器大工业。

第一个阶段,行会。在城市和乡村的分离中,在城市首先出现了行会,而行会的典型特征就是还没有出现分工。“在城市中各行会之间的分工还是非常少的,而在行会内部,各劳动者之间则根本没有什么分工。每个劳动者都必须熟悉全部工序,凡是用他的工

---

1 [德]马克思、[德]恩格斯:《德意志意识形态》节选本,人民出版社 2018 年版,第 25 页。

具能够做的一切，他必须都会做；各城市之间的有限交往和少量联系、居民稀少和需求有限，都妨碍了分工的进一步发展，因此，每一个想当师傅的人都必须全盘掌握本行手艺。正因为如此，中世纪的手工业者对于本行专业劳动和熟练技巧还是有兴趣的，这种兴趣可以升华为某种有限的艺术感。"[1]从马克思这里的论述可以看出两点：第一点，此时马克思是从分工的视角来看行会，没有出现分工就叫做行会，很明显这是斯密的分工的逻辑；第二点，马克思对行会这一生产方式的分析是从劳动的视角进行的，他认为在行会中的劳动是完成整体的劳动工序，因而工人对这种劳动还是有兴趣的，在这种劳动过程中还能够体会到其中的艺术感。相信我们对这一理论并不陌生，这正是在不久前马克思在《1844 手稿》中对劳动的分析。由此可见，在《形态》中马克思的人本主义的逻辑还没有完全消退。

第二个阶段，工场手工业。工场手工业是如何产生的呢？"不同城市之间的分工的直接结果就是工场手工业的产生，即超出行会制度范围的生产部门的产生。"[2]工场手工业产生之后，它的作用是什么呢？"因此，工场手工业就它能够输出自己的产品来说，完全依赖于商业的扩大或收缩，而它对商业的反作用，相对来说是很微小的。这就决定了工场手工业的次要作用和 18 世纪商人的影响。"[3]在工场手工业中，工人和资本家之间的关系是什么？"随着工场手工业的出现，工人和雇主的关系也发生了变化。在行会

1　[德]马克思、[德]恩格斯：《德意志意识形态》节选本，人民出版社 2018 年版，第 52 页。

2　[德]马克思、[德]恩格斯：《德意志意识形态》节选本，人民出版社 2018 年版，第 54 页。

3　[德]马克思、[德]恩格斯：《德意志意识形态》节选本，人民出版社 2018 年版，第 58 页。

中，帮工和师傅之间的宗法关系继续存在，而在工场手工业中，这种关系由工人和资本家之间的金钱关系代替了。"[1]

此时，马克思看到了工场手工业，将工场手工业在历史上看作是一个独立的发展阶段是马克思重要的理论进步，但是要注意的是，马克思看到了工场手工业并不代表就能真正认清工场手工业，还要看马克思是从什么视角去认识工场手工业的。一方面，马克思认为是分工促使行会发展到工场手工业。另一方面，马克思将工场手工业的生产和商业进行比较，他认为在工场手工业时期，商业的影响超过工场手工业的影响。很显然，这还是斯密的分工和交换的逻辑。但是值得注意的是，此时马克思已经看到了在工场手工业下工人和资本家之间建立的金钱关系，这种金钱关系的本质更深一层就是后来马克思在《资本论》中所说的劳动对资本的实质上的从属。

第三个阶段，机器大工业。在工场手工业之后，马克思看到了随即而来的大工业。"在 17 世纪，商业和工场手工业不可阻挡地集中于一个国家——英国。这种集中逐渐地给这个国家创造了相对的世界市场，因而也造成了对这个国家的工场手工业产品的需求，这种需求是旧的工业生产力所不能满足的。这种超过了生产力的需求正是引起中世纪以来私有制发展的第三个时期的动力，它产生了大工业——把自然力用于工业目的，采用机器生产以及实行最广泛的分工。"[2] 马克思认为，生产力的需求是工场手工业发展到大工业的动力，大工业的特征就是机器和最广泛的分工。

1　［德］马克思、［德］恩格斯：《德意志意识形态》节选本，人民出版社 2018 年版，第 56 页。
2　［德］马克思、［德］恩格斯：《德意志意识形态》节选本，人民出版社 2018 年版，第 59 页。

接下来具体看一下此时马克思所看到的大工业的特征：

首先，生产力片面发展。"[它]造成了大量的生产力，对于这些生产力来说，私有制成了它们发展的桎梏，正如行会成为工场手工业的桎梏、小规模的乡村生产成为日益发展的手工业的桎梏一样。在私有制的统治下，这些生产力只获得了片面的发展，对大多数人来说成了破坏的力量，而许多这样的生产力在私有制下根本得不到利用。"[1] 此时，马克思对大工业的判断是，在大工业下生产力只得到片面的发展，这种片面发展成了破坏的力量，从而大工业是要灭亡的。从这里可以看到，马克思的逻辑是矛盾推动社会从一个阶段向下一个阶段发展，但是，此时他对大工业的矛盾的把握还不准确。

其次，大工业下的无产阶级生活境况非常糟糕。"因此，各个人在资产阶级的统治下被设想得要比先前更自由些，因为他们的生活条件对他们来说是偶然的；事实上，他们当然更不自由，因为他们更加屈从于物的力量。"[2] 此时，马克思已经看到了在资本主义制度下人是如何更不自由的。这里的物是生活层面的物，工人受制于物是为了生存下去。由此可见，马克思在这里已经有了物对人的统治的思想，但是还不明显，否则，马克思就应该要说明物的力量是如何统治人的。

最后，在资产阶级统治下，工人开始联合起来，但是这种联合是在大工业的条件下才开始联合的。"尽管竞争把各个人汇集在一起，它却使各个人，不仅使资产者，而且更使无产者彼此孤立起

1　[德]马克思、[德]恩格斯：《德意志意识形态》节选本，人民出版社 2018 年版，第 60—61 页。

2　[德]马克思、[德]恩格斯：《德意志意识形态》节选本，人民出版社 2018 年版，第 66 页。

来。因此这会持续很长时间,直到这些个人能够联合起来,更不用说,为了这种联合——如果它不仅仅是地域性的联合,——大工业应当首先创造出必要的手段,即大工业城市和廉价而便利的交通。"[1]在前面分析恩格斯的理论的时候,我们已经看到,恩格斯在《英国工人阶级状况》一书中的一个观点就是工人之间的竞争导致工人的贫穷,在这里,又提到竞争带来的后果,很显然,这是恩格斯的观点,这一文本是马克思与恩格斯合写的,这说明此时马克思是同意恩格斯这一观点的。不过,这里对竞争的分析与恩格斯在《英国工人阶级状况》中的分析是不一样的。这里马克思看到一个重要的问题就是汇集与联合的关系。工人在一起工作,但是他们是孤立的个人,他们在工作中只是完成自己的独立的工作,与其他人之间并不发生关系。工人们看似联合实际上是分离的。因而,马克思说,这些孤立的无产者要联合起来需要经历很长时间,这里的联合就不再是表面上的联合,而是工人的实质上的联合,是作为一个阶级联合起来反抗另外一个阶级即资本家阶级。

从以上的分析可以看到,马克思将工业的发展分为三个阶段,他这一划分的重要贡献就在于首次将工场手工业和大工业进行区分,而在这之前,马克思对这两者是含混不清的。但是,在对这三者划分的过程中存在着两个问题:第一,马克思从何种角度来区分这三个阶段的。马克思后来在《资本论》中将工业社会分为协作、工场手工业和机器大工业这三个阶段,三者的划分看似相似,但是理论深度不同。马克思此时从斯密的理论出发,用分工来划分这三个阶段,而后来,马克思是从生产方式的角度去区分协作、工场

1　[德]马克思、[德]恩格斯:《德意志意识形态》节选本,人民出版社 2018 年版,第 62 页。

　　　　　尤尔的《工厂哲学》对马克思哲学发展的影响

手工业和机器大工业。第二,此时马克思使用的概念是大工业,而不是后来马克思所使用的机器大工业,这不仅是概念上的不同,这种不同来自马克思对大工业的判断还不准确,此时马克思是将机器和分工看作是大工业的典型特征。当马克思深入把握了机器大工业的生产方式时才发现,分工是工场手工业的典型特征,机器自动化才是机器大工业的典型特征,从而马克思的概念才会从大工业发展到机器大工业。

二、分工理论——陷在斯密的理论漩涡中

从马克思对工业发展的三个阶段的分析可以看到,其中有一条线索贯穿始终,那就是分工的线索,实际上,这条线索贯穿了《形态》的始终。马克思之所以用分工作为理论的线索受到了斯密的影响。在《形态》中,马克思就是站在了斯密的分工理论的基础上来分析资本主义社会的内在矛盾和社会发展。接下来具体看一下此时马克思的分工理论包含了哪些内容。

首先,马克思延续着斯密的思路,认为分工促进了生产力的发展。"各民族之间的相互关系取决于每一个民族的生产力、分工和内部交往的发展程度。这个原理是公认的。然而不仅一个民族与其他民族的关系,而且这个民族本身的整个内部结构也取决于自己的生产以及自己内部和外部的交往的发展程度。一个民族的生产力发展的水平,最明显地表现于该民族分工的发展程度。"[1] 马克思此时的经济学水平还是有限的,他认为分工促进生产力的发

---

1 [德]马克思、[德]恩格斯:《德意志意识形态》节选本,人民出版社 2018 年版,第 12页。

展,实际上这是斯密的理论。斯密是一个苏格兰思想家,苏格兰在1707年之后被并入英格兰,生产力水平获得了迅速的发展,就是由贸易所促进的分工,所以斯密的理论的核心是分工和交换。斯密处于工场手工业时期,那时生产力的发展确实是由分工来促进的,而机器还处在滞后的阶段。而尤尔在《工厂哲学》中已经看到当时的时代是机器大工业时代,机器的更新是生产力发展的标志,但此时的马克思并未看到尤尔这一深刻的思想。后来,马克思在《资本论》中明确指出机器是生产力阶段的标志,即劳动工具是标志而不是分工。

其次,马克思延续着斯密的错误,混淆了两种分工。分工分为两种,一是社会分工,二是工厂内部分工,斯密就是混淆了这两者。而马克思此时犯了同样的错误,并且他此时的分工更多的是指社会分工。"一个民族内部的分工,首先引起工商业劳动同农业劳动的分离,从而也引起城乡的分离和城乡利益的对立。分工的进一步发展导致商业劳动同工业劳动的分离。同时,由于这些不同部门内部的分工,共同从事某种劳动的个人之间又形成不同的分工。这种种分工的相互关系取决于农业劳动、工业劳动和商业劳动的经营方式(父权制、奴隶制、等级、阶级)。在交往比较发达的条件下,同样的情况也会在各民族间的相互关系中出现。"[1] 在这里,马克思试图剥离出一条分工的线索,他认为分工导致城乡的分离、工业与农业的分离;在城市中,分工进一步导致商业劳动和工业劳动的分离;到了工业资本主义阶段,在工业资本内部从事共同劳动的人们又形成不同的分工,总之,一条分工的线索跃然纸上。此时,

---

1　[德]马克思、[德]恩格斯:《德意志意识形态》节选本,人民出版社2018年版,第12页。

在马克思的理论中,无论社会分工还是工厂内部分工都是一样的。

虽然马克思混淆了两种分工,但是马克思触及了一个很重要的问题就是社会分工更重要的是指阶级分工,即资本家和工人之间的阶级分工,这是马克思的一种无意识深刻。"分工从最初起就包含着劳动条件——劳动工具和材料——的分配,也包含着积累起来的资本在各个所有者之间的劈分,从而也包含着资本和劳动之间的分裂以及所有制本身的各种不同的形式。分工越发达,积累越增加,这种分裂也就发展得越尖锐。劳动本身只能在这种分裂的前提下存在。"[1]斯密时代是工场手工业下的个人分工,没有阶级分工在其中,站在斯密时代是无法真正看清分工的。而马克思这里的分工已经触及了资本家与工人之间的分工。马克思从社会分工的线索引出了资本和劳动之间分裂,进一步往下分析就是劳动分工导致资本家和工人之间的阶级矛盾。而在不久之后的《雇佣劳动与资本》中,马克思发现真正的劳动分工是雇佣劳动阶级跟资本家阶级之间的分工而不是个人之间的分工,这种分工导致的是阶级之间的对立。虽然马克思这个时候已经提及,但是对分工的理解还不够深刻。因为分工是与生产过程联系在一起的,当马克思没有把足够的精力放在生产过程中时,马克思对这样的阶级分工始终分析不深刻。在资本主义分工下,资本家和工人之间的分工导致资本家越来越富,工人越来越穷,这才是严格意义上的社会分工,才触及资本主义社会分工的本质所在。

再次,马克思以分工为线索划分历史的三个阶段。"分工的各个不同发展阶段,同时也就是所有制的各种不同形式。这就是说,

1　[德]马克思、[德]恩格斯:《德意志意识形态》节选本,人民出版社2018年版,第74页。

分工的每一个阶段还决定个人在劳动材料、劳动工具和劳动产品方面的相互关系。"[1] 马克思用分工将人类历史划分为三个阶段，部落所有制，这个时候分工还很不发达；古典古代的公社所有制和国家所有制，分工已经比较发达；封建的或等级的所有制，分工很少。马克思对历史的这三个阶段的划分受到了舒尔茨的影响，这在之前已经分析过，不再赘述。在《形态》中，马克思的历史感已经很强，历史的存在已经是一个不断发展的动态的过程，但是，他是用分工来划分历史发展的三个阶段，更重要的是，马克思也没有说明在每个阶段之间是如何转变的。实际上，如果不涉及生产力和生产关系的核心层面，说明这一点是很难的。相对而言，将人类历史进行分阶段是很容易的，斯密和舒尔茨都对历史进程进行了划分。后来马克思在1859年《政治经济学批判》的"序言"中将人类历史划分为五个阶段，表面上看上去似乎就是加上了两个阶段，实际上这背后是深层的理论视域的转变。马克思的五阶段说的重要意义不在于他分了五个阶段，而是在于他划分阶段的角度和线索，关键在于解释清楚如何从一个阶段过渡到下一个阶段。

最后，分工的结果就是导致人的片面性。在《形态》中，虽然马克思已经不再从人本主义的视角去分析人的劳动，但是，马克思不得不面对工人在生产过程中呈现出的"非人性"，于是，马克思从"非人性"转向了"片面性"。"在我们的时代里，甚至某一个人比另一个人先有的那种东西也是社会的产物，并且在其实现时一定又表现为一种特权，这一点我们在分析竞争问题时已经向桑乔指出过了。其次，就个人自身来考察个人，个人就是受分工支配的，分

1　[德]马克思、[德]恩格斯:《德意志意识形态》节选本，人民出版社2018年版，第12—13页。

工使他变成片面的人,使他畸形发展,使他受到限制。"[1]分工导致人的片面性是斯密和舒尔茨的观点。马克思用引号加在"非人"上来纠正自己言说的人本主义的语境。他力图立足于现实来分析,于是用"片面性"来破除自己的人本主义话语。虽然马克思以"片面性"取代了"非人性",但是由于他对现实的掌握还不够深入,以分工为线索注定马克思对资本主义的这种分析还不够成熟。

分工导致的片面性必然给整个社会带来翻天覆地的变化:"生产力在其发展的过程中达到这样的阶段,在这个阶段上产生出来的生产力和交往手段在现存关系下只能带来灾难,这种生产力已经不是生产的力量,而是破坏的力量(机器和货币)。"[2]在这里马克思点出了生产力与交往形式之间的矛盾,但从《形态》来看,他还只是从交换的角度来看的,而不是从内在矛盾的角度来分析的。正是因为分工导致了工人的片面化,由于人的片面化而阻碍人的自由联合体的达成,马克思认为这样的社会是要被颠覆的。

从马克思对分工的分析中可以看到,在《形态》中,马克思受到了斯密的影响,用分工来贯穿了他的理论的始终。但同时,从这些分析中也可以看到,马克思对分工的理解并没有止于斯密,这些对分工的理解对于他日后完成对资本主义机器大工业的分析有很大的帮助。

三、尤尔缺席的原因——马克思对资本主义的解读尚未成熟

马克思在《形态》中并未提及尤尔,这源自于马克思自身对资

---

1 《马克思恩格斯全集》第3卷,人民出版社1960年版,第514页。
2 《马克思恩格斯全集》第3卷,人民出版社1960年版,第77页。

本主义的解读水平未达到一定的高度。由于马克思是用分工来看待当时的大工业,理论视域还在斯密的框架中,导致他对当时的资本主义生产方式的理解还不够准确,从而也就看不到尤尔的理论中深刻的地方。

首先,《形态》的写作目的是清算以前的唯心主义哲学家。马克思直截了当地指出,青年黑格尔派的问题就在于他们没有立足于现实,只有空洞的词句。"青年黑格尔派的意识形态家们尽管满口讲的都是所谓'震撼世界的'词句,却是最大的保守派。"[1]既然反对的是词句,那么就不能用词句反对词句,于是马克思找出了用现实的物质生产来反对青年黑格尔派满嘴空洞的词句。"德国哲学从天国降到人间;和它完全相反,这里我们是从人间升到天国。这就是说,我们不是从人们所说的、所设想的、所想象的东西出发,也不是从口头说的、思考出来的、设想出来的、想象出来的人出发,去理解有血有肉的人。我们的出发点是从事实际活动的人,而且从他们的现实生活过程中还可以描绘出这一生活过程在意识形态上的反射和反响的发展。"[2]马克思试图用物质生产来反对唯心主义的思辨哲学。那么物质生产能否担起此重任呢?这就要看马克思此时的物质生产的内涵是什么。马克思在《提纲》中提出的是实践,而在这里一下子就转向了生产过程中的物质生产,这是理论思路上的重大的转换,这得益于舒尔茨,舒尔茨在《生产运动》中在第一部分谈的就是物质生产。那么这个物质生产是什么含义呢?"这样,生命的生产,无论是通过劳动而生产自己的生命,还是通过

1　[德]马克思、[德]恩格斯:《德意志意识形态》节选本,人民出版社 2018 年版,第 10 页。

2　[德]马克思、[德]恩格斯:《德意志意识形态》节选本,人民出版社 2018 年版,第 17 页。

生育而生产他人的生命,就立即表现为双重关系:一方面是自然关系,另一方面是社会关系;社会关系的含义在这里是指许多个人的共同活动,不管这种共同活动是在什么条件下,用什么方式和为了什么目的而进行的。"[1]马克思在这里认为用什么条件和什么方式进行生产都是无关紧要的,后来在马克思成熟时期发现这恰恰是最紧要的事情。由此可见,马克思这里的物质生产概念受到了舒尔茨的影响,指的是经验层面的生产。马克思认为鲍威尔等唯心主义者是躺在藤椅上的哲学家,他们的思想是从天国下降而来,他是要用现实的劳动来反对这些躺在藤椅上的哲学家,用经验来反对思辨。事实上,经验反对思辨还是不够的,还要看是什么样的经验。虽然此时马克思看到了现实的物质生产,但是此时马克思对现实的物质生产的理解还不够深刻。后来,马克思会发现那个"无关紧要"的东西负载在物质生产身上,并具有了重要的意义。

其次,马克思对内在矛盾的理解还未达到资本主义机器大工业自身的内在矛盾。马克思从历史的角度阐述了生产力与交往形式的矛盾。"这些不同的条件,起初是自主活动的条件,后来却变成了自主活动的桎梏,这些条件在整个历史发展过程中构成各种交往形式的相互联系的序列,各种交往形式的联系就在于:已成为桎梏的旧交往形式被适应于比较发达的生产力,因而也适应于进步的个人自主活动方式的新交往形式所代替;新的交往形式又会成为桎梏,然后又为另一种交往形式所代替。由于这些条件在历史发展的每一阶段都是与同一时期的生产力的发展相适应的,所以它们的历史同时也是发展着的、由每一个新的一代承受下来的

1　[德]马克思、[德]恩格斯:《德意志意识形态》节选本,人民出版社 2018 年版,第 25 页。

生产力的历史,从而也是个人本身力量发展的历史。"[1]不可否认,马克思这里的理论平台是矛盾推动历史的发展,并且发现了矛盾是生产力与交往形式的矛盾。但是,要深入思考的是这里的生产力与生产关系的矛盾是什么,这就要看此时马克思的生产力与交往形式是什么含义。此时马克思所理解的生产力是建立在物质生产上的生产力,前面已经分析过,物质生产是经验层面的物质生产,从而生产力也就代表着经验层面的人对自然的改造的能力;此时的交往关系指的是人与人之间的交往,斯密理论中一个重要的概念是交换,此时马克思的交往关系概念受到了斯密的影响,而这里的交往关系跟他后来使用的生产关系概念是有本质区别的。后来马克思讲的资本主义生产关系的含义是生产过程中所建立起来的资本家与工人之间的剥削与被剥削的关系。由此可见,马克思这里的生产力与交往关系的矛盾与后来马克思所说的生产力与生产关系的矛盾是有一些区别的。后来马克思所讲的生产力与生产关系的矛盾指的是资本主义机器大工业的内在矛盾。从前面的分析可以看到,此时马克思对资本主义生产方式的理解还未深入到资本主义机器大工业这一具体层面,从而也就无法真正发现资本主义的内在矛盾。

最后,在《形态》中间,马克思最终的理论目的是要说明在生产力与交往关系的矛盾下,人类社会必然走向未来的共产主义社会,而走向未来的共产主义社会的路径是无产阶级反抗资产阶级的统治取得革命的胜利。"实际上,而且对实践的唯物主义者即共产主义者来说,全部问题都在于使现存世界革命化,实际地反对并改变

---

[1] [德]马克思、[德]恩格斯:《德意志意识形态》节选本,人民出版社 2018 年版,第 70 页。

现存的事物。"[1]这里马克思使用了"实践的唯物主义"这个概念。我们要细细考究这个概念的含义。马克思为什么在这里要使用"实践的唯物主义"呢？马克思讲"实践的唯物主义者即共产主义者"，由此可见，这里马克思讲实践的唯物主义指的就是无产阶级要用实际行动推翻资产阶级的统治。实际上，马克思还是用来反对思辨哲学家们空洞的词句，马克思主张的是实际的行动。

马克思将实现共产主义的所有希望都寄托在工人阶级身上。"由此可见，逃亡农奴只是想自由地发展他们已有的生存条件并让它们发挥作用，因而归根结底只达到了自由劳动；而无产者，为了实现自己的个性，就应当消灭他们迄今面临的生存条件，消灭这个同时也是整个迄今为止的社会的生存条件，即消灭劳动。因此，他们也就同社会的各个人迄今借以表现为一个整体的那种形式即同国家处于直接的对立中，他们应当推翻国家，使自己的个性得以实现。"[2]在这里，马克思解读思路中的应然的逻辑还没有彻底消失。马克思此时认为无产阶级会起来爆发革命，并且在革命中会抛弃自身陈旧肮脏的东西。靠具有"肮脏意识"的无产阶级爆发革命可能吗？不可能。因为无产阶级深受拜物教的影响，根本就不想起来革命，即使革命，也不会抛弃"肮脏"的东西，相反却会表现出来"肮脏"东西，在1848年革命中工人的表现正说明了这一问题。由此可见，马克思对资本主义生产过程的复杂性的理解还不够深刻。

综上所述，在《形态》中，马克思将自己的理论基石建立在现实的物质生产上，看到了生产力和交往形式的矛盾是历史发展的动

---

1 ［德］马克思、［德］恩格斯：《德意志意识形态》节选本，人民出版社2018年版，第19页。

2 ［德］马克思、［德］恩格斯：《德意志意识形态》节选本，人民出版社2003年版，第67页。

力，当社会出现这样的矛盾时，无产阶级应该起来推翻资产阶级的统治，取得革命的胜利，从而使自己的劳动成为真正的劳动。可以肯定的是，马克思在《1844手稿》中那个二元论的价值悬设已经在退却，人本主义的理论拐杖扔掉了。这里马克思已经开始将理论基于现实，但是看马克思的理论是否成熟，不是看他是否基于现实，而是如何看待现实的。现实如果只是经验的事实，那么就会向外求助，而此时外在的这根拐杖是无产阶级革命；如果现实是内含内在矛盾的现实，那么这种内在的矛盾会推动自身走向灭亡，在矛盾的边缘处工人承担起历史的重担。

实际上，这时马克思所理解的资本主义是1848年之前的，但在整个40年代中期以后，欧洲各主要资本主义国家纷纷爆发了罢工，社会矛盾开始激化，在这一阶段人们还看不出社会矛盾是可以暂时调节的，资本家是会以各种手段来让工人获得暂时的满足的，所以在这样的背景下马克思恩格斯就有理由认定资本主义的发展必然是无产者越来越贫穷。在目前这个阶段，马克思认为只要工人彻底贫穷，就必然会起来革命，而且革命对工人来说也是一个洗礼的过程。"因此革命之所以必需，不仅是因为没有任何其他的办法能推翻统治阶级，而且还因为推翻统治阶级的那个阶级，只有在革命中才能抛掉自己身上的一切陈旧的肮脏的东西，才能建立社会的新基础。"[1]工人能在革命中净化自己，马克思这里所讲的逻辑是成立的，也就是马克思已经开始站立在一个基本的层面上。

差不多同一时间，在1846年12月28日《致安年柯夫的信》中，马克思的思想稍有转折，主要线索是生产力拉动的线索。"社会——不管其形式如何——是什么呢？是人们交互活动的产物。

1　《马克思恩格斯全集》第3卷，人民出版社1962年版，第78页。

人们能否自由选择某一社会形式呢？决不能。在人们的生产力发展的一定状况下，就会有一定的交换[commerce]和消费形式。"[1]马克思强调了生产力决定生产关系的形式，以及生产力决定生产关系的改变："为了不致丧失已经取得的成果，为了不致失掉文明的果实，人们在他们的交往[commerce]方式不再适合于既得的生产力时，就不得不改变他们继承下来的一切社会形式。"[2]可这种决定是单向度的决定，生产力发展的必然性就是人类发展的必然性，还没有达到两者之间的内在矛盾，这样就会把人类的历史看成个体发展的历史，而不会看成社会内在矛盾的涌动史。

第五节
马克思在《哲学的贫困》中对尤尔的解读

马克思在《评李斯特》中初次引用尤尔的观点来反对李斯特，而后在《形态》中消失，接着在《哲学的贫困》中又重新关注尤尔并且引用了差不多两页的内容来反对蒲鲁东，可见，马克思对尤尔的态度在发生变化，从马克思对尤尔的关注中可见他对尤尔的重视程度逐渐加深。

从《形态》到《哲学的贫困》相隔时间不长，但在这段时间中马克思的思想还是有所发展的，这种发展来自现实中间的客观矛盾运动规律的理解和深化。《哲学的贫困》是马克思对蒲鲁东的批判，而《形态》是批历史唯心主义的，所以只需要从现实出发站在唯

1　《马克思恩格斯文集》第 10 卷，人民出版社 2009 年版，第 42—43 页。

2　《马克思恩格斯文集》第 10 卷，人民出版社 2009 年版，第 43—44 页。

物主义的立场上从人与人之间的交换来进行批判就足够了,批判对象的不同推进了马克思思想的提升,他必须对历史发生的过程有一个更为深入的了解,从而使他对历史内在矛盾的分析进入了更为本质的层面,马克思认为不再是分工导致人的片面化,而是分配领域中工人与资本家之间的不平等交换,即这种不平等导致资本主义的必然灭亡;由此可见,对资本主义的交换关系从人与人之间的关系深入到了工人与资本家之间的关系,这是马克思唯物史观的一大推进;也就是说用"生产关系"代替"交往关系",这并非只是概念的演绎更替,而是思想的提升。

此时马克思所理解的工人与资本家之间的不平等关系还只是停留在分配层面,是工人与资本家之间的分配不平等。正是这样的矛盾导致了社会矛盾的出现:"现在我们来看看,把劳动时间作为价值尺度这种做法和现存的阶级对抗、和劳动产品在直接劳动者与积累劳动占有者之间的不平等分配是多么不相容。"[1] 在这里马克思点出了不平等分配。不平等分配导致资本家阶级越来越富裕,而工人阶级将在贫困中奄奄一息,但这种境况将会化作一种无穷的力量。"资产阶级借以在其中活动的那些生产关系的性质绝不是单一的、单纯的,而是两重的;在产生财富的那些关系中也产生贫困;在发展生产力的那些关系中也发展一种产生压迫的力量;这些关系只有不断消灭资产阶级单个成员的财富和产生出不断壮大的无产阶级,才能产生资产者的财富,即资产阶级的财富;这一切都一天比一天明显了。"[2]

在这里马克思只是从分配不公平这一视角去解释革命的必然

---

1 《马克思恩格斯全集》,人民出版社 1958 年版,第 95 页。

2 《马克思恩格斯文集》第 1 卷,人民出版社 2009 年版,第 614 页。

尤尔的《工厂哲学》对马克思哲学发展的影响

性，他对社会历史矛盾的研究还有待深化，阶级斗争关系还未被看成是来自于生产关系内部的生产资料所有权跟社会化大生产之间的矛盾，还不是处在核心层面的生产关系的矛盾，还没有进到终端领域；分配不公不一定导致阶级斗争，这在理论上是不能得出必然性的论证，这样只能说是应当革命，这还是近代理性的公平这个标准；如果要变成必然革命，也就是一种严谨的理论，分配不公平是不能解释资本主义必然灭亡的，而是要从客观规律上去论证这种必然性，要揭示的是所有的这一切都是经济危机导致的资本主义制度的必然灭亡；所以工人阶级不是承担一个救世主的角色，而是历史规律体现者的角色，讲到这一点才是透彻的。

一、蒲鲁东：一个经济学家眼中的
哲学家和哲学家眼中的经济学家

马克思在 1847 年所写的著作《哲学的贫困》是针对蒲鲁东的《贫困的哲学》。虽然只是两个词相调，实际上这两个词的含义是完全不同的，也反映了两个人写作的初衷是不同的。蒲鲁东的《贫困的哲学》，贫困是一个名词，蒲鲁东是要去研究贫困问题，而研究贫困问题是一个经济学问题，但是蒲鲁东又不甘于当一个经济学家，试图从哲学的视角去研究贫困的问题，因而有了《贫困的哲学》。看到蒲鲁东的这本著作，马克思非常愤怒，于是针对这本著作写下了《哲学的贫困》，此时哲学是主体，贫困是形容哲学的，马克思的写作目的是批评蒲鲁东在哲学方法论上的贫困、形而上学。在 1844 年时期，马克思还与蒲鲁东深夜彻谈，然而，在《哲学的贫困》中，马克思对蒲鲁东的批评却言辞激烈，最终导致他与蒲鲁东的关系破裂。蒲鲁东是一个小资产阶级经济学家，而小资产阶级是改良主义者,他的思路是启蒙思想家的思路,他是要提出一个良好的主张,希望国家能够推行他的主张。所以,虽然他的著作是从现实出发,实际上却是非现实的;虽然他试图演绎出历史的逻辑来分析问题,实际上他却是非历史的;虽然他试图辩证地来看待问题,搭建出一个又一个矛盾体系,实际上他的辩证法却不是真正的辩证法。具体地看蒲鲁东的《贫困的哲学》,这本著作具有三个鲜明的特征。

第一,非现实根基的经济学。蒲鲁东在《贫困的哲学》这部著作的开篇就说:"我肯定经济学具有现实性。"[1]蒲鲁东认为经济学是一切科学中最渊博、最纯洁、最具实践性的科学。蒲鲁东认为,在政治经济学家看来"社会科学不是别的,就是政治经济学"[2]。蒲鲁东的目的就是要建立具体的形而上学,以此来改变旧哲学的基础。他的逻辑顺序和历史顺序就是分工—机器—竞争—垄断—警察或捐税等。那么他的这一经济学理论是不是建立在现实的基础上的呢?事实并非如此。蒲鲁东指出了他的理论的本质:"社会所经历的过程恰恰和理性创造概念的过程完全一样。"[3]蒲鲁东认为,社会经历的过程就是理性创造的过程。实际上,蒲鲁东是要用理性来架构他所谓的社会经历。蒲鲁东的目的在于提出一个理性的主张,希望给国内的改革提供一个合法的理由。实际上,蒲鲁东并不是真正地去研究经济,蒲鲁东的思路实际上是启蒙思想家的思路,最后蒲鲁东求助于上帝。而蒲鲁东的上帝并不是真正的上帝,他只是假设一个上帝的存在,而后建立一个让人逐步感知命运的过程,也就是规律的过程,但是这个规律并不是真正的经济发展

---

1 [法]蒲鲁东:《贫困的哲学》上,余叔通、王雪华译,商务印书馆 2010 年版,第44页。

2 [法]蒲鲁东:《贫困的哲学》上,余叔通、王雪华译,商务印书馆 2010 年版,第53页。

3 [法]蒲鲁东:《贫困的哲学》上,余叔通、王雪华译,商务印书馆 2010 年版,第166页。

的规律,而是一种命定的规律,是需要蒲鲁东这样的人去揭示出来的。所以,蒲鲁东所基于的经济学并非真正的基于现实的经济学。

第二,非历史的历史。蒲鲁东试图从历史的角度来写这部著作:"不过,经济理论有它自己的逻辑顺序和理性系列。我高兴的是,这种顺序和系列已经被我所发现,从而,我这本书也就既成为一部哲学著作,又成为一部历史著作。"[1]但是当他去讨论政治经济学的时候,又背离了他的初衷。"把这个基本定义运用于社会,我们就可以说,社会科学并不是关于社会过去情况或未来情况,而是关于社会的整个生存过程,亦即关于社会的整个不断变迁情况的理论和系统的知识。因为只有在社会科学里才能有理论和系统。这门科学的对象包括的不仅是某一个时期的人类秩序,也不仅是其中的某一些因素,而是社会存在的一切原则和全部希望,就好像一切时期和一切地点的社会进化一下子都集中在一起,固定在一个完整的画面上,从而使各个时代的联系和各种现象的次序一目了然,我们可以从中找出它的系列关系和统一性。凡是有关生动的和发展着的事物的科学本来都是如此,关于社会科学无疑也是这样。"[2]蒲鲁东在这里说,社会科学并不是关于过去情况和未来情况的,那么试问,撇开去过去和未来如何去理解当下,实际上撇开过去和未来大概只能经验地去理解当下了。对于社会存在,蒲鲁东就是要将他们放在同一个平面上,在这个平面上,运用他"智者"的头脑演绎出一个"历史的"过程。所以,他就是用分工、机器这些概念,用理性的方式来编排,并告知我们历史就是这样发

1　[法]蒲鲁东:《贫困的哲学》上,余叔通、王雪华译,商务印书馆 2010 年版,第177 页。

2　[法]蒲鲁东:《贫困的哲学》上,余叔通、王雪华译,商务印书馆 2010 年版,第 53—54 页。

展的。至于这些概念比如分工、机器,在历史上是否出现过,在历史上出现的状况是如何,这并不在他的讨论范围内。对于社会的生存状况,他根据理性的原则,智者感悟到的过程,最终达到他的理论目标。而事实上,蒲鲁东所谓的历史研究方法是缺乏真实的历史内涵的。

历史研究方法本身是要回归真实的历史过程中去的。比如说分工,如果是历史的分工,就应该去研究分工本身所呈现出来的历史过程,奴隶社会的分工、封建社会的分工、资本主义社会的分工都是不同的,只有从这样的历史的过程中才能够发现历史的脉络。而蒲鲁东将这些概念平面化之后,只好求助于所谓的"辩证法",将一个概念分为好的方面和坏的方面,在这个矛盾运动中不断前进,如此便构成了经济矛盾的线索。

第三,非辩证法的辩证法。在《贫困的哲学》中,蒲鲁东试图用哲学的话语来分析贫困,他借用了黑格尔的辩证法,但是却造成了对黑格尔辩证法的亵渎。蒲鲁东在第三章到第十三章逐一分析了他所划分的十个时期:分工、机器、竞争、垄断、警察和捐税、贸易的平衡、信用、所有权、共有制、人口。在每一个阶段,他都划分为好的方面和坏的方面,在好的方面和坏的方面的所谓的矛盾运动下过渡到下一个阶段,这就构成了蒲鲁东的矛盾运动。"首先,社会提出一个原始事实,作出一个假定,就是分工。分工是一种真正的二律背反现象,它的对抗性后果就像观念上演绎出的结论一样,体现在社会经济中;因此,工业运动随着观念的演绎而分为两股洪流,一股是产生有益结果的洪流,另一股是产生有害结果的洪流,两者都是必要的,都是同一个规律的合理产物。为了协调地构成这个两重性的原则和解决这个二律背反,社会便创造出第二个二律背反,随后很快又创造出第三个二律背反;社会天才一直就是这样前进,直到解决了自己的全部矛盾为止(我假定人类的矛盾是有止境的,尽管这点还没有得到证实),然后再跳回原来的各个出发点,按照一项统一的公式解决自己所面临的一切问题。"[1]分工是一种二律背反,那么,在这个二律背反的运动下,分工运动出了机器,同时也产生了机器的二律背反,接着就是竞争等等。看似矛盾的二律背反实际上却只是一个线性的直通车。黑格尔的辩证法是内生的矛盾运动,蒲鲁东的矛盾运动是机械的矛盾运动,并非黑格尔的辩证法,他只是简单地将一个事物划分为好的方面和坏的方面。矛盾的线索本身就是蒲鲁东编排出来的,蒲鲁东是一个小资产阶级经济学家,他的目的并不是要去研究真正的社会矛盾,他的目的是要告诉统治者这就是理性发展的方向。

二、蒲鲁东的分工理论和机器观

蒲鲁东将人类社会分为十个时期,分工、机器、竞争、垄断、警察或捐税等等,并分别一一讨论这十个阶段,讨论的思路就是将这个十个阶段分为好的方面和坏的方面,也就是他所谓的矛盾分析方法。这里不一一叙述这十个阶段,主要分析蒲鲁东是如何分析分工和机器的。

平等是蒲鲁东哲学思想的基础,因而在分析分工时,蒲鲁东也是从平等入手。"从本质上说,分工是实现生活条件平等和知识平等的方式。分工使职业多样化,产生产品的比例和交换的平衡,从而为我们打开通向财富的道路;同时,它在工艺和自然的各个领域

1　[法]蒲鲁东:《贫困的哲学》上,余叔通、王雪华译,商务印书馆 2010 年版,第166 页。

为我们开辟无限的前景,从而引导我们把自己的一切活动理想化,使我们的智慧具有创造性,也就是说,使我们的智慧变成神明本身,变成一种永存于一切劳动者身上的敏锐的神明化的智慧。"[1]从蒲鲁东这里的分析我们可以看到,蒲鲁东的思想就是分工带来财富的增长和劳动者熟练程度的提高,斯密的分工讲的是分工带来生产力的提高,蒲鲁东的这一观点与斯密并无本质的不同。

蒲鲁东的思路就是看到好的方面也看到坏的方面,分工的坏的方面就是:"价值的二律背反就是这样地重现在分工规律上,结果上天赋予我们用以获取知识和财富的第一个最强有力的工具竟变成了我们制造贫困和愚蠢的工具。这就形成一种新的对抗规律公式,我们应该把文明社会的两种最古老的病态,即贵族和无产阶级归于这个公式。劳动根据其固有的规律进行分工,这个规律也是劳动增殖财富的首要条件,但是劳动分工却导致了否定了自己的目的,并且自我毁灭了;换句话说,没有分工就没有进步,没有财富,没有平等,可是分工的结果却使工人处于从属地位,使智力无用武之地,使财富为害于人,使平等无从实现。"[2]分工带来的是贫困和愚蠢,使人的智力闲置从而导致智力的衰退。而这一观点似曾相识,在《形态》中,马克思说分工导致人的片面化,比较一下,蒲鲁东的这一思想与马克思如出一辙。

当然,对于蒲鲁东来说,他的理论主旨是研究贫困问题,分工也是离不开贫困的研究的。正是由于分工导致了工人的愚钝,并且工人已经没有了改善自身生活条件的欲望,那么要重燃工人对

1　[法]蒲鲁东:《贫困的哲学》上,余叔通、王雪华译,商务印书馆 2010 年版,第128 页。

2　[法]蒲鲁东:《贫困的哲学》上,余叔通、王雪华译,商务印书馆 2010 年版,第129 页。

生活的激情,就要给工人一定的福利和教育工人。但是,蒲鲁东认为工人是不能承担起历史的重任的。"总之,在目前这种社会制度下,无产阶级想通过教育来争得物质福利,或者通过提高物质福利来获得教育,都是不可能和矛盾的。因为,无产者作为一种机器人,既无从接受教育,也不能享受富裕生活;即使撇开这一点不说,事实也已经证明:一方面他们的工资降低的趋势大于提高的趋势,另一方面他们的知识即使得到提高,对他们也没有什么用处。因此,存在着一种不断推动他们走向野蛮与贫困的力量。"[1]分工本身是一个二律背反,因此它本身的矛盾无可解决,于是矛盾促使自身进入到下一个阶段——机器。

分工发展的下一阶段是机器,机器对于分工来说其优势就是用联合否定了分工。"社会上新机器的不断出现,是分工的反题,即分工的反公式;这是工业天才对分工和杀人劳动的抗议。机器实际上是什么呢?机器是把被分工所分割的各部分劳动联结起来的一种方式。任何机器都有这样的特点,就是把若干项操作合并起来,简化传动系统,压缩劳动量和降低成本。在这一切方面,机器都是分工的对立物。因此,机器的采用使分工劳动者恢复原状,减轻工人的劳动强度,降低产品的价格,活跃各种价值的交流,促进新发明和提高公众福利。"[2]"机器是人类自由的象征,是我们驾驭自然的标志,是我们能力的属性,是我们权利的表现,是我们人格的标记。"[3]机器是分工的对立物,或者用蒲鲁东的话说,机器是

1　[法]蒲鲁东:《贫困的哲学》上,余叔通、王雪华译,商务印书馆 2010 年版,第 159 页。

2　[法]蒲鲁东:《贫困的哲学》上,余叔通、王雪华译,商务印书馆 2010 年版,第 167—168 页。

3　[法]蒲鲁东:《贫困的哲学》上,余叔通、王雪华译,商务印书馆 2010 年版,第 171 页。

分工的矛盾发展的产物,蒲鲁东联结了分工与机器之间的关系。蒲鲁东简单地将分工看作是工人分开工作,因而将机器看作是工作的连接。如果仅仅从经验层面来看,机器就是将工人聚合起来,李斯特也用过连接来说明机器的作用,但是,工人在一起工作就是连接吗,这是需要反思的。蒲鲁东所分析的分工和机器的作用,机器是分工的反题,分工是将人分开工作,机器将人联合起来工作,这种思维方式来自于从经验层面来看分工和机器。同样,机器带来不好的方面。"机器对社会经济和劳动者生活条件的破坏性影响是多种多样的,它们彼此联系,互为因果。诸如:生产中断、工资降低、生产过剩、商品滞销、货物变质、掺假伪造、破产倒闭、解雇工人、能力蜕化,最后是疾病与死亡。"[1]找出机器的好的方面和坏的方面,这是蒲鲁东论述的思路,简单地将一个东西分为好的方面和坏的方面是对黑格尔辩证法的侮辱。

撇开蒲鲁东的这种庸俗的辩证法来剖析蒲鲁东对机器的分析。实际上,传统上我们只是去批判蒲鲁东的这一哲学方法论,因为蒲鲁东的这一错误,以至于我们忽视了蒲鲁东对机器的一些分析实际上还是很深刻的。

首先,蒲鲁东看到了机器对人的排斥。"正因为机器减少了工人的劳苦,缩短了劳动时间,并减轻了劳动强度,因此劳动就日益供过于求。诚然,价格的降低会逐渐增加消费,使比例重新建立起来,劳动者又重新受雇;但是,工业上的改良是不停地进行的,而且不断地趋向于以机械操作取代人工劳动,结果便形成一种经常性

1　[法]蒲鲁东:《贫困的哲学》上,余叔通、王雪华译,商务印书馆 2010 年版,第 188 页。

的趋势，就是削减一部分劳务，把一些劳动者从生产中排挤出去。"[1]虽然蒲鲁东是要去探讨平等，但是，值得注意的是，这里蒲鲁东从生产过程中看到了机器的坏的方面是在生产过程中机器取代了工人，并且已经形成了一种趋势，并且还列举了一些真实的事例来说明机器取代工人。李嘉图在《政治经济学及赋税原理》中已经提出了这个问题，蒲鲁东在这里又在强化这个观点。蒲鲁东认为这一矛盾是无法解决的："当一种制度使商人满心高兴地想望着社会不久就可以用不着工人，你说这是种什么样的制度啊！机器使资本摆脱了劳动的压迫！这就好比说：政府部门正在着手使预算摆脱纳税人的压迫，这真是荒谬透顶！工人虽说要花费你们的钱，可是他们是你们的主顾；如果工人被你们赶走，再也不能消费你们的产品了，那你们的产品又有什么用呢？所以，机器的拳头在伤害了工人之后，马上就会落到老板头上；因为生产如果排除了消费，自己很快也将被迫停顿下来。"[2]机器取代工人可以使资本家摆脱工人的束缚，这是尤尔的观点，这里无从知道蒲鲁东是否看过尤尔的著作，但是，蒲鲁东又否定了这一观点，蒲鲁东认为机器本身所带来的这一矛盾是无法解决的，于是进入到下一阶段——竞争。不过，机器大工业还没有进入到马克思的理论视域，蒲鲁东所指出的机器带来的问题也就无法引起马克思的关注了。

其次，蒲鲁东看到了机器体系下工人的本质是雇佣劳动。蒲鲁东在机器这一标题的第二节，写的就是资本和雇用劳动的起源。"前面我说过，价值的确定以及随之而来的社会苦难，始于生产上

1　[法]蒲鲁东：《贫困的哲学》上，余叔通、王雪华译，商务印书馆 2010 年版，第177 页。

2　[法]蒲鲁东：《贫困的哲学》上，余叔通、王雪华译，商务印书馆 2010 年版，第182 页。

的分工;而没有生产上的分工,就既不可能有交换,也不可能有财富与进步。我们现在所处的是另外一个时期,即机器时期;它的一个突出的特点就是雇用劳动。"[1] 蒲鲁东指出了雇用劳动的历史时期就是机器时期,这与分工时期相区分,但此时蒲鲁东并没有能够区分工场手工业与机器大工业,对机器时期的历史定位也欠妥。"机器的最首要、最简单和最显著的产物就是工场。"[2] 蒲鲁东将机器和工场混淆在一起,显然,蒲鲁东并没有真正弄清工场手工业和机器大工业的区别。也因此,蒲鲁东对工场这一生产方式的判断也是错误的。"分工只是把劳动的不同部分分开,让每一个人都从事他最惬意的专业;工场却是根据部分与整体的关系来组合劳动者。这是经济学家认为无法做到的价值均衡化的最初形式,工场制度使生产提高了,同时又造成生产的亏损。"[3] 实际上,蒲鲁东并没有认清究竟什么是工场。蒲鲁东这里的工场既不是工场手工业的工场,也不是以机器为代表的机器大工业,工场手工业和机器大工业都是指的生产方式。而蒲鲁东这里的工场只是从经验层面所认知的很多人在同一个地点共同生产,这就是蒲鲁东经验层面所看到的将劳动者组合在一起,组合在一起的地点就叫做工场。所以蒲鲁东说分工是将工人分开,而机器将工人联合起来。虽然蒲鲁东的判断有失水准,但是毕竟他将分工看成了过去式,机器才是这一时期的主导,这一判断倒是准确的。

接着,蒲鲁东说明了什么是雇用劳动。"雇用劳动是使用机器

1　[法]蒲鲁东:《贫困的哲学》上,余叔通、王雪华译,商务印书馆 2010 年版,第191页。
2　[法]蒲鲁东:《贫困的哲学》上,余叔通、王雪华译,商务印书馆 2010 年版,第191页。
3　[法]蒲鲁东:《贫困的哲学》上,余叔通、王雪华译,商务印书馆 2010 年版,第192页。

的直接产物。为了明确表达我的这个看法所具有的普遍意义,我们也可以换一种说法,就是雇用劳动是那种把资本视为生产动因的经济虚构的直接产物。雇用劳动出现于分工和交换之后,它是降低成本的理论、即设法以某种方式来降低生产费用的理论的必然产物。"[1] 此时蒲鲁东已经将工人不再是看作是工人而是看作雇用劳动,虽然蒲鲁东的雇用劳动与马克思后来所说的雇佣劳动有区别,但是能够提出雇用劳动这一概念已经是重要的理论进步,更重要的是蒲鲁东将资本与雇用劳动并列起来。在这里蒲鲁东已经触及了一个很重要的问题就是劳资关系。马克思在写完《哲学的贫困》之后,专门写了《雇佣劳动与资本》,才第一次谈到雇佣劳动。此时,蒲鲁东已经将工人的劳动称为雇用劳动,这在政治经济学上是重要的理论进步。

再次,蒲鲁东看到了机器生产下工人的地位。在生产过程中,机器使得工人的劳动变得没有技术含量。"但是,事情并不止于此。机器或工场通过使劳动者从属于一位主人而贬低其地位以后,最终还把他们排除于手艺人行列之外,使他们下降为小工。"[2] 正是因为工人在生产过程中的工作变得简单,失去了技术含量,因而在生产过程中,机器和工人的地位发生颠倒。"即使幸免贫困,也难逃地位卑微——这是机器给工人带来的最后一个恶果。因为一部机器和一门大炮一样,大炮除了长官之外,还必须配备一批炮手,机器也需要有一批奴隶来侍候它。"[3] 由此可见,蒲鲁东看到了

---

1 [法]蒲鲁东:《贫困的哲学》上,余叔通、王雪华译,商务印书馆 2010 年版,第 191 页。

2 [法]蒲鲁东:《贫困的哲学》上,余叔通、王雪华译,商务印书馆 2010 年版,第 194 页。

3 [法]蒲鲁东:《贫困的哲学》上,余叔通、王雪华译,商务印书馆 2010 年版,第 195 页。

在机器生产下,工人与机器的位置发生颠倒,在机器生产下,机器是主人,工人是奴隶,这一观点尤尔在《工厂哲学》中已经提出。蒲鲁东进一步从词源的角度分析了在生产过程中工人所处奴隶地位的含义。"请允许我再次回过来讨论词源问题。如果可以说劳动者在被工业剥夺了人格之后,那么,在我看来,语言便明确地表达了劳动者的这种精神状态。在拉丁语里,奴役这个词的含义是人从属于物的状态,其后,封建法律关于农奴附属于土地的规定,不过是以一种婉转的说法来表达奴隶一词的本义。所以,在科学尚未证实雇佣工人的地位卑微以前,自发的理性,也就是命运的决定,早已判定他们必须蒙受屈辱。既然如此,各种慈善事业对这些遭到上天委弃的人们又有什么用处呢?"[1] 蒲鲁东通过词源分析告诉了我们在机器大生产的生产过程内部工人对机器的从属,这些灼灼发光的观点,这些对机器大工业的分析被马克思所忽视了。

最后,机器大生产所带来的不可解决的矛盾。"可是,减少人工劳动也是市场紧缩的同义语;因为如果生产者获利减少,他们买入也就少。实际情形也正是这样。把劳动力集中到工厂,让资本以机器的名义干预生产,结果就同时引起生产过剩和人民穷困,因而大家都看到,这两种比火灾和鼠疫还要可怕的灾难,今天正在大规模地蔓延,简直吞噬了一切。可是,我们要后退是不可能的,因为我们必须生产,必须永远地生产,必须低成本地生产,不然,社会的生存就遭到破坏。分工原则使劳动者受到变得愚蠢化的威胁;为了避免这种灾难,劳动者创造出许多奇妙的机器,可是现在却自食其果,不是失业,就是受人压迫。为了避免这二者必居其一的结

1　[法]蒲鲁东:《贫困的哲学》上,余叔通、王雪华译,商务印书馆 2010 年版,第202 页。

局,人们提出了些什么办法呢?"[1]在这里,蒲鲁东看到了机器所带来的矛盾,生产不断进行,不断扩大,而工人却不断贫困,蒲鲁东说,资本以机器的名义干预生产,实际上,蒲鲁东的这一思想已经接近机器本身就是资本,工人的这一灾难是资本本身所带来的,但是,囿于蒲鲁东自身的理论水平,他虽已接近却被挡在这一深刻的理论门外。

三、马克思以尤尔的观点为武器批判蒲鲁东

马克思在《哲学的贫困》的第二章第二节,专门辟出一节来论述分工和机器,目的是批判蒲鲁东的关于分工和机器的理论。而尤尔就是在这一批判过程中出场的,与他同时出场的人物还有拜比吉,马克思是想以拜比吉和尤尔作为理论武器来反对蒲鲁东的理论。

此时马克思为什么要以拜比吉和尤尔为理论武器呢? 为什么尤尔在《形态》中消失了而在这里又突然出现了呢? 首先需要回顾一下马克思对蒲鲁东经济学理论的批评。在前面已经介绍过,蒲鲁东的理论缺少现实的理论基石,他是要靠理性去指引现实,并且在其中演绎出一套矛盾体系,这种理论思路归根到底还是一种形而上学的思路。在《形态》中,马克思受到了斯密的影响,用斯密的分工理论展开理论分析,而到了《哲学的贫困》中,马克思开始意识到斯密理论的局限性,开始转向李嘉图的经济学理论。"李嘉图是复辟时期以来在英国占统治地位的那个学派的领袖。李嘉图的学

1　[法]蒲鲁东:《贫困的哲学》上,余叔通、王雪华译,商务印书馆 2010 年版,第196—197 页。

说严峻地总括了作为现代资产阶级典型的整个英国资产阶级的观点。"[1] 马克思在《1844手稿》中还是简单的拒斥李嘉图,随着马克思经济学理论的不断进步,在《哲学的贫困》中却以李嘉图为武器来反对蒲鲁东。马克思认为李嘉图的经济学理论具有深厚的现实的土壤,李嘉图是要通过社会的运动来理解现实,因而在经济学理论方面,以李嘉图的理论为武器是可以完成对蒲鲁东的批判的。

但是,当马克思具体到分工和机器上时,李嘉图在《政治经济学及赋税原理》中没有去研究分工,虽然在这本著作第三版时加入了《论机器》,但是对机器的理解不足以去批判蒲鲁东,于是,马克思就要找出一个新的批判武器,于是就找到了拜比吉和尤尔。在《评李斯特》中,马克思只有一处引用了尤尔的著作以此来反对李斯特,而在这里,马克思给予了尤尔高度的重视,对尤尔的《工厂哲学》的引用长达两页纸。马克思对尤尔的这些引用都是马克思在《布鲁塞尔笔记》中的摘录。具体说来涉及几个方面的内容。第一,尤尔认为斯密的分工理论是适用于斯密的工场手工业时代的,工场手工业时代生产还需要工人的技术,而现在是自动工厂时代,生产过程中已经不需要工人的技术;第二,自动体系下,科学和资本的结合驯服了那些难以驾驭的工人;第三,在自动体系下,工人的劳动变得轻松,不再抑制工人的能力;第四,机器技术的发展在于取消工人的劳动。

接下来分析马克思是如何批判蒲鲁东的分工理论的。在前面已经分析过蒲鲁东的分工理论,蒲鲁东的分工理论就是指出分工好的方面和坏的方面,好的方面就是分工带来财富的增长和劳动

1　《马克思恩格斯全集》第4卷,人民出版社1958年版,第89页。

者熟练程度的提高,坏的方面就是分工带来贫困和愚蠢,使人的智力闲置从而导致智力的衰退。实际上,蒲鲁东的分工理论并没有超越斯密的分工理论,与此同时,他混淆了两种分工,于是马克思再次分析了分工。但是在《形态》中,马克思是以分工为线索贯穿了他的理论逻辑,而在这里,马克思是将分工作为理论对象,目的是反对蒲鲁东的分工理论,在这个过程中他对分工的理解在逐步深化。在此文本中,马克思对分工理论有两点推进:其一,马克思第一次区分了两种分工,将分工分为社会分工和工厂内部分工;其二,马克思从历史的视角区分了生产过程内部的分工即工场手工业分工和自动工厂分工。

首先分析马克思对两种分工的区分。在《哲学的贫困》中,马克思第一次区分了两种分工,即社会分工和工厂内部分工。"社会作为一个整体和工厂的内部结构有共同的特点,这就是社会也有它的分工。如果我们以现代工厂中的分工为典型,把它运用于整个社会,那么我们就会看到,为了生产财富而组织得最完善的社会,毫无疑问只应当有一个起指挥作用的企业主按照预先制定的规则将工作分配给共同体的各个成员。"[1]古典政治经济学家在对待分工这一问题上,都犯了同样的错误,就是没有能够区分社会分工和工场内部分工,究其原因在于他们都没有深入到生产过程内部去考察分工。此时马克思重大的发现就是将分工划分为社会分工和工场内部分工,这预示着马克思开始步入生产过程内部去考察经济运行的机制。另外,此时马克思对工场手工业的理解也达到了一个新的高度:"生产工具和劳动者的积累与积聚,发生在作坊内部分工发展以前。工场手工业不是将劳动分解并使专业工人

1 《马克思恩格斯文集》第1卷,人民出版社2009年版,第624页。

去适应很简单的操作,而是将许多劳动者和许多种手艺集合在一起,在一所房子里面,受一个资本的支配。"[1]无论斯密还是蒲鲁东,他们对分工的理解都是分工将劳动分解为各个部分,分工指的就是分开的工作,侧重点在于这个"分"字。而在这里马克思分析了工场手工业的特点,已经不再是以人为核心,而是看到了所有的工人集中在一起受资本的支配,也就是说资本统治着工人,这个观点是非常深刻的,马克思已经看到了工场手工业这种生产方式的本质所在。不过此时马克思还没有能够看到分工与工场手工业的关系,从而也就无法真正认清斯密的理论背景。当马克思能够将分工和工场手工业紧密联系在一起的时候,那么马克思无论是对分工还是对工场手工业的理解就将大大推进。

再来探讨马克思从历史的视角对生产过程内部的分工的区分。马克思从历史的视角看到了分工的历史发展,在尤尔的启发下看到了工场手工业下的分工与自动工厂的分工是不同的。"其实,亚当·斯密那时的分工和我们在自动工厂里所见的分工之间有很大的差别。为了更好地了解这个差别,只需从尤尔博士的《工厂哲学》中引证几段就够了。"[2]于是马克思引用了尤尔那段否定斯密的分工理论的话:"当亚当·斯密写他那本关于政治经济学原理的不朽著作的时候,自动工业体系还几乎不为人所熟悉……"[3]此时马克思看到了尤尔对斯密的判断,认识到斯密的分工是工场手工业时期的分工,而现在已经不同于工场手工业时期。但是马克思并没有理解尤尔写这段话的目的,尤尔的理论贡献在于将工场手工业和机器大工业区分开来,但是,尤尔写这段话的目的是比

---

1 《马克思恩格斯文集》第 1 卷,人民出版社 2009 年版,第 625 页。
2 《马克思恩格斯文集》第 1 卷,人民出版社 2009 年版,第 628 页。
3 《马克思恩格斯文集》第 1 卷,人民出版社 2009 年版,第 628 页。

　　尤尔的《工厂哲学》对马克思哲学发展的影响

较工场手工业的分工和自动工厂的分工导致对工人的要求不同，在工场手工业下对工人有一定的技术要求，而自动工厂下的分工使得操作变得简单，从而降低了对工人技术的要求。但需要肯定的是，马克思已经意识到了工场手工业和自动工厂这两者的不同，并且尽力区分这两者，这已经是理论上的进步。

从以上的分析可以看到，初步看来，马克思此时已经区分社会分工和工厂内部分工以及工场手工业分工和自动工厂分工。但需要进一步马克思是否真正理解了这两者呢。从马克思对蒲鲁东的批评可以获得答案："在蒲鲁东先生看来，劳动工具的积聚就是分工的否定。而实际上我们看到的又是相反的情况。工具积聚发展了，分工也随之发展，并且反过来也一样。正因为这样，机械方面的每一次重大发展都使分工加剧，而每一次分工的加剧也同样引起机械方面的新发明。"[1] 马克思这里的分工指的是什么呢？进一步进入马克思的理论语境："机械对分工起着极大的影响，只要任何物品的生产中有可能用机械制造它的某一部分，这种物品的生产就立即分成两个彼此独立的部门。"[2] 从这两段话中可以看到，蒲鲁东说劳动积聚是分工的否定，那么这里的分工指的是工场内部的分工，而马克思在批评蒲鲁东的时候又说，机械促进分工，而马克思这里的分工指的是社会分工，由此可见，马克思在这里混淆了社会分工和工场内部分工。所以，马克思在这里只是对两种分工的区分的初步尝试，囿于他现在的经济学理论水平，他还没有能够真正分清二者。后来，马克思在《61—63 手稿》中才真正分清两种分工，并且从历史的角度分析了工场手工业下的分工和机器大

1　《马克思恩格斯文集》第 1 卷，人民出版社 2009 年版，第 626—627 页。
2　《马克思恩格斯文集》第 1 卷，人民出版社 2019 年版，第 627 页。

工业下的分工的不同。

批判了蒲鲁东的分工之后，马克思又开始批判蒲鲁东的机器观，对于蒲鲁东的机器观，马克思着重批评了两个方面。

一方面，对蒲鲁东来说，机器是分工的反题，在分工之后分析的就是机器。对此，马克思批评道："劳动的组成和划分视其所拥有的工具而各有不同。手工磨所决定的分工不同于蒸汽磨所决定的分工。因此，先从一般的分工开始，以便随后从分工得出一种特殊的生产工具——机器，这简直是对历史的侮辱。"[1] 在这里，马克思批评蒲鲁东简单地以历史顺序来区分分工和机器。马克思从历史观的层面批评了蒲鲁东的非历史的历史观。"经济学家们向我们解释了生产怎样在上述关系下进行，但是没有说明这些关系本身是怎样产生的，也就是说，没有说明产生这些关系的历史运动。由于蒲鲁东先生把这些关系看成原理、范畴和抽象的思想，所以他只要把这些思想（它们在每一篇政治经济学论文末尾已经按字母表排好）编一下次序就行了。"[2] 此时，马克思对关系的理解已经更进一步。在《形态》中马克思还说是无关紧要，在这里却认为这些关系很重要，并且这些关系的产生都是非常重要的，是具有历史性的关系。而所有的概念在蒲鲁东那里都不是历史生成性的，他只是对经济学概念做形而上学的处理，这就构成了马克思的历史生成性与蒲鲁东的形而上学的对抗，正是在这个批判的过程中，马克思自身的理论水平在不断推进。

另一方面，蒲鲁东认为机器是分工的反题，分工是将人分开，而机器是重新实现人的联合。对此，马克思批评道："机器是劳动

---

1 《马克思恩格斯文集》第 1 卷，人民出版社 2019 年版，第 622 页。
2 《马克思恩格斯全集》第 4 卷，人民出版社 1958 年版，第 139 页。

工具的集合,但绝不是工人本身的各种劳动的组合。"[1]于是马克思引用了拜比吉的观点来反对蒲鲁东的观点:"当每一种特殊的操作已被分工化为对一种简单工具的使用时,由一个发动机开动的所有这些工具的集合就构成机器。"[2]马克思是想用拜比吉关于机器的观点来反对蒲鲁东的观点。这里我们需要回到拜比吉的理论中从源头上分析这句话的含义。拜比吉是在分析工具和机器的区别时提出了这个观点,他的理论目的是从动力的角度来区分工具和机器。而马克思这里讨论的是生产过程中所结合起来的主体,马克思认为机器体系下,结合的主体是劳动工具而不是人,他是要用这一观点来反对蒲鲁东关于机器实现人的联合的观点。所以马克思是以自己的方式解读了拜比吉的观点,错误地运用了拜比吉的观点。但是,对于马克思来说,他看到了机器是劳动工具的结合,而不是人的操作的结合。这一理论的转换是从主体的人的思路转向了客体的生产方式的思路,这是重大的理论视域的转变。

在批评蒲鲁东的过程中,马克思自身对机器的理解也在步步推进,他从历史的角度对机器发展的进程做出分析:"简单的工具,工具的积累,合成的工具;仅仅由人作为动力,即由人推动合成的工具,由自然力推动这些工具;机器;有一个发动机的机器体系;有自动发动机的机器体系——这就是机器发展的进程。"[3]需要肯定的是,马克思从机器进入到机器体系,已经接近于认识到机器大工业下的机器体系,并且在这里他已经意识到工具与机器的区别,这是马克思的理论进步,但是不能夸大这一进步。在这里马克思对工具和机器的区分还建立在简单和复合,以及人手开动和发动机

1 《马克思恩格斯文集》第 1 卷,人民出版社 2009 年版,第 626 页。
2 《马克思恩格斯文集》第 1 卷,人民出版社 2009 年版,第 626 页。
3 《马克思恩格斯文集》第 1 卷,人民出版社 2009 年版,第 626 页。

带动也就是以动力区分这样的基础上，这实际上受到了萨伊和拜比吉的影响。萨伊是以简单和复杂来区分工具和机器，拜比吉是以动力来区分工具和机器。而实际上，拜比吉并没有正确地区分这两者，因为拜比吉的理论是以分工为线索建立在工场手工业的基础上。不过在这一点上，萨伊和拜比吉都超越了斯密，斯密将工具和机器混为一谈，因为在斯密那个时代还没有实质上的机器的发展，机器还没有成为大规模生产的工具。另外，马克思此时还没有意识到的是，机器发展的进程看似只是劳动资料的变化过程，实际上改变的是生产方式本身。

由此可见，此时马克思对机器的理解还停留在拜比吉的水平。那么，当马克思的理解停留在拜比吉的水平的时候，他并不能真正把握到尤尔的理论的核心。马克思在批判蒲鲁东的机器观的时候引用尤尔的著作长达两页，引用得多可以说明马克思对尤尔的重视，但是并不能说明他理解了尤尔的理论。在前面已经说明了马克思引用了尤尔的哪些观点，那么将尤尔的这些观点放回到尤尔的《工厂哲学》中去就会发现，尤尔这些对自动工厂的描述是想说明自动工厂所带来的好处，并且设想了自动工厂未来发展的前景就是一个不需要人的劳动的自动工厂。

此时马克思是用尤尔的观点来反对蒲鲁东的观点，他是从肯定的角度来引用尤尔的《工厂哲学》，引用结束后，马克思进行总结："现代社会内部分工的特点，在于它产生了特长和专业，同时也产生职业的痴呆。"[1]"自动工厂中分工的特点，是劳动在这里已完全丧失专业的性质。但是，当一切专门发展一旦停止，个人对普遍性的要求以及全面发展的趋势就开始显露出来。自动工厂消除着

1　《马克思恩格斯文集》第 1 卷，人民出版社 2009 年版，第 629 页。

专业和职业的痴呆。"[1] 马克思认为,自动工厂可以带来人的全面发展,马克思在对自动工厂发展的未来对人的影响这一点上,陷入了尤尔的理论幻想中。由此可见,由于马克思此时对机器大工业理解还比较薄弱,他并没有能够真正理解尤尔,从而也就无法辨识尤尔理论中的精华与糟粕。

从马克思的理论发展历程来看,机器已经开始进入马克思的理论视域。不过看到了机器不代表就能理解机器,一方面,马克思此时对机器的理解还停留于拜比吉的水平;另一方面,此时马克思还是从物的角度理解机器。"机器正像拖犁的牛一样,并不是一个经济范畴。机器只是一种生产力。以应用机器为基础的现代工厂才是社会生产关系,才是经济范畴。"[2] 在这里,我们可以看到马克思的论述,此时的机器在马克思的眼里还只是一种能够带来生产力迅速发展的死的东西,并不具有哲学的意义,也不具有生产关系的内涵,现代工厂才是社会关系,才具有哲学的意义。因此,此时马克思对机器的理解还很单薄,还不丰满。后来,马克思将机器推进到了固定资本,那时候马克思将发现机器不仅仅是物,而且还具有哲学含义。马克思此时对机器的理解停留于物的层面是因为马克思此时的经济学理论和哲学理论是两条线索,还未融为一体。随着马克思对经济学研究的深入,当马克思真正深入到经济内在的运动过程中,他的哲学和经济学将合二为一,他的概念才能突破物的范畴而附载上关系的意义。

总之,马克思在批评蒲鲁东的分工和机器的理论的时候,因为马克思自身理论水平的限制,马克思只批评了蒲鲁东的机器观,并

---

1 《马克思恩格斯文集》第 1 卷,人民出版社 2009 年版,第 630 页。
2 《马克思恩格斯文集》第 1 卷,人民出版社 2009 年版,第 622 页。

没有看到蒲鲁东对机器的一些分析也是很深刻的。在批评蒲鲁东的过程中，马克思自身的理论水平也在迅速提高。在这之前的经济学家，对象都是人，而马克思这里的对象却开始抛开了人转向了机器。马克思认为机器是工具的结合，而不是以人为中心来结合的，马克思的这一论断开启了从客体向度来分析资本主义的生产方式的路径，而这一思路的转换恰恰是受到了尤尔的影响。不过此时马克思对自动工厂的分析还没有达到尤尔的水平，因此他也就没有能够准确理解尤尔的理论。

虽然写作《哲学的贫困》是为了批判蒲鲁东的《贫困的哲学》，但是马克思始终没有忘记他作为一个革命者的身份，他的理论目标是要推翻资产阶级的统治。"资产阶级运动在其中进行的那些生产关系的性质绝不是一致的单纯的，而是两重的；在产生财富的那些关系中也产生贫困；在发展生产力的那些关系中也发展一种产生压迫的力量；只有在不断消灭资产阶级个别成员的财富和形成不断壮大的无产阶级的条件下，这些关系才能产生资产者的财富，即资产阶级的财富；这一切都一天比一天明显了。"[1]马克思认为，资产阶级的财富越来越多，无产阶级日益贫困，这就是马克思所说的资本家和工人的分配不平等，这种不平等反映出工人与资本家之间的阶级对抗关系。在这种不平等的关系下，工人阶级会起来反抗资产阶级的统治。"实际上，情况完全不像蒲鲁东先生所想的那样。当文明一开始的时候，生产就开始建立在级别、等级和阶级的对抗上，最后建立在积累的劳动和直接的劳动的对抗上。没有对抗就没有进步。这是文明直到今天所遵循的规律。到目前为止，生产力就是由于这种阶级对抗的规律而发展起来的。如果

1　《马克思恩格斯全集》第 4 卷，人民出版社 1958 年版，第 155—156 页。

　尤尔的《工厂哲学》对马克思哲学发展的影响

硬说由于所有劳动者的一切需要都已满足,所以人们才能创造更高级的产品和从事更复杂的生产,那就是撇开阶级对抗,颠倒整个历史的发展过程。"[1]马克思在这里指出了社会发展的规律,就是矛盾推动社会历史的前进。但是马克思此时的矛盾是阶级矛盾,是以工人反对资本家为内容的阶级矛盾。而由于马克思此时还没有能够深入到资本主义生产过程中去发现剩余劳动,因而,马克思此时所理解的矛盾来自交往层面的资本家和工人之间的分配不平等,这一理论并没有真正超越古典政治经济学家用交换关系来理解社会关系的层面,还没有能够真正发现资本主义社会的内在矛盾。因而,在马克思的理论视域中,是现象层面的阶级斗争推动历史前进。经验的现象层面与本质在现象层面的浮现是有本质的区别的。阶级对抗是内在矛盾在现象层面的浮现,阶级对抗并不是本质原因,阶级对抗是由什么带来的,是一个很重要的问题,资本主义社会的阶级对抗来自生产过程中的资本本身所具有的内在矛盾。当马克思的理论进展还没有进入到机器大工业下的资本主义的内在矛盾时,马克思对这些问题的分析思路便仍然具有进一步深化的理论空间。

---

1 《马克思恩格斯全集》第 4 卷,人民出版社 1958 年版,第 104 页。

第三章 马克思在 1848—1858 年 对尤尔思想的吸收与超越

在马克思的著作中,政论性文章占据了一个非常重要的位置,但是在国内学术界,对马克思的这些文章的关注度不是很高,或者对这些文章的关注主要是从革命政论性的角度来看的。实际上,马克思不仅是一个哲学家也是一个革命家,他不仅是在书斋中写作的哲学家,也是走上街头进行斗争的革命家。而这双重的身份却是相互统一的,因为正是在对革命的关注中,马克思的历史唯物主义观念不断深化,马克思并不是仅仅就革命谈革命,而是在对革命的关注中,对革命的深入剖析中深化了历史唯物主义。最近国外学术界有一股热潮,那就是从主体的政治运动的角度解读马克思的政治经济学著作,最具代表性的有奈格里的《大纲:超越马克思的马克思》。那么是否需要政治性的解读方式呢? 如果就政治性解读来谈马克思思想的政治性,只会削弱马克思历史唯物主义的深刻性。实际上,马克思的政治性是建立在历史唯物主义的基础上的,对历史唯物主义的不断推进会促进马克思对革命的理解,对革命的不断思考也会推进马克思历史唯物主义的深化。本章要谈的是马克思在 1848 年革命前后对革命的分析,其中包括三篇革命论著,即《共产党宣言》《法兰西阶级斗争》和《路易·波拿巴的雾

尤尔的《工厂哲学》对马克思哲学发展的影响

月十八日》。这三篇文章表面上看上去是革命性政论文章,但是,实际上,马克思对革命问题的分析与他的历史唯物主义的深化是一致的。从这三篇文章的分析中可以看到,正是因为对 1848 年革命的不断总结,马克思历史唯物主义思想得到了进一步深化。

1848 年 2 月,马克思与恩格斯出版了一部重要的著作《共产党宣言》,目的在于为即将到来的革命提供理论上的支持。随即,1848 年在欧洲发生了大规模的对抗君权独裁的武装革命。革命刚发生时,马克思以为无产阶级在这场革命中一定会取得胜利,登上历史的舞台,结果无产阶级却在这场革命中失败了。这一历史现实促使马克思去思考革命的经验教训,写下了《1848 年至 1850 年法兰西阶级斗争》(以下简称《法兰西阶级斗争》)和《路易·波拿巴的雾月十八日》(以下简称《雾月十八日》)等政论性文章,在这一过程中,马克思发现了工人在主体维度上存在的问题。同期,马克思再次研究经济学,写下了《伦敦笔记》,在经济学研究中,马克思对资本主义生产方式的理解不断深化,他的理论在客体向度上步步推进。而这两条线索的不断进展体现在《1857—1858 年经济学手稿》(以下简称《57—58 手稿》)中,在这一手稿中,马克思吸收并超越了尤尔的思想,深化了对资本主义内在矛盾的分析。

第一节
马克思对 1848 年革命的总结与历史唯物主义的深化

1848 年革命首先在西西里岛掀起,然后扩展到法国、德国、意大利等国家。法国二月革命是 1848 年革命的重要组成部分,法国人民推翻了当时的国王路易·菲利普,促进了欧洲其他地区革命的发展,但是二月革命的胜利果实却被资产阶级窃取了,在这个过程中,马克思看到并亲身参与了这场欧洲革命。在革命前夜,马克思恩格斯合写了重要的著作《共产党宣言》。在革命失败后,为总结经验教训,马克思写下了《法兰西阶级斗争》和《雾月十八日》等一系列重要的著作。1848年2月,马克思被比利时政府驱逐出境回到巴黎,然后他潜回普鲁士,参与了德国的资产阶级革命。革命失败后,马克思又被普鲁士政府驱逐到了伦敦,他在1850年到伦敦后,再次潜心研究经济学,写下了《伦敦笔记》。马克思为什么在对1848年革命总结之后,转向研究经济学呢?要回答这个问题就要回到革命本身去看在这场风云变幻的革命中马克思的思想发生了什么变化。

一、《共产党宣言》对现代大工业的分析

在1848年革命前夜,为了指导无产阶级的革命运动,马克思和恩格斯合写了《共产党宣言》。在写《共产党宣言》的时候,马克思对工人阶级寄予厚望,他认为工人阶级会在即将到来的革命中取得革命的胜利,登上历史的舞台。在《共产党宣言》中,马克思以一句气势恢宏的话开篇:"至今一切社会的历史都是阶级斗争的历史。"[1]在结尾,他又发出嘹亮的呐喊:"共产党人不屑于隐瞒自己的观点和意图。他们公开宣布:他们的目的只有用暴力推翻全部现存的社会制度才能达到。让统治阶级在共产主义革命面前发抖吧。无产者在这个革命中失去的只是锁链。他们获得的将是整个

1　[德]马克思、[德]恩格斯:《共产党宣言》单行本,人民出版社2018年版,第27页。

世界。全世界无产者,联合起来!"[1]首尾相互呼应,马克思此时乐观地认为,在即将到来的革命中,资产阶级必然会灭亡,无产阶级必然会胜利。而他写作《共产党宣言》的目的就是在革命的前夜厘清各种错误的思潮,为无产阶级革命提供强有力的理论支持。

在《共产党宣言》中,马克思提出两个必然,资本主义必然灭亡,共产主义必然胜利,这可看作是马克思对 1848 年以前思想的总结。马克思此时对工人革命的胜利充满信心,这种对资本主义生命力的估价来自他对生产力与生产关系内在矛盾的分析程度。从《形态》开始,马克思转向研究生产实践,他的理论视角步入科学的轨道,但是理论视域的改变并不意味着他理论的成熟。在《形态》中,马克思从分工的角度阐释生产力与生产关系的矛盾,分工会导致人的片面化,它破坏了人的全面性,阻碍人的自由联合体的形成,因而工人必然会起来反抗,而且会在革命中洗去自己身上肮脏的东西,这是从工人本身来讲的理想状态,多少还带有点悬搁的意味。

从《形态》到《哲学的贫困》,马克思的思路向前推进,社会的矛盾走进了分配领域,是工人与资本家之间的不平等分配导致资本主义的灭亡,此时马克思的理论视域已经转向工人与资本家之间的矛盾关系,但这种矛盾还是来自分配领域,因此,无论马克思阐释的角度是什么,都具有当时理论水平的局限性。这样的理论遭遇实践时,就在现实面前出现了断裂,因为,在 1848 年革命中工人并没有像马克思所想象的那样必然起来革命并在革命中取得胜利,而是在革命中退却了,于是马克思对客体线索的思考开始冷

1　[德]马克思、[德]恩格斯:《共产党宣言》单行本,人民出版社 2018 年版,第 65—66页。

静,在对客体线索反思的同时融入了对工人主体的思考,发现工人是会受到观念拜物教的束缚的,主客体双重线索是交织在一起的。革命之后,马克思通过对经济的微观研究,真正走向生产领域。

在《共产党宣言》中,马克思对资本主义生产方式本身有了进一步的认识,他开始看到资本主义生产方式本身的变化。"以前那种封建的或行会的工业经营方式已经不能满足随着新市场的出现而增加的需求了。工场手工业代替了这种经营方式。行会师傅被工业的中间等级排挤掉了;各种行业组织之间的分工随着各个作坊内部的分工的出现而消失了。但是,市场总是在扩大,需求总是在增加。甚至工场手工业也不再能满足需要了。于是,蒸汽和机器引起了工业生产的革命。现代大工业代替了工场手工业;工业中的百万富翁,一支一支产业大军的首领、现代资产者,代替了工业的中间等级。"[1]从这里我们可以看到,马克思从历史发展的角度区分了工场手工业和现代大工业。值得注意的是,马克思在不久前所写的《哲学的贫困》中还是用自动工厂与工场手工业相对应,而在这里,他开始使用现代大工业。这不是简单的词语的变化,而是马克思对资本主义生产方式的理解不断深化的表现。"自动工厂"这一概念中的"自动"指的是一种动力方式,也就是说,马克思是以动力来表征新出现的生产方式的,而拜比吉就是以动力来区分工具和机器。而在这里,马克思不再使用"自动工厂",而是使用"现代大工业",这说明他已经意识到以动力作为划分的标准是不准确的。但是,他现在还无法捕捉到大工业的核心,因而也只能用"现代大工业"来表征新出现的生产方式。

在对现代大工业进行分析的过程中,马克思深入到生产过程

1　[德]马克思、[德]恩格斯:《共产党宣言》单行本,人民出版社 2018 年版,第 28 页。

的内部,研究了大工业生产过程的特征。"由于推广机器和分工,无产者的劳动已经失去了任何独立的性质,因而对工人也失去了任何吸引力。工人变成了机器的单纯的附属品,要求他做的只是极其简单、极其单调和极容易学会的操作。因此,花在工人身上的费用,几乎只限于维持工人生活和延续工人后代所必需的生活资料。但是,商品的价格,从而劳动的价格,是同它的生产费用相等的。因此,劳动越使人感到厌恶,工资也就越减少。不仅如此,机器越推广,分工越细致,劳动量也就越增加,这或者是由于工作时间的延长,或者是由于在一定时间内所要求的劳动的增加,机器运转的加速,等等。"[1] 从马克思的这段话可以看出,马克思此时还是将机器和分工同时看作是现代大工业的特征,由此可见,他的那条分工的逻辑还没有退去。但是马克思此时分析机器和分工时,是将机器放在理论的主导地位,虽然分工的逻辑没有退去,但是地位开始下降。在《哲学的贫困》中,即使马克思在分析机器时,也是将分工放在重要的位置上,而在这里,机器的地位已经高于分工。从这里可以看出,马克思对资本主义生产方式的理解有了进一步的发展。

那么,在现代大工业下,机器的运用带来的结果是什么呢? 马克思认为在现代大工业下,机器的运用导致工人变成了机器的附属品,机器的运转使得工人的劳动时间延长以及劳动强度增强,由此机器带来的后果就是资本家与工人之间发生阶级斗争。"机器的日益迅速的和继续不断的改良,使工人的整个生活地位越来越没有保障;单个工人和单个资产者之间的冲突越来越具有两个阶级的冲突的性质。"[2] 在《哲学的贫困》中,马克思认为资本家和工

1　[德]马克思、[德]恩格斯:《共产党宣言》单行本,人民出版社 2018 年版,第 34 页。
2　[德]马克思、[德]恩格斯:《共产党宣言》单行本,人民出版社 2018 年版,第 36 页。

人之间的分配不平等导致阶级斗争,在这里,马克思认为机器的运用造成生产过程内部的矛盾导致阶级斗争。虽然都是阶级斗争的线索,但是矛盾的根源已经发生了变化,前者是分配过程中的矛盾,后者是生产过程中的矛盾。这说明马克思对资本主义内在矛盾的理解在逐步深化。

实际上,从奴隶社会以来就存在剥削和被剥削阶级之间的矛盾,阶级斗争就在历史中不断重演,社会的进步表现为被剥削阶级对剥削阶级的反抗。此时,马克思认为,在现代大工业下存在着资本家和工人之间的矛盾,这种矛盾促使无产阶级起来反抗资产阶级,并且取得革命的胜利,达到共产主义社会。共产主义社会是与任何阶级社会都不同的社会,在共产主义社会中不再有剥削。"代替那存在着阶级和阶级对立的资产阶级旧社会的,将是这样一个联合体,在那里,每个人的自由发展是一切人的自由发展的条件。"[1]这样一条道路是否能够成功必须回答两个问题:第一,为什么在资本主义社会之后就是共产主义这样一个平等的社会,而不是建立一个新的仍然具有剥削的社会;第二,无产阶级何以能够担负历史的重任,成为革命的承担者。第一个问题,马克思从生产力的角度揭开了答案:"资产阶级在它的不到一百年的阶级统治中所创造的生产力,比过去一切世代创造的全部生产力还要多,还要大。"[2]马克思认为共产主义是建立在生产力高度发展的基础上的,由此可见,马克思此时的理论已经不再是应然的逻辑,他对客体线索的思考越来越成熟。第二个问题,刚刚分析过,马克思认为在现代大工业下工人被压迫得很厉害,工人已经无法生存下去,并且

1　[德]马克思、[德]恩格斯:《共产党宣言》单行本,人民出版社 2018 年版,第 51 页。
2　[德]马克思、[德]恩格斯:《共产党宣言》单行本,人民出版社 2018 年版,第 32 页。

工人是天生具有革命性的，因此工人一定会起来反抗资本家，由此可见，马克思对于工人阶级的革命性的判断带有主观性，这源自于他在主体线索的思考方面简单化了。在接下来的1848年的革命中，工人的表现并非像马克思主观想象的那样，这就促使马克思重新思考工人这一主体，于是他的那条主体的线索在不断深化。

二、《法兰西阶级斗争》中主、客体双重解读线索的不断推进

1848年革命对于马克思具有重要的启示意义，革命失败之后，他开始对革命进行总结。因为法国是近代历史上阶级斗争最典型的国家，所以马克思总结了法国革命的经验，写下了《法兰西阶级斗争》。长期以来，这一文本往往被看作是政治学著作，而忽视了其哲学意义。在这一文本中，马克思以历史叙事的方式再现了法国阶级斗争的历史，在这一过程中，马克思开始思考无产阶级这一主体，他对主体的思考在逐步深入。

《法兰西阶级斗争》写于1850年1月至11月，共四个部分，包括《1848年的六月失败》《1849年6月13日》《1849年六月十三日事件的后果》和《1850年普选权的废除》。前三篇文章最初是以文章连载的方式刊登在《新莱茵报·政治经济评论》上，恩格斯在1895年将四篇文章合集出版的时候，还为该书写了《导言》，这就构成了我们现在看到的《法兰西阶级斗争》。

在《法兰西阶级斗争》中，马克思运用阶级斗争和阶级分析的方法来分析当时的法国革命，具体分析了当时的各个阶级，资产阶级、小资产阶级、农民、无产阶级，阐明了无产阶级是唯一彻底的革命阶级。那么无产阶级为什么现在还没有能够取得革命的胜利呢？马克思没有止于阶级分析，而是将分析的视角深入到了经济

条件中,从法国的经济现实中去寻找无产阶级如今未能取得革命胜利的原因,那就是法国落后的经济原因。恩格斯后来在 1895 年给这一著作所写的导言中称这一文本"是马克思用他的唯物主义观点从一定经济状况出发来说明一段现代历史的初次尝试"[1]。

正是因为《法兰西阶级斗争》这一文本并非一气呵成,它是根据革命形势和革命斗争的需要而写的,伴随着革命的进程和写作的过程,马克思的思想在不断变化。

马克思在写第一篇文章《1848 年的六月失败》时,他还比较乐观,他根据这些变化依然预料法国这次革命会引起世界战争。"最后,神圣同盟的胜利使欧洲的局面发生了变化,只要法国发生任何一次新的无产阶级起义,都必然会引起世界战争。新的法国革命将被迫立刻越出本国范围去夺取欧洲的地区,因为只有在这里才能够实现 19 世纪的社会革命。"[2]也就是说,马克思此时对无产阶级的斗争还寄予很大的期望。而写到第四篇文章《1850 年普选权的废除》的时候,马克思却说:"在这种普遍繁荣的情况下,即在资产阶级社会的生产力正以在整个资产阶级关系范围内所能达到的速度蓬勃发展的时候,也就谈不到什么真正的革命。只有在现代生产力资产阶级生产方式这两个要素互相矛盾的时候,这种革命才有可能。"[3]马克思发现,革命来自生产力与资本主义生产方式的矛盾,这一矛盾是革命发生和取得胜利的必要条件,不过,在这一文本中,马克思对生产力与生产方式的矛盾的表述还不是非常

---

1 [德]马克思:《1848 年至 1850 年的法兰西阶级斗争》单行本,人民出版社 2018 年版,第 3 页。

2 [德]马克思:《1848 年至 1850 年的法兰西阶级斗争》单行本,人民出版社 2018 年版,第 51 页。

3 [德]马克思:《1848 年至 1850 年的法兰西阶级斗争》单行本,人民出版社 2018 年版,第 127 页。

清楚。此时,马克思从历史唯物主义的层面阐述了革命成功的可能性。从第一部分到第四部分之所以会出现这种变化是因为这种变化本身就是马克思历史唯物主义思想不断深化的表现。

马克思的这一文本是基于现实的革命运动而写,而在革命运动的背后是现实的经济状况。1848 年革命的出现是因为 1847 年在英国爆发了商业大危机,欧洲大陆农业减产,这一危机波及法国,于是在 1848 年法国出现经济危机,爆发了革命。而 1850 年开始,法国渐渐恢复了工业生产,恢复了工商业的繁荣,在 1850 年 11 月马克思写作《1850 年普选权的废除》时描述了这一现象:"从 1849 年,特别是 1850 年初起,法国也出现了这样的征兆。巴黎的工业开足马力,鲁昂和米尔豪森的棉纺织厂情况也相当好,虽然在这些地区也像在英国一样,原料价格昂贵起了阻碍作用。同时,西班牙广泛进行关税改革和墨西哥降低各种奢侈品的关税,也大大促进了法国繁荣的发展。"[1] 而这一情景是马克思在写《1848 年的六月失败》的时候还没有看到的,正是因为这一现实的转变,促使马克思从现实的经济状况出发去思考革命的问题。马克思看到了在工业繁荣的时候工人是不会起来革命的,这一现实促使马克思从客观的生产方式的矛盾去思考革命的可能性问题。

在《法兰西阶级斗争》这一文本中,马克思的历史唯物主义思想的深化主要表现在两个方面。

一方面,从客体角度来看,马克思认为资本主义的统治还处在上升期,资本主义生产方式自身还没有完全发展成熟。"一般说来,工业无产阶级的发展是受工业资产阶级的发展制约的。在工

---

1 [德]马克思:《1848 年至 1850 年的法兰西阶级斗争》单行本,人民出版社 2018 年版,第 124 页。

业资产阶级统治下,它才能获得广大的全国规模的存在,从而能够把它的革命提高为全国规模的革命;在这种统治下,它才能创造出现代的生产资料,这种生产资料同时也正是它用以达到自身革命解放的手段。只有工业资产阶级的统治才能铲除封建社会的物质根底,并且铺平无产阶级革命唯一能借以实现的地基。法国的工业比大陆上其他地区的工业更发达,而法国的资产阶级比大陆上其他地区的资产阶级更革命。"[1]马克思分析了当时法国产业的状况,发现实际上当时的法国还是小农经济,资本主义的发展还不成熟,而当资产阶级社会还处于上升时期的时候,此时的资产阶级社会是不会灭亡的。同时,马克思看到了法国与英国的差别,发现英国的生产力远远地超过了法国:"在大陆上,不论危机时期还是繁荣时期都比英国来得晚。最初的过程总是发生在英国;英国是资产阶级世界的缔造者。"[2]马克思将法国与其他一些国家特别是英国的经济发展进行比较,得出了非常重要的结论。他指出,英法等国的经济繁荣表明当时的欧洲生产方式还有发展的余地。当资本主义的生产方式还未充分发展的时候革命是不会取得胜利的,也就是说,经济不成熟时阶级斗争是不彻底的,因此1848年六月革命注定是要失败的。由此可见,马克思此时的逻辑是将阶级斗争置放在资本主义生产方式的成熟与否上。值得肯定的是,马克思此时的理论开始走向对资本主义生产方式本身的研究,不过,这一研究还有待进一步深入。

另一方面,从主体角度来看,无产阶级自身具有软弱性。马克

1　[德]马克思:《1848年至1850年的法兰西阶级斗争》单行本,人民出版社2018年版,第34—35页。
2　[德]马克思:《1848年至1850年的法兰西阶级斗争》单行本,人民出版社2018年版,第126页。

思在这一文本中对革命过程进行了分析。1847 年爆发的英国工商业的危机直接导致了法国二月革命的爆发,二月革命的结果是推翻了法国的君主制建立了资产阶级共和国。而巴黎的无产阶级的利益在革命后落空,于是被迫发动了六月革命。但是,巴黎的无产阶级革命在资产阶级政府的镇压下宣告失败,于是,马克思去分析法国的无产阶级为什么会失败,他认为是无产阶级的不成熟导致了革命的失败。"所以当革命发生时,法国无产阶级在巴黎拥有实际的力量和影响,足以推动它超出自己所拥有的手段去行事,而在法国其他地方,无产阶级只是集聚在一个个零散的工业中心,几乎完全消失在占压倒多数的农民和小资产阶级中间。具有发展了的现代形式、处于关键地位的反资本斗争,即工业雇佣工人反对工业资产者的斗争,在法国只是局部现象。"[1]法国是一个经济发展不平衡的国家,只有在巴黎,无产阶级已经有所发展,而在其他地方,无产阶级还未充分发展起来。尽管在巴黎,无产阶级已经形成一股力量,但是这个力量还很薄弱,无法抗衡资产阶级的统治。从这里的分析可以看到,革命失败后,马克思开始从无产阶级自身去寻找革命失败的原因,在这一过程中,主体线索在不断深化。但是,马克思将原因归结为无产阶级的未充分发展,还没有看到无产阶级的观念拜物教问题,所以他依然坚定地相信革命还是一定会到来的。"新的革命,只有在新的危机之后才可能发生。但新的革命正如新的危机一样肯定会来临。"[2]而在接下来所写的《雾月十八日》中,马克思的历史唯物主义在主体线索上进一步深化,他看

---

1 [德]马克思:《1848 年至 1850 年的法兰西阶级斗争》单行本,人民出版社 2018 年版,第 35 页。

2 [德]马克思:《1848 年至 1850 年的法兰西阶级斗争》单行本,人民出版社 2018 年版,第 127 页。

到了工人阶级的观念拜物教问题。

三、《雾月十八日》对工人的观念拜物教的分析

在写完《法兰西阶级斗争》之后，马克思应魏德迈的要求写了《雾月十八日》这篇文章，这篇文章最初于 1852 年发表在《革命》月刊的第一期。与《法兰西阶级斗争》一样，这篇文章长期以来被认为是一篇描写整个波拿巴政变的过程、分析法国事件及形势的政治论著，是对欧洲革命经验的总结。这里要注意的是，1849 年马克思流亡英国，从 1850 年 9 月开始至 1853 年 8 月，他在英国伦敦再次进行经济学研究，写下了大量以摘录为主的笔记和少量手稿，那就是《伦敦笔记》，而《雾月十八日》就是在这同一时期写成。在这部著作中，马克思的历史唯物主义思想得到了进一步深化。

波拿巴政变是当时欧洲政治的重要事件，很多人都关注了这一历史事件。马克思说值得注意的有两部著作，就是维克多·雨果的《小拿破仑》和蒲鲁东的《从十二月二日政变看社会革命》，他在 1869 年《雾月十八日》第二版序言中特地批评了这两部著作。第一，他对维克多·雨果的批评，"维克多·雨果只是对政变的主要发动者作了一些尖刻的和机智的痛骂。事变本身在他笔下被描绘成了一个晴天霹雳。他认为这个事变只是某一个人的暴力行为。他没有察觉到，当他说这个人表现了世界历史上空前强大的个人主动性时，他就不是把这个人写成小人物而是写成巨人了"[1]。资产阶级作家维克多·雨果针对这一事变写作了《小拿破仑》，描述了雾月政变这一"晴天霹雳"，将这一事变的原因归结为

1　[德]马克思：《路易·波拿巴的雾月十八日》单行本，人民出版社 2018 年版，第 4 页。

波拿巴本人的卑劣行径和阴谋诡计。实际上,他是将波拿巴从一个小人变成了巨人,一个能够主宰历史的巨人,这一分析是历史唯心主义的典范,通过对维克多·雨果的批评,马克思否定了个人决定历史的唯心史观。第二,他对蒲鲁东的批评,"蒲鲁东呢,他想把政变描述成以往历史发展的结果。但是,在他那里关于政变的历史构想不知不觉地变成了对政变主角所作的历史辩护。这样,他就陷入了我们的那些所谓客观历史编纂学家所犯的错误"[1]。蒲鲁东针对这一事变写作了《从政变看社会革命》,虽然蒲鲁东也是谩骂了波拿巴的恶劣行径,但是他的理论逻辑是将这一事变看作是以往历史发展的结果。同时,在这一著作中也出现了他在《贫困的哲学》中就表现出的政治立场,即反对阶级斗争、鼓吹资产阶级的改良。从表面看来,蒲鲁东是以历史的视角分析这一事件,实际上却是历史唯心主义。通过对蒲鲁东的批评,马克思否定了历史宿命论的唯心史观。

与他们两人不同,马克思是从历史唯物主义的视角,对此次法国阶级斗争进行分析。"相反,我则是证明,法国阶级斗争怎样造成了一种局势和条件,使得一个平庸而可笑的人物有可能扮演了英雄的角色。"[2]马克思分析了法国1848年革命的历史进程,指出波拿巴复辟帝制既非他个人的阴谋诡计也非历史宿命的结果,而是法国阶级斗争的结局。恩格斯在《雾月十八日》第三版序言中将这部著作称作是"一部天才的著作"[3]。梅林也说:"在这部闪烁着思想和才智光芒的作品中,马克思懂得借助唯物史观,用前所未有的技能,将一个当代历史事件剖析到最深的层面。形式和内容一

1　[德]马克思:《路易·波拿巴的雾月十八日》单行本,人民出版社2018年版,第4页。
2　[德]马克思:《路易·波拿巴的雾月十八日》单行本,人民出版社2018年版,第4页。
3　[德]马克思:《路易·波拿巴的雾月十八日》单行本,人民出版社2018年版,第6页。

样珍贵。"[1]

马克思在对波拿巴政变这一政治事件的研究过程中深化了对资本主义危机之内在机理的分析。马克思分为七个部分写作《雾月十八日》，在这个过程中，随着革命不断进展，他的写作越来越深刻。刚开始写"一"的时候，马克思指出："看起来仿佛社会现在退到它的出发点后面去了，实际上社会首先要为自己创造革命所必需的出发点，创造唯一能使现代革命成为真正的革命的形势、关系和条件。"[2]此时马克思看到了资本主义社会还在不断发展中，因而是不会灭亡的。"相反，无产阶级革命，例如19世纪的革命，则经常自我批判，往往在前进中停下脚步，返回到仿佛已经完成的事情上去，以便重新开始把这些事情再做一遍；它十分无情地嘲笑自己的初次行动的不彻底性、弱点和拙劣；它把敌人打倒在地，好像只是为了要让敌人从土地里汲取新的力量并且更加强壮地在它前面挺立起来；它在自己无限宏伟的目标面前，再三往后退却，一直到形成无路可退的局势为止，那时生活本身会大声喊道：这里是罗陀斯，就在这里跳跃吧！这里有玫瑰花，就在这里跳舞吧！"[3]马克思反思了无产阶级为什么未取得胜利的原因，并且对无产阶级革命还抱有很大的希望。他认为当无产阶级自身无路可退时就会起来革命并取得革命的胜利，这是延续了他在《法兰西阶级斗争》中的观点。

随着波拿巴政变的不断进展，革命形势越来越紧张，马克思的思想不断发生变化。在反对社会民主派的时候，马克思说："社会民主派的特殊性质表现在，它要求把民主共和制度作为手段并不

1　[德]弗兰茨·梅林：《马克思传》，胡晓琛、高杉译，中央编译出版社，第226页。

2　[德]马克思：《路易·波拿巴的雾月十八日》单行本，人民出版社2018年版，第12页。

3　[德]马克思：《路易·波拿巴的雾月十八日》单行本，人民出版社2018年版，第13页。

是为了消灭两级——资本和雇佣劳动,而是为了缓和资本和雇佣劳动之间的对抗并使之变得协调起来。"[1]虽然这段话是用来反对社会民主派的,但是从其中我们可以窥见,马克思已经将矛盾的两极从资本家和工人之间的矛盾深入到了资本和雇佣劳动之间的矛盾,这一观点源自于马克思的《雇佣劳动与资本》。接着,马克思在斗争理论上进一步深入:"当资产阶级的统治还没有充分组织起来,还没有获得自己的纯粹的政治表现时,其他各个阶级的对抗也不能以纯粹的形式出现,而在出现这一对抗的地方,它也不能实现那种使一切反对国家政权的斗争转化为反对资本的斗争的危险转变。"[2]在这里,马克思展开分析了为什么资本主义生产方式没有充分展开的时候资本主义是不会灭亡的,因为,在资本主义内在矛盾尚未充分展开的时候,资本主义社会中的斗争都是表层的阶级斗争。这些阶级斗争会引发暂时的社会动荡,会引发国家政治体制的改革,但是却不会改变资本主义制度本身。马克思在这里深刻地看到了,要改变资本主义本身,必须从对国家政权的政治斗争走向对资本的斗争,也就是说当斗争的程度未及资本斗争时,都是治标不治本的。值得肯定的是,马克思的理论视域从政治维度上的阶级斗争走向了历史观维度上的阶级斗争,这是马克思在客体向度上的理论进步。但是,也不能高估马克思这时的理论水平,即使马克思在这里深入到了对资本斗争的层面,但他对这种斗争的具体内容的理解还不是太深入。

马克思在对波拿巴政变这一政治事件的研究过程中还深化了对工人这一历史主体的思考,他发现革命之所以失败还因为工人

---

1   [德]马克思:《路易·波拿巴的雾月十八日》单行本,人民出版社 2018 年版,第 40 页。
2   [德]马克思:《路易·波拿巴的雾月十八日》单行本,人民出版社 2018 年版,第 55 页。

阶级自身具有观念拜物教，具体来说，这个观念拜物教来自两个方面。

第一个方面，资产阶级意识形态的灌输。"显然，在法国这样的国家里，行政权支配着由 50 多万人组成的官吏大军，也就是经常和绝对控制着大量的利益和生存；在这里，国家管制、控制、指挥、监视和监护着市民社会——从其最广泛的生活表现到最微不足道的行动，从其最一般的生存形式到个人的私生活；在这里，这个寄生机体由于极端的中央集权而无处不在、无所不知，并且极其敏捷、极其灵活，同时现实的社会机体却无独立性、极不固定……"[1] 马克思从历史具体层面说明了国家对市民的控制，这一控制不仅包括国家对市民的政治层面的控制，更重要的是国家对市民的意识形态的控制。马克思发现，国家通过意识形态的灌输来控制普通民众的思想。那么，这种意识形态的控制导致的结果是什么呢？在这之前，马克思是将资产阶级和无产阶级区分开，将无产阶级认定为天生革命的阶级。而在这里，马克思发现他所寄予厚望的无产阶级在现实中是会被资产阶级的意识形态所控制的，更重要的是这种外在的控制会内化为市民的观念本身，成为某种意识形态，结果，无产阶级失去了革命性。笔者认为，马克思的这一发现得益于尤尔。马克思的这部著作是在写《伦敦笔记》的过程中所写，在写《伦敦笔记》时，马克思再次阅读了尤尔的《工厂哲学》并摘录了他的《技术辞典》（这一问题在接下来的一节中详细说明），而尤尔在《工厂哲学》中提出的一个很重要的问题就是资产阶级通过教育等方式来使工人自愿地服从于资产阶级的统治。当然，尤尔是站在统治阶级的立场上来说明这一问题的，但是尤尔确

---

[1] ［德］马克思：《路易·波拿巴的雾月十八日》单行本，人民出版社 2018 年版，第 52 页。

实已经表达了资产阶级对工人的意识形态的控制这一思想。

第二个方面，来自无产阶级自身。在《形态》中，马克思认为即使工人阶级身上有一些肮脏的东西但是只要一革命就能洗掉这些肮脏的东西，而现在工人阶级在革命中并不能洗去那些肮脏的东西。在这一现实面前，马克思不断去研究工人本身，发现了工人自身的观念拜物教。"此外，我们还不应当忘记，1850 年是少有的工商业繁荣的年头，所以当时巴黎的无产阶级有充分就业的机会。可是 1850 年 5 月 31 日的选举法根本剥夺了无产阶级参政的权利，甚至断绝了他们接近战场的机会。这个法律使工人回复到他们在二月革命以前所处的贱民地位。面对着这样的事变，他们却让民主派来驾驭自己，为了一时的安逸而忘记了自己阶级的革命利益，由此放弃了作为制胜力量的光荣，屈服于自己的命运，并且表明，1848 年 6 月的失败使他们多年丧失了战斗能力，最近的历史进程又要撇开他们而自行发展。"[1]马克思发现，工人贫困的时候会起来斗争，有了一点小恩惠之后就要图安逸，也就是说工人会为了一时的安逸而屈从于资本主义的统治。马克思在这里深刻地说明了拜物教的物质形态决定了拜物教的观念形态，这一理论发现标志着马克思的主体解读线索不断深化，这是一个新的理论支点。

从以上的分析可以看到，在《雾月十八日》这部著作中，马克思的客体线索和主体线索是同时进步的，但我们还要客观地对待这一进步。既然发现了工人的观念拜物教，那么要取得革命的胜利就要消解观念拜物教，马克思现在面对的对象是法国的工人，还不是严格意义上的雇佣工人，他在解释工人的观念拜物教的消解的时候，不得不借助于工商业的危机，所以他目前还无法找到正确的

1　[德]马克思：《路易·波拿巴的雾月十八日》单行本，人民出版社 2018 年版，第 60 页。

解决办法。这与他后来在《61—63 手稿》中研究观念拜物教的消解有所不同。在《61—63 手稿》中，马克思认为工人受到了观念拜物教和物质拜物教的束缚，工人是资本条件下的雇佣劳动，那么要挣脱这种束缚就不能依靠工人本身的力量了，破解这种束缚的力量来自资本本身内在矛盾的力量，资本本身的内在矛盾会冲破这种束缚。

从马克思以上三篇连续性的政论性文章可以看到，当我们在分析马克思的政论性文章的时候，还要深入到历史唯物主义的层面去看马克思在历史唯物观上的推进，如此去看待马克思的政论性文章，才能够更深刻更彻底，这样才能够真正领会马克思历史唯物主义的深层内涵。从这三篇政论性文章中可以看到，马克思的历史唯物主义思想还没有完全成熟，也使得马克思更加深入地去思考历史的解放之路。在这三篇文章中，马克思的客体线索和主体线索都在分析时事政治的过程中不断深化，并且促使马克思意识到分析客观的经济运行过程的重要性。而后，马克思在伦敦潜心研究政治经济学，写下了《伦敦笔记》，试图从政治经济学中去分析资本主义的内在矛盾。理解了马克思政论性文章在唯物史观上的重要性，就不会像当代的一些西方学者从政治经济学走向了主体政治性解读的思路，弱化了马克思历史唯物主义哲学的深刻内涵。

1848 年之前，马克思主要是批唯心主义（批判蒲鲁东），于是他找出了一条客体的线索，这足以用来完成当时的任务。在批判的过程中，马克思发现社会中存在众多矛盾，无论什么样的矛盾，工人都是不良指向，于是理想地认为工人一定会起来反抗，推翻资本主义社会。这种必然性还需要一些条件支撑，只有客观的矛盾运动规律是无济于事的，历史的过程是客体线索方面的内在矛盾的涌动和人的主体意志双重作用的结果。1848年之前，马克思对主体的关注还不够，这主要关涉马克思对经济学研究的水平，没有注意到物质再生产还能再生产出关系再生产，因而还需要发展出关于工人受资本拜物教形态的观念形态的束缚的思想。革命的复杂性让马克思对客体线索越来越冷静。在《形态》中马克思说革命是个大熔炉，工人身上即使有一点陈腐肮脏的东西也可以通过革命洗刷掉，从而成为一个全面发展的人。而在1848年革命中马克思发现工人会在革命中退却，当工人获得了一定的物质后会变得安分守己。这一转变是马克思思想发展的展现，是走向历史深处后的智慧的结晶。

对马克思来说，从历史唯物主义出发，必须解决一个历史过程真实地涌动的内容是什么，历史过程真实地涌动的内容除了客体方面的经济矛盾运动的必然性之外，还必须要有一个主体的线索，这个主体的线索是真实的主体线索，而不是在客体之外再附加一个主体的线索，因为历史过程如果没有历史主体人的参与，那么即使有客观矛盾运动的规律性也无济于事，即使有客观矛盾的规律性，人本身如果不能够意识到一定的水平，或者是人的观念不能够发展到一定的水平，那么即使有客观矛盾的规律性，历史也不会发展，所以历史的过程理应是客体线索方面的内在矛盾的涌动过程和主体线索方面的成熟过程的统一，在革命时代就表现为能否担负起革命的角色。

1848年至1850年的《法兰西阶级斗争》中，马克思看到了工人阶级身上的问题，但是他还是为工人阶级辩护。他对这种做法的解释是，因为法国是一个小农国家，工人阶级立场不坚定是因为历史没有给他们提供一个舞台，从而不能对工人主体进行分析。1851年波拿巴的复辟使得马克思有了更深的思考，为什么好多工人都起来革命了，而后来又在革命中熄灭了心中的革命圣火，这些问题都不是简单的生产力和生产关系的矛盾所能解释的。

《路易波拿巴的雾月十八日》描述了波拿巴恢复帝制的过程，虽是一个历史性描述，但对马克思历史唯物论的发展过程有着非常重要的牵动作用。它的重要意义就在于发现了工人观念拜物教的问题。革命之后，马克思发现了工人的意识水平还没有达到一定的高度。"我们已经看到，民主派的领袖们在3月和4月间曾竭力把巴黎人民拖入虚构的斗争，而在5月8日以后又竭力阻止巴黎人民进行实际的斗争。此外，我们还不应当忘记，1850年是少有的工商业繁荣的年头，所以当时巴黎的无产阶级有充分就业的机会。可是1850年5月31日的选举法根本剥夺了无产阶级参政的权利，甚至断绝了他们接近战场的机会。这个法律使工人回复到他们在二月革命以前所处的贱民地位。面对着这样的事变，他们却让民主派来驾驭自己，为了一时的安逸而忘记了自己阶级的革命利益，由此放弃了作为制胜力量的光荣，屈服于自己的命运，并且表明，1848年6月的失败使他们多年丧失了战斗能力，最近的历史进程又要撇开他们而自行发展。"[1]

此时马克思清楚地认识到，无产阶级革命身上的锋芒会在革命中消磨，这里马克思说明了为什么工人会受到观念拜物教的束缚，这是一个新的理论支点，对这个问题的回答也加深了对客体线索的理解，工人在极度贫困时会起来反抗，而一旦获得能让自己活下去的条件时，即使给予了历史的平台，也会与资产阶

1　[德]马克思：《路易·波拿巴的雾月十八日》单行本，人民出版社2018年版，第59—60页。

级妥协,在安逸中沉沦。这是资本拜物教的物质形态决定了资本拜物教的观念形态:"使他们成为小资产者代表人物的是下面这样一种情况:他们的思想不能越出小资产者的生活所越不出的界限,因此他们在理论上得出的任务和解决办法,也就是小资产者的物质利益和社会地位在实际生活上引导他们得出的任务和解决办法。"[1]革命的失败将马克思拉到现实中来,对历史有了一个更加清晰的认识。而原先马克思是把工人当作拯救社会的力量,认为工人是历史责任的承担者,这样一个观念的转变正是通过研究这一革命事实才发生的。这里马克思是从工人本身的立场上来分析,而不是从工人所处的环境的落后来分析,这是一个重要的转变。

马克思看到了工人对观念拜物教,现实社会的涌动必然让工人超越这个拜物教,而其他西方马克思主义者的观念,特别是从葛兰西之后就放弃了经济矛盾的客体线索,走向文化批判理论,但站在文化的层面就根本看不到工人有挣脱拜物教的可能性。马克思发现了工人的这个问题之后,一个最伟大之处就在于他的客体向度与主体向度紧密相连,在现实普遍繁荣的时候,工人的确是会受到观念拜物教的束缚,但只要现实爆发出矛盾,工人必然会挣脱拜物教,实践将迫使工人起来反抗。不过此时马克思对观念拜物教的消解还不能走向资本主义的实践,其原因在于他的客体线索还不够成熟。

1　[德]马克思:《路易·波拿巴的雾月十八日》单行本,人民出版社 2018 年版,第 41 页。

第二节

《伦敦笔记》对尤尔著作的摘录及其理论意义

1848 年革命之后,马克思移居伦敦,1850 年 9 月至 1853 年 8 月他在大英博物馆潜心研究经济学,写下了《伦敦笔记》,这是马克思第三次集中精力研究经济学。在这次对经济学的研究过程中,马克思再次研究了古典政治经济学家斯密、李嘉图等人的著作。与此同时,正值 1851 年在英国举办世界上第一次万国工业博览会,这次博览会从现实的角度给马克思展示了最新的科学技术,促使马克思开始推进对工艺学的研究。在这个过程中,尤尔再次进入了马克思的理论视域。

一、《伦敦笔记》的内容和写作背景

早在《巴黎笔记》时期,马克思就已经意识到了经济学研究的重要性。1848 年革命的失败,给马克思重重一击,于是马克思再次回到经济学中寻找革命解放的路径。马克思后来自己说道:"1848 年和 1849 年《新莱茵报》的出版以及随后发生的一些事变,打断了我的经济学研究工作,到 1850 年我才能在伦敦重新进行这一工作。英国博物馆中堆积着政治经济学史的大量资料,伦敦对于考察资产阶级社会是一个方便的地点,最后,随着加利福尼亚和澳大利亚金矿的发现,资产阶级社会看来进入了新的发展阶段,这

尤尔的《工厂哲学》对马克思哲学发展的影响

一切决定我再从头开始,批判地仔细钻研新的材料。"[1]《伦敦笔记》由 24 本笔记本组成,共 1 250 页,100 多个印张,涉及 300 多部著作和报刊资料。如此庞大的资料和经济学文献促使马克思在经济学方面的研究获得了很大的进展。这段时期的经济学研究为马克思接下来在《57—58 手稿》中发现剩余价值理论和对唯物史观的深化与发展打下坚实的基础。

《伦敦笔记》至今还没有全部出版,据已经出版的内容和研究的成果可以知道,《伦敦笔记》的写作分为四个阶段。第一阶段,于 1850 年 9、10 月至 1851 年 3 月,马克思完成了第 1—6 笔记和第 7 笔记的前半部分,重点研究了货币、信用、流通问题。在这个部分,主要围绕货币问题展开,马克思的理论对话者主要是李嘉图及李嘉图学派。马克思在 1847 年《哲学的贫困》中还是站在李嘉图的经济学的层面上批判蒲鲁东,而通过这段时间的研究,马克思开始以冷静的态度对待李嘉图,认识到了李嘉图的政治经济学中所存在的问题。第二个阶段,从 1851 年 4 月至 5 月,完成第 7 笔记本后半部分至第 10 笔记本。这个时候马克思还是在研究李嘉图学派的政治经济学,发现李嘉图学派的理论中的矛盾。第三个阶段,从 1851 年 5 月中旬到 6 月中旬,写作了第 11 笔记本至 13 笔记本。马克思在这一部分走出李嘉图,开始拓展出自己的理论新天地,重点研究了雇佣劳动和资本,这是对 1847 年 12 月所写的《雇佣劳动与资本》的再深化。当马克思去研究雇佣劳动和资本问题的时候,才能够在资本主义这一具体的生活层面去研究资本主义的内在矛盾。马克思在《57—58 手稿》中研究劳动与资本的交换关系以及剩余价值理论,就是以这一时期的研究为基础的。第四

---

1 《马克思恩格斯选集》第 2 卷,人民出版社 2012 年版,第 4 页。

阶段,在剩下的时间里,马克思写作了第 11 笔记本以后的内容,这一部分内容庞杂,涉及领域广泛,其中,主要研究了农业问题、前资本主义社会的生产方式、科学技术问题等。这里重点要强调的是在第Ⅳ笔记本中[1],马克思对工艺史进行研究,对尤尔的再次关注就是在这一时期。1851 年 10 月 13 日,马克思在给恩格斯的信中写到,"近来我继续上图书馆,主要是钻研工艺学及其历史和农学,以求得至少对这个臭东西有个概念"[2]。

1851 年 9 月底至 10 月,在第ⅩⅤ笔记本中,马克思对工艺学产生兴趣。"马克思为了研究机器生产对工人劳动的影响问题,阅读有关技术史方面的著作,从波佩、贝克曼和尤尔的著作中作了大量摘录。"[3]马克思从工艺史中作了广泛的摘录,目的是研究工业生产对工人和资本家的影响。马克思在这段时期所摘录的笔记包括约·波佩的三卷本著作《从科学复兴至十八世纪末的工艺学历史》(1807—1811 年版)、安·尤尔的三卷本《技术辞典》(1843—1844 年版)、约·贝克曼的五卷本著作《发明史论文集》(1780—1805 年版)。

从马克思在《伦敦笔记》中所摘录的著作的内容可以窥见他的思想轨迹。马克思刚开始重新研究了斯密和李嘉图,此时马克思关注的还是货币,还是交换领域,而马克思对李嘉图的再解读,帮助马克思走出了李嘉图的理论视域,开始走向对资本的研究,从生产过程中去研究雇佣劳动与资本的矛盾。而后,马克思转向对生

---

[1] 这一笔记本尚未出版,笔者的研究主要是参考了张仲朴教授的文章《马克思在〈伦敦笔记〉中对科学技术、机器生产和工艺学的研究》和《马克思恩格斯研究》1994 年第 18 辑上的文章《关于马克思〈伦敦笔记〉第Ⅺ～ⅩⅣ笔记本——〈马克思恩格斯全集〉历史考证版第 4 部分第 9 卷前言》。

[2] 《马克思恩格斯全集》第 27 卷,人民出版社 1972 年版,第 379 页。

[3] 《马克思恩格斯生平事业年表》,人民出版社 1976 年版,第 97 页。

产领域的工艺学研究。由此可见，马克思是从对古典经济学家的研究转向对社会史学家和经济学家的研究，从对流通领域的货币问题的研究转向对生产过程的资本问题的研究。这一转变是马克思整体研究思路的转变。

从表面看来，似乎工艺学只是科学技术的问题。实际上，马克思并不是要从技术的视角研究工艺学，而是从工艺学的角度去研究资本主义的内在矛盾究竟从何而来。"但马克思比资产阶级学者高明得多，他把工艺学提高到了唯物主义历史观的科学高度。"[1]工艺史的研究如果是就工业史研究工业史，那么就是在研究科学技术，但工艺史从哲学的视角进行分析，那就会推动唯物史观的深化。

那么，马克思为什么会从经济学理论的研究转向工艺学的研究呢？这源自于当时的社会因素。马克思的《伦敦笔记》写于1851年下半年至1853年，而在1851年5月1日至10月15日，英国在伦敦的海德公园举办了世界上第一次万国工业博览会。马克思去参观了这个博览会，这个工业博览会对马克思产生了很大的触动。张钟朴教授在他的一篇文章中指出："也许，正是这个工业博览会成了促使马克思研究科技和工艺史的近因。"[2]笔者认同这个观点。

首先，这次工业博览会以直观的形象让马克思领略到了当时最先进的生产力发展水平。当时，马克思已经注意到英国的生产技术领先于法国、德国等国家。而1851年的万国工业博览会，英国先进的工业技术在博览会上展出，让他更加身临其境地体会到

---

1 《马克思主义研究资料》第 4 卷，中央编译出版社 2013 年版，第 208 页。
2 张仲朴：《马克思在〈伦敦笔记〉中对科学技术、机器生产和工艺学的研究》，《马克思主义研究资料》第 4 卷，中央编译出版社 2013 年版，第 199 页。

第三章　马克思在 1848—1858 年对尤尔思想的吸收与超越　　　139

英国工业技术的领先,从而促使他去思考工业技术给整个英国的生产方式和整个英国社会的运作带来的影响。在《伦敦笔记》之前,马克思所写的《巴黎笔记》《布鲁塞尔笔记》和《曼彻斯特笔记》中也有对科技和工艺史的摘录,比如说,在《布鲁塞尔笔记》中,马克思就摘录过拜比吉和尤尔的著作,但是这些并没有引起马克思的重视,因为马克思的理论视角还在斯密和李嘉图的经济学方法论中,所以,在《伦敦笔记》之前,马克思对工艺史的分析很少。而这次对工艺学的研究,促成了马克思研究方法论的转变,他开始从生产领域中的工艺史的角度去分析资本主义社会内在矛盾的机理,这些研究的成果体现在《资本论》及其手稿中。

其次,工业博览会之后出现了新的商业危机,引发了马克思对危机理论的再思考。这次工业博览会给马克思展现的是现实的科学技术上的成就,同时还不可忽视的一个问题是,1849 年至 1850 年在欧洲是经济繁荣和过度生产并存的时代,而 1851 年的工业博览会加重了过度生产,于是商业危机在 1851 年年底逐渐加剧。"1849 年和 1850 年是物质大繁荣和生产过剩的两个年头,这种生产过剩本身直到 1851 年才显露出来。这年年初,生产过剩因工业博览会即将举行而特别加重了。"[1] 在这之前,马克思认为工人阶级的斗争来自资本家对工人阶级的压迫,而工业博览会之后出现了商业危机,促使马克思从客体角度去思考科学技术的发展与经济危机之间的关系。

再次,工业博览会之后,出现了一本匿名著作《各国的工业》。这本著作是根据工业博览会所展出的产品而写的,描写了当时工业的最先进的成果,对马克思产生一定的影响。虽然马克思在《伦

1　[德]马克思:《路易·波拿巴的雾月十八日》单行本,人民出版社 2018 年版,第 94 页。

敦笔记》中并没有摘录这一著作，但是在《61—63 手稿》和《资本论》中，马克思在对工场手工业和机器大工业进行分析时大量引用了《各国的工业》的内容。由此可见，这些资料对马克思具体地分析资本主义机器大工业产生了重要的影响。

最后，工业博览会促进了马克思理论场域的转变。马克思在一篇时评中说："这个博览会令人信服地证明了集中起来的力量的意义，现代大工业以这种集中的力量到处打破民族的藩篱，逐渐消除生产、社会关系、每个民族的民族性方面的地方性特点。正当现代资产阶级关系已经在各方面遭到破坏的时候，博览会在一个不大的空间密密麻麻地展出现代工业积累起来的全部生产力，这同时也就是展示在这动荡不定的社会的深层已经创造了的和正在一天天创造出来的建设新社会的物质。"[1] 马克思通过工业博览会看到了现代大工业所带来的社会进步的力量，现代大工业可以冲破地域的藩篱在各个国家发展起来。这样巨大的生产力和 1851 年出现的生产过剩危机一起冲击了马克思的思想。马克思认为，在这样的发展趋势下："资产阶级在庆祝它的这个无比盛大的节日的时候，正是它的整个威严面临垮台的时候，这次垮台将比以往更加明显地向它证明，它所创造的力量已经如何摆脱它的控制。或许将来在一次博览会上，资产者将不再作为这种生产力的所有者出现，而仅仅作为这种生产力的导游者出现。"[2] 此时，马克思的思路是，生产力不断发展，生产力的发展挣脱自身的束缚，摆脱资本主义生产方式的控制。这是一个重要的理论视角的转变，马克思开始从主体政治斗争的线索转向客体的资本主义内在矛盾的线索，

1　《马克思恩格斯全集》第 10 卷，人民出版社 1998 年版，第 585—586 页。
2　《马克思恩格斯全集》第 10 卷，人民出版社 1998 年版，第 586 页。

从生产的内在矛盾本身去寻求解放的路径。不过,此时马克思的分析还不是很成熟,马克思还没有去分析资本主义生产方式的内在矛盾是如何展开的。

二、马克思对尤尔等人的摘录深化了对工艺学的解读

在前面已经提到,在《伦敦笔记》第 XV 笔记本中,马克思摘录了波佩、尤尔和贝克曼的著作,其中主要是波佩和尤尔的著作。"在技术史研究中,马克思阅读得最多的技术史专著,要数尤尔和波佩的著作。尤尔的《技术辞典》辑录了丰富的技术史史料,而波佩的《工艺学历史》中的技术史史料也十分丰富。因此,马克思把他们两个人的技术史著作作为他自己研究技术史的主要资料。"[1]在这一笔记本中,马克思摘录了三个人的著作,那么为什么后来对马克思分析资本主义机器大工业产生重要影响的是尤尔而不是波佩和贝克曼呢? 因为,虽然三个人的专著都是对工艺学的介绍,但是这三本著作的侧重点不同。

贝克曼最著名的著作就是五卷本的《发明史论文集》。在他之前所写的论文中,他首次提出了"工艺学"这个概念,他在自己的著作《工艺学》入门中对"工艺学"进行了定义,"工艺学是传授有关各种加工自然物或手工业的知识的科学"[2],由此可见,贝克曼的这本著作介绍的是工场手工业的"工艺学"。他的这本著作写于1780 年至 1805 年,在前面已经分析过,这段时间英国产业革命刚刚开始,产业革命所带来的影响还没有完全展开,因而工业生产还

1　童鹰:《马克思恩格斯与自然科学》,人民出版社 1982 年版,第 180 页。
2　张仲朴:《马克思在〈伦敦笔记〉中对科学技术、机器生产和工艺学的研究》,《马克思主义研究资料》第 4 卷,中央编译出版社 2013 年版,第 204 页。

处于工场手工业阶段。不过,马克思在这一笔记中对贝克曼的这本著作摘录得很少。

波佩的三卷本《工艺学历史》主要是描述了各种工场手工业的历史发展。马克思主要是对第二部进行了摘录,其中涉及马车工场手工业中的工作、钟表制造工艺、铅字铸造、磨的历史等。与贝克曼一样,波佩的研究对象大部分也是基于手工业和工场手工业,马克思后来在《61—63手稿》和《资本论》中运用了在这里所摘录的材料。

尤尔的《技术辞典》英文原名为《工艺学、制造业和矿业辞典》。尤尔这里的工艺学不同于波佩的工艺学,尤尔的工艺学是与制造业并列的,他的这本著作所介绍的生产过程已经是以机器为主导的生产过程,也就是说,这本著作是基于机器大工业而写。1981年和1982年在西德的法兰克福出版了两本马克思的摘录笔记:《工艺学历史摘录》(汉斯·弥勒编辑)和《关于劳动分工、机器和工业的摘录》(莱纳·文克曼编辑),这两本笔记涉及了马克思所摘录的尤尔的《技术辞典》的内容。在国内学界,张钟朴教授对此有很深入的研究:"马克思摘录了这部辞典第1卷中A~G字头的一些词条。内容主要有:'棉纺织业'、'漂白',‘纲眼纱’、‘蒸汽’、‘蒸汽机’、‘铁’、‘铁路’、‘平面’、‘金’和‘煤气灯’。马克思的这部分摘录共占笔记本的 $7\frac{2}{3}$ 页,其中对‘蒸汽’、‘蒸汽机’以及‘铁路’的摘录最为详尽,这几条摘录的篇幅占这部分摘录的 $\frac{3}{4}$,内容也是偏重在工艺史方面。总的说来,马克思对尤尔《技术辞典》的重视仅次于波佩的《工艺学史》。"[1] 在《61—63 手稿》中，马克思引用或概括了在《伦敦笔记》中所摘录的四个词条，即"棉纺业""英国网布""蒸汽机""铁路"。对此，张钟朴教授也有分析："马克思还从尤尔的《技术辞典》中详细摘录了'棉纺'条目的内容，特别对精纺过程之前的粗纺阶段各工序及其机器，摘录较详尽：在开始时，对棉花要进行'除杂'和'清棉'，人们使用头道清棉机和末道清棉机；然后进行'梳棉'，使用梳棉机，有头道粗梳机、末道粗梳机；往下是'牵伸'和'并条'，使用牵伸机等等；粗纺时使用粗纺机，最后再进行精纺，使用阿克莱的水力机以及后来发明的骡机等等，直到后来使用自动纺机等等。显然，通过摘录这些资料，马克思对现代的纺纱工序和机器有了进一步的了解。"[2]

在《伦敦笔记》第 XV 笔记中，马克思摘录了尤尔、波佩等人的著作，而这些著作都是对技术的分析，这些对技术的分析似乎无法与马克思的历史唯物主义相联系。实际上，工艺学的研究恰恰是马克思深化历史唯物主义的一条重要路径。第一，对工艺学的研究是马克思对劳动过程分析的必经之路。"正如对商品的使用价值本身的考察属于商品学一样，对实际的劳动过程的考察属于工艺学。"[3] 只有进入到生产过程中研究工人的劳动过程，马克思才能从中真正发现剩余价值，发现资本内在的矛盾。第二，工艺学的研究推动了马克思分析资本与劳动之间的关系。"在这里，过去劳动——在自动机和由自动机推动的机器上——似乎是自动的、不依赖于[活]劳动的；它不受[活]劳动支配，而是使[活]劳动受它支

1　张仲朴：《马克思在〈伦敦笔记〉中对科学技术、机器生产和工艺学的研究》，《马克思主义研究资料》第 4 卷，中央编译出版社 2013 年版，第 202 页。

2　张仲朴：《马克思在〈伦敦笔记〉中对科学技术、机器生产和工艺学的研究》，《马克思主义研究资料》第 4 卷，中央编译出版社 2013 年版，第 223 页。

3　《马克思恩格斯全集》第 32 卷，人民出版社 1998 年版，第 60—61 页。

配;铁人反对有血有肉的人。工人的劳动受资本支配,资本吸吮工人的劳动,这种包括在资本主义生产概念中的东西,在这里表现为工艺上的事实。"[1]资本与劳动之间的关系是马克思要解决的一个很重要的问题,劳资关系就是在对工艺学的研究过程中得出的。所以,工艺学已经不仅仅是工艺学,在工艺学身上承载的是基于历史唯物主义视角的关于资本主义劳动过程的分析。第三,工艺史的研究有助于马克思准确地把握人类社会的历史发展进程。在《资本论》的《机器和大工业》这一章中,马克思在对机器进行分析时写了一个注,即"注89",这个注释对工艺史做出了说明:"如果有一部考证性的工艺史,就会证明,18世纪的任何发明,很少是属于某一个人的。可是直到现在还没有这样的著作。达尔文注意到自然工艺史,即注意到在动植物的生活中作为生产工具的动植物器官是怎样形成的。社会人的生产器官的形成史,即每一个特殊社会组织的物质基础的形成史,难道不值得同样注意吗?而且,这样一部历史不是更容易写出来吗?因为,如维科所说的那样,人类史同自然史的区别在于,人类史是我们自己创造的,而自然史不是我们自己创造的。工艺学揭示出人对自然的能动关系,人的生活的直接生产过程,从而人的社会生活关系和由此产生的精神观念的直接生产过程。甚至所有抽象掉这个物质基础的宗教史,都是非批判的。"[2]通过工艺史的研究,可以发现人类社会生产过程的变迁,在对生产过程的历史变迁中,马克思准确地区分了资本主义生产方式下的工场手工业和机器大工业。

从上面的分析可以看到,在1848年革命失败之后,马克思集

---

[1] 《马克思恩格斯全集》第37卷,人民出版社2019年版,第199—200页。
[2] 《马克思恩格斯全集》第44卷,人民出版社2001年版,第428—429页,注(89)。

中精力再次对经济学进行了研究。而这次研究，特别是马克思深入到了生产过程中对工艺学的研究，对进一步深化马克思的历史唯物主义产生了重要的影响。马克思在《资本论》第十二章和第十三章中分别讨论了手工业、工场手工业和机器大工业，分析了从手工业过渡到工场手工业，从工场手工业过渡到机器大工业过渡的内在机理。可以说，马克思对工场手工业和机器大工业的准确判断和分析在很大程度上得益于他对工艺学的研究。

第三节
《1857—1858年经济学手稿》对
尤尔思想的吸收与超越

在《伦敦笔记》之后，马克思写了一部重要的经济学著作：《1857—1858年经济学手稿》（以下简称《57—58手稿》）。在这部经济学著作中，马克思开始理解尤尔，在对机器大工业分析的过程中，吸收了尤尔的一些观点，不过，马克思对机器大工业的认识并没有止于尤尔，他在深化唯物史观的过程中开始渐渐超越尤尔。

一、对机器大工业的分析：马克思对尤尔观点的吸收与超越

在《57—58手稿》中，马克思开始从生产过程中去寻找资本主义的内在矛盾。在这一过程中，马克思的理论着眼点从劳动过程转向生产过程，劳动过程与生产过程是不同的理论视域分清这二者具有重要的理论意义。

回到《57—58手稿》这一文本中，就可以清晰地看到马克思对

劳动过程与生产过程的区分。"活劳动被对象化劳动所占有，——创造价值的力量或活动被自为存在的价值所占有，——这种包含在资本概念中的占有，在以机器为基础的生产中，也从生产的物质要素和生产的物质运动上被确立为生产过程本身的性质。从劳动作为支配生产过程的统一体而囊括生产过程这种意义来说，生产过程已不再是这种意义上的劳动过程了。……由于劳动资料转变为机器体系，由于活劳动转变为这个机器体系的单纯的活的附件，转变为机器运转的手段，劳动过程便只是作为资本价值增殖过程的一个环节而被包括进来，这一点从物质方面来看，也被肯定了。"[1] 在这里，马克思区分了劳动过程和生产过程，具体来说，劳动过程和生产过程的区分包含了三层含义：

第一，手工业、工场手工业和机器大工业的生产方式的不同导致劳动过程与生产过程的不一致。在手工业和工场手工业条件下，人在生产过程中进行劳动，此时的劳动是依赖于人的劳动，因此，在这样的生产方式下，劳动过程与生产过程是统一的，人的劳动的过程就实现了生产的过程。在机器大工业下，机器的运转才是生产的主体，工人已经不是生产的主体，工人的劳动与机器的运转相比已经无足轻重，于是，原来意义上的劳动过程从生产过程中剥离出来。这两者的本质区别在于生产方式的不同。马克思之所以此时能够对劳动过程和生产过程作出区分，就在于他现在已经能够区分工场手工业和机器大工业这两种不同的生产方式。

第二，在资本主义批判理论的建构中，基于劳动过程还是生产过程，所导致的理论路径是不同的。马克思并不是一个道德学家，他并不是要去揭示出工人是可怜的，工人的劳动是"异化"或"片面

---

1 《马克思恩格斯全集》第 31 卷，人民出版社 1998 年版，第 91—92 页。

化"的，从《黑格尔法哲学批判》开始，他就是要去证明资本主义必然灭亡，只不过，当他无法真正立足于资本主义机器大工业的生产过程时，论证的思路就会出现偏差。当马克思基于工场手工业时，他就会从劳动过程出发，他的研究对象就会是人和人的劳动，他的理论深度就只能到达工人的"异化"或者"片面化"，那么，他就会从资本家压迫工人，工人起来反抗资本家这条路径去寻找工人解放的道路，这条线索终究是主体斗争的线索。从 1848 年革命的经验教训中马克思已经认识到工人主体的阶级斗争并不能单独构成对解放路径的理论论证，于是他深入到经济学研究中去寻找更为深入的理论路径。只有立足于机器大工业的生产过程，马克思才能够真正去分析资本主义必然灭亡的内在机理。通过对资本主义机器大工业的生产过程的研究，他发现资本的生产过程并非等同于工人的劳动过程，因而不能用对劳动的批判代替对资本的真正的批判，所以他必须寻找资本本身的内在矛盾。于是，马克思走向对客观规律性的研究。当然，在这个过程中，马克思并没有抛弃主体的线索，而是将对工人的关怀置放在对资本主义内在矛盾的批判中。

第三，资本主义生产过程包括物的生产和生产关系的生产。马克思说："由于劳动并入资本，资本便成为生产过程；但它首先是物质生产过程；是一般生产过程，因此，资本的生产过程同一般物质生产过程没有区别。它的形式规定完全消失了……因此，在价值之前出现的、作为出发点的劳动过程——这种劳动过程，由于它的抽象性、纯粹的物质性，同样是一切生产形式所共有的——又在资本内部表现为资本的物质内部进行的过程、构成资本内容的过程。"[1] 马克思在这里论述的核心在于将资本主义的生产过程跟一

---

[1] 《马克思恩格斯全集》第 30 卷，人民出版社 1995 年版，第 262—263 页。

般的物质生产过程区别开来。一般的物质生产过程的核心是物的生产，是以人和物的关系为核心。在《伦敦笔记》中，马克思研究了工艺学，摘录了波佩、尤尔等人的著作，但是他们研究的是一般性的物的生产。当解读视角仅仅盯住物的生产，那只是技术层面的研究，就看不到生产所带来的社会关系维度上的矛盾。马克思这里的生产过程是具体的资本主义的生产过程："迄今为止，资本都是从它的物质方面被看作简单生产过程。但是，这个过程从形式规定性方面来看，是价值自行增殖过程。"[1] 具体的资本主义生产过程具有其特殊含义，那就是价值自行增殖，从价值增殖就会引申出生产关系的生产与再生产。"最后，生产过程和价值增殖过程的结果，首先表现为资本和劳动的关系本身的，资本家和工人的关系本身的再生产和新生产。这种社会关系，生产关系，实际上是这个过程的比其物质结果更为重要的结果。这就是说，在这个过程中工人把他本身作为劳动能力生产出来，也生产出同他相对立的资本，同样另一方面，资本家把他本身作为资本生产出来，也生产出同他相对立的活劳动能力。每一方都由于再生产对方，再生产自己的否定而再生产自己本身。资本家生产的劳动是他人的劳动；劳动生产的产品是他人的产品。资本家生产工人，而工人生产资本家，等等。"[2] 马克思深入到生产过程中研究的是在物的生产背后的生产关系的生产与再生产，所看到的是资本主义的生产过程所演绎出来的资本主义社会的内在矛盾。

从以上分析可以看到，马克思转入资本主义机器大工业的生产过程中对资本主义内在矛盾的分析至关重要。在这里还需要注

1　《马克思恩格斯全集》第 30 卷，人民出版社 1995 年版，第 270 页。
2　《马克思恩格斯全集》第 30 卷，人民出版社 1995 年版，第 450—451 页。

意,理论视域转入机器大工业的生产过程中并非就一定能发现资本主义的内在矛盾,这还要看马克思对资本主义内在机理的分析是否到位。而对资本主义内在机理的分析还是离不开资本主义生产方式下客体向度和主体向度的推进。接下来具体分析马克思在《57—58手稿》中是如何推进对客体向度和主体向度的分析。

在《57—58手稿》中,马克思从客体向度不断深化对资本主义机器大工业的理解,在这一过程中,马克思吸收了尤尔对机器大工业的分析,不过马克思并没有止于尤尔,在对机器大工业的理解上,他已经开始超越尤尔。

第一,马克思吸收和超越了尤尔对工场手工业和机器大工业的区分。尤尔在《工厂哲学》的开篇就分析了工场手工业与机器大工业的区别,并且认为斯密的分工理论是属于工场手工业时期的,而现今已经是机器大工业,斯密的理论已经不适用于机器大工业,而后对机器大工业的特征展开了分析。马克思在《57—58手稿》中对机器进行分析时,引用了尤尔关于工厂的定义:"工厂的标志是各种工人即成年工人和未成年工人的协作,这些工人熟练地勤勉地看管着由一个中心动力不断推动的、进行生产的机器体系,一切工厂,只要它的机械不形成连续不断的体系,或不受同一个发动机推动,都不包括在这一概念之中。属于后一类工厂的例子,有染坊、铜铸厂等。——这个术语的准确的意思使人想到一个由无数机械的和有自我意识的器官组成的庞大的自动机,这些器官为了生产同一个物品而协调地不间断地活动,并且它们都受一个自行发动的动力的支配。"[1]尤尔对工厂进行定义是想说明机器大工业的特征。从这个定义中,我们可以看到尤尔所要表达的三个方面

1　转引自《马克思恩格斯全集》第31卷,人民出版社1998年版,第88页。

的内容：第一，在工厂体系下，是所有的工人集合到一起进行工作，这与手工业劳动是不同的；第二，工厂的主体是由机器体系构成，工人在工厂中处于从属地位；第三，尤尔以染坊和铜铸厂为例区分了工场手工业和机器大工业。现在，我们来看一下马克思在《57—58手稿》中是如何区分工场手工业和现代大工业的。马克思说："生产资本，或与资本相适应的生产方式，只能有两种形式：工场手工业或大工业。在前一种情况下，占统治地位的是分工；在后一种情况下，占统治地位的是劳动力的结合（具有相同的劳动方式）和科学力量的应用，在这里，劳动的结合和所谓劳动的共同精神都转移到机器等等上面去了。在第一种情况下，工人（积累的工人）数量同资本的数量相比应该很大；在第二种情况下，固定资本同大量共同劳动的工人人数相比应该很大。但是，在这第二种情况下，积聚许多工人，把他们当作同样多的机器轮子配置在机器中间，这已经是前提条件（为什么在农业中情况不同，这不属于这里讨论的范围）。"[1]通过比较，我们可以看到，马克思所表达的内容跟尤尔是类似的，显然，这是马克思对尤尔的思想的吸收。

不过，马克思并没有止于尤尔对机器大工业的分析，在此基础上，马克思进一步深化了对这一问题的分析。他进一步从生产方式的角度区分了工场手工业和机器大工业。在工场手工业条件下："工人们作为共同劳动只是自在地存在着，这仅仅是就他们中间每一个人都为资本劳动这一点来说的，——由于这一点资本成为一个中心，——但他们并未共同劳动。所以，工人通过资本而实现的联合只是形式上的，而且涉及的只是劳动的产品，不是劳动本身。工人不是和许多人相交换，而是和一个资本家相交换。因此，

---

[1] 《马克思恩格斯全集》第30卷，人民出版社1995年版，第588页。

资本造成交换的集中。"[1]马克思认为,在工场手工业条件下,工人的联合只是形式上的,也就是说,资本对劳动的吸纳是形式上的。而在机器大工业条件下:"现在资本不仅表现为工人的集体力量,他们的社会力量,而且表现为把工人连结起来,因而把这种力量创造出来的统一体。这一切仍然和以前一样由下述情况造成,并且在资本发展的每一阶段上也都是如此:许多人同资本一个人进行交换,从而使交换本身集中在资本上;出现了交换的社会性;资本社会地同工人交换,而工人则单个地同资本交换。"[2]在机器大工业条件下,资本实现了对劳动的实质的吸纳,也就是说,资本在本质上实现了对劳动的统治。在这里,从马克思对工场手工业和机器大工业的区分,我们可以看到马克思开始理解尤尔并开始超越尤尔。

第二,马克思吸收和超越了尤尔对工具和机器的分析。尤尔在《工厂哲学》中指出,在机器大生产下,机器成了生产过程的主体,而人只需要从旁照料。"在这些大房子里,这些仁慈的巨大的蒸汽动力召唤了无数的心甘情愿工作的工人在它的周围,分配给他们有规律的工作,取代他们本来痛苦的肌肉劳动,它巨大的胳膊能量,反过来要求工人的只是集中注意力和灵巧地纠正在他的工作中不经常出现的一点点的偏差。"[3]再来分析马克思对工具和机器的区分:"机器无论在哪一方面都不表现为单个工人的劳动资料。机器的特征决不是像[单个工人的]劳动资料那样,在工人的活动作用于[劳动]对象方面起中介作用;相反的,工人的活动表现

---

1 《马克思恩格斯全集》第30卷,人民出版社1995年版,第589页。
2 《马克思恩格斯全集》第30卷,人民出版社1995年版,第590页。
3 Andrew Ure, *The Philosophy of Manufactures*, London: Charles Knight, 1835, p. 18.

为:它只是在机器的运转,机器作用于原材料方面起中介作用——看管机器,防止它发生故障,这和对待工具的情形不一样。工人把工具当做器官,通过自己的技能和活动赋予它以灵魂,因此,掌握工具的能力取决于工人的技艺。相反,机器则代替工人而具有技能和力量,它本身就是能工巧匠,它通过在自身中发生作用的力学规律而具有自己的灵魂,它为了自身不断运转而消费煤炭、机油等等(辅助材料),就像工人消费食物一样。"[1]这里,马克思指出了工具与机器的关系:工具是人使用工具,机器是机器使用人,主体地位完全不同。同时,马克思在这里指出,机器大工业的生产过程已经不再以人为中心,而是转变成以机器为中心;不是劳动资料为工人服务,而是工人为劳动资料——机器服务。很显然,马克思的这一观点受到了尤尔的影响。

同样,马克思对机器的分析也没有止于尤尔。首先,马克思超越了机器作为物的层面,看到了在资本主义条件下使用机器的本质原因。尤尔对机器的作用的分析停留于物的层面,他看到的是机器所带来的生产力的提高。"机器的提高有三方面的表现:第一,它们成功的制造出一些物品,没有了它们,这些物品在这之前无法被制造出来。第二,它们使得操作者能够有更高质量的工作——时间,劳动力,和工作的质量却保持不变。第三,它导致了工厂用相对没有技术的工人代替相对有技术的工人。"[2]马克思将机器置于资本主义生产过程中,超越了机器作为物的层面,看到了机器的本质是创造剩余劳动。"因此,关于机器也可以说,它节约劳动;不过正如罗德戴尔正确地指出,单纯节约劳动并不是使用机

<hr />

1 《马克思恩格斯全集》第 31 卷,人民出版社 1998 年版,第 90—91 页。
2 Andrew Ure, *The Philosophy of Manufactures*, London: Charles Knight, 1835, p. 30.

器的特征;因为人类劳动借助于机器,可以制造和创造出没有机器就绝对创造不出来的东西。后一点同机器的使用价值有关。节约必要劳动和创造剩余劳动才是特征。"[1] 马克思在这里已经对机器有了很深刻的理解,机器最深刻的意义不是节约劳动而是创造剩余价值。

其次,马克思看到了在资本主义条件下使用机器的目的。尤尔不仅从生产力的层面而且还从经济利益的层面来看机器的运用。"工厂的哲学意义在经济力量中很好地展现出来。"[2] 然后,尤尔通过机器动力和马力的比较来说明这种经济效益。"考虑到基本的开销和监督方面,畜力要远远贵于蒸汽动力。"[3] 尤尔通过非常详细的数据的比较,说明了使用畜力的费用要远远地多于使用蒸汽动力的费用,以此来说明机器的目的是要带来经济效益。而这一视角还是从机器作为物的层面展开的。马克思超越尤尔,建立了机器与资本之间的关系:"相反,只有在机器使工人能够把自己的更大部分时间用来替资本劳动,把自己的更大部分时间当作不属于自己的时间,用更长的时间来替别人劳动的情况下,资本才采用机器。的确,通过这个过程,生产某种物品的必要劳动量会缩减到最低限度,但只是为了在最大限度的这类物品中使最大限度的劳动价值增殖。"[4] 马克思指出,在资本主义条件下使用机器,本质上是为了资本自身的增殖。

最后,马克思在机器身上加上了资本主义经济形式的内容,于

---

1 《马克思恩格斯全集》第 30 卷,人民出版社 1995 年版,第 363 页。
2 Andrew Ure, *The Philosophy of Manufactures*, London: Charles Knight, 1835, p. 27.
3 Andrew Ure, *The Philosophy of Manufactures*, London: Charles Knight, 1835, p. 29.
4 《马克思恩格斯全集》第 31 卷,人民出版社 1998 年版,第 96 页。

是,机器就成了固定资本。马克思反对仅仅将机器看作是物:"单纯从资本的物质方面来理解资本,把资本看成生产工具,完全抛开使生产工具变为资本的经济形式,这就使经济学家们陷人种种困难之中。"[1]将机器置放在资本主义生产方式下,那么机器就不再是机器,而是固定资本。固定资本这一概念并不是马克思的首创,在这之前,斯密就已经使用过这一概念,笔者在第一章已经探讨过这个问题,这里不再赘述。虽然斯密和马克思都使用了这个概念,但是这一概念在他们那里具有不同的内涵。马克思说:"同样,劳动资料也只有在生产过程一般地说是资本主义生产过程,因而生产资料一般地说是资本,具有资本的经济规定性,具有资本的社会性的情况下才是固定资本;第二,劳动资料只有在它们以一种特殊方式把它们的价值转移到产品中去时才是固定资本。否则,它们仍然是劳动资料,而不是固定资本。"[2]马克思是想通过固定资本去分析资本主义机器大工业的本质,但是,马克思在《57—58 手稿》中还没有能够完成这一理论,对固定资本的理解马克思是在《61—63 手稿》和《资本论》中完成的。固定资本本身不仅仅是能看得见摸得着的机器等这些生产资料,更重要的是,固定资本承载的是资本家对工人的剥削,而这种剥削又体现在资本主义的生产过程中,因此,固定资本具有深刻的理论内涵。

二、雇佣劳动概念——马克思的思想在主体向度上的深化

在当代西方左派学界,不少学者很看重工人作为主体的力量,

1　《马克思恩格斯全集》第 30 卷,人民出版社 1995 年版,第 594 页。
2　《马克思恩格斯全集》第 45 卷,人民出版社 2003 年版,第 252 页。

譬如哈特和奈格里在《大众》《帝国》等文本中从主体性的角度重新思考马克思的历史唯物主义，甚至他们认为《57—58手稿》才是马克思理论发展的巅峰，是一本开放性的著作，《资本论》是一个封闭的体系，是《57—58手稿》的一种倒退，在《资本论》中，阶级斗争的主体消失了。哈特和奈格里的分析是否准确可以通过对马克思雇佣劳动这一概念的分析来厘清这个问题。

马克思第一次提出雇佣劳动这个概念是在《神圣家族》中，之后，在《雇佣劳动与资本》中，马克思集中分析了雇佣劳动这个概念，分析了雇佣劳动与资本之间的关系，此时马克思是如何理解雇佣劳动的呢？先来看一下此时马克思对工人劳动本质的理解："可是，劳动力的表现即劳动是工人本身的生命活动，是工人本身的生命的表现。工人正是把这种生命活动出卖给别人，以获得自己所必需的生活资料。可见，工人的生命活动对于他不过是使他能够生存的一种手段而已。他是为生活而工作的。他甚至不认为劳动是自己生活的一部分；相反，对于他来说，劳动就是牺牲自己的生活。劳动是已由他出卖给别人的一种商品。"[1]马克思这里讲劳动是人的生命的表现，而由于工人要把这种生命活动出卖给他人，因此只要工人劳动，工人就牺牲了自己的生活。这样的思考似曾相识，马克思在《1844手稿》中也有类似的话。"首先，劳动对工人来说是外在的东西，也就是说，不属于他的本质；因此，他在自己的劳动中不是肯定自己，而是否定自己，不是感到幸福，而是感到不幸，不是自由地发挥自己的体力和智力，而是使自己的肉体受折磨、精神遭摧残。因此，工人只有在劳动之外才感到自在，而在劳动中则

1　《马克思恩格斯文集》第1卷，人民出版社2009年版，第715页。

感到不自在,他在不劳动时觉得舒畅,而在劳动时就觉得不舒畅。"[1]虽然在《1844手稿》中,马克思没有提出雇佣劳动这个概念,但实际上,已经有了雇佣劳动的含义,也就是工人出卖劳动,是为资本家服务,只不过在劳动之外,马克思用了一个悬设的异化劳动来指认工人不自由的劳动。而在《雇佣劳动与资本》中,马克思的异化劳动就像一个幽灵一样还缠绕在马克思的脑袋中,还未能全部褪去。什么原因导致的,那是因为马克思此时对政治经济学的思考还在艰难的路上。但是前行的路上,且行且惜,这些转变都为马克思后来的思想发展奠定了坚实的基础。但不管怎么样,马克思已经抛弃了工人劳动与异化劳动之间的关系,建立起了雇佣劳动与资本的关系,这已经是很大的进步。

在《雇佣劳动与资本》中,马克思明确了一个问题,劳动成为雇佣劳动是资本主义特有的产物。"劳动力并不向来就是商品。劳动并不向来就是雇佣劳动,即自由劳动。"[2]雇佣劳动是资本主义社会特有的,它与封建社会的,奴隶社会的劳动是不一样的,马克思这里说的不一样就是资本主义的劳动就是自由劳动。也就是说,马克思在这里是以工人是否具有人身自由,劳动是否是自由的劳动来理解雇佣劳动的。因为现在工人有了人身自由,因此工人的劳动是雇佣劳动。

接着,马克思进一步分析了工人与资本家之间的关系:"但是,工人是以出卖劳动力为其收入的唯一来源的,如果他不愿饿死,就不能离开整个购买者阶级即资本家阶级。工人不是属于某一个资本家,而是属于整个资本家阶级;至于工人给自己寻找一个雇主,

1 《马克思恩格斯全集》第3卷,人民出版社2002年版,第270页。
2 《马克思恩格斯文集》第1卷,人民出版社2009年版,第716页。

即在这个资本家阶级中间寻找一个买者,那是工人自己的事情了。"[1]马克思这里说明了,工人是属于整个资产阶级的。因为工人属于资本家,所以,工人就是雇佣工人。马克思在这里着重分析了劳动与工人与资本家之间的关系。马克思不仅分析了工人与资本家的关系,也在关注雇佣劳动与资本的关系:"这样,资本以雇佣劳动为前提,而雇佣劳动又以资本为前提。两者相互制约;两者相互产生。"[2]其实,在《雇佣劳动与资本》中,马克思混淆了两个概念,就是工人与资本家的关系和工人与资本的关系。马克思虽然用的是资本,实际上,我们看一下,马克思说的是工人与他的买主的关系,也就是工人与资本家的关系,即使这里的资本家指的是整个资本家阶级,马克思面对的还是作为资本家的人,因此,马克思分析的是工人与资本家的关系,而不是资本的关系。当什么时候马克思不是将资本家阶级仅仅作为一个资本家的整体,而是看作资本的整体的时候,马克思才能真正说清楚雇佣劳动与资本的关系,而不是表层的雇佣劳动与资本家之间的关系。雇佣劳动与资本家之间的关系与雇佣劳动与资本的关系有本质区别,工人为资本家劳动还不是本质上的雇佣劳动,工人为资本劳动才建立起真正的雇佣劳动。因此,劳动是对资本家的关系还是对资本的关系是非常关键的。

在《雇佣劳动与资本》中,马克思已经明确了雇佣劳动产生的历史性,在后来的著作中,对这个问题进行了更透彻的分析。雇佣工人不是从来就有的,他有其产生的历史。"因此,使生产者转化为雇佣工人的历史运动,一方面表现为生产者从农奴地位和行会

1　《马克思恩格斯文集》第1卷,人民出版社2009年版,第717页。
2　《马克思恩格斯文集》第1卷,人民出版社2009年版,第727页。

束缚下解放出来；对于我们的资产阶级历史学家来说，只有这一方面是存在的。但是另一方面，新被解放的人只有在他们被剥夺了一切生产资料和旧封建制度给予他们的一切生存保障之后，才能成为他们自身的出卖者。而对他们的这种剥夺的历史是用血和火的文字载入人类编年史的。"[1]从这里可以看到，劳动者成为雇佣劳动的两个前提条件，一是劳动者摆脱人身束缚成为所谓的自由人，二是劳动者被剥夺生产资料，从而不得不通过出卖自己的劳动力而生存。而这两点只是劳动者成为雇佣劳动的前提条件，这还是不够的，这样的劳动者还需要投放在生产过程中，在生产过程中生产出剩余价值才能成为雇佣劳动。"工人不是为自己生产，而是为资本生产。因此，工人单是进行生产已经不够了。他必须生产剩余价值。只有为资本家生产剩余价值或者为资本的自行增殖服务的工人，才是生产工人。"[2]这里马克思说的生产工人指的就是雇佣工人。

在这里需要进一步追问工人为什么甘心成为雇佣工人，劳动者成为雇佣工人不仅仅是因为劳动者没有生产资料，更重要的深层原因在于资本主义的生产方式。"工人最初不得不把生产商品的劳动当作商品出卖给资本家，因为他缺少实现他的劳动能力的客观条件。现在他之所以必须出卖他的劳动，是因为他的劳动能力只有出卖给资本才是劳动能力。因此，他现在从属于资本主义生产、受资本的支配，不只是由于他缺少劳动资料，而且是由于他的劳动能力本身，由于他的劳动的性质和方式；他受资本的支配，因为在资本的手中不仅掌握着主体劳动的客体条件，而且也掌握

1　《马克思恩格斯全集》第 44 卷，人民出版社 2001 年版，第 822 页。
2　《马克思恩格斯全集》第 44 卷，人民出版社 2001 年版，第 582 页。

着主体劳动的社会条件,工人的劳动只有在这些条件下还能是劳动。"[1]资本主义的生产方式决定了劳动者就是雇佣工人,并且还无法挣脱被雇佣的命运。

在资本主义早期,资本主义生产方式还没有完全确立的时候,劳动者成为雇佣工人往往还需要暴力统治。"只有在发达的资本生产方式下,雇佣劳动才成为理所当然的事情。在资本初期,为了把丧失财产的人按照对资本有利的条件转变成工人,发生过国家强制,因为这些条件当时还没有通过工人之间的相互竞争而被强加给他们。"[2]这种发达资本主义生产方式就是机器大工业生产方式。在资本主义早期,劳动还依赖于工人的技术和熟练程度,因此,工人在劳动中还有一定的主体地位,当劳动者不愿意成为雇佣工人的时候,往往通过强制、暴力的方式。随着资本主义生产方式的发展在发达资本主义生产方式下,也就是到机器大工业时代,这种生产方式下不再需要工人的技术,因而,工人自身内部的竞争更加激烈,工人不断为自身建造了一个越来越坚实的雇佣牢笼。在这样的生产方式下,工人"主动"成为雇佣工人,这一点,是由资本主义生产方式本身的性质决定的,不仅如此,雇佣什么样的工人,雇佣多少工人都是由资本主义生产方式本身决定的,而不是由资本家决定的。

接着探讨雇佣劳动的内涵,对此需进行抽丝剥茧的分析。首先分析劳动。马克思所说的劳动的第一层的含义是改变自然物质状态的劳动,这是最基本的含义,是制造使用价值的过程。"劳动过程,就我们在上面把它描述为它的简单的、抽象的要素来说,是

---

1 《马克思恩格斯全集》第 32 卷,人民出版社 1998 年版,第 319 页。
2 《马克思恩格斯全集》第 31 卷,人民出版社 1998 年版,第 136 页。

尤尔的《工厂哲学》对马克思哲学发展的影响

制造使用价值的有目的的活动,是为了人类的需要而对自然物的占有,是人和自然之间的物质变换的一般条件,是人类生活的永恒的自然条件,因此,它不以人类生活的任何形式为转移,倒不如说,它为人类生活的一切社会形式所共有。"[1]在这个劳动的层面上不具有奴隶、农民、工人的意义,更看不到劳动中所存在的剥削,这是劳动的最基本的含义,就是日常层面所看到的人的劳动。当仅仅将劳动看作是一般的自然劳动,当作改造自然的活动的时候,就仅仅是对劳动的经验层面的描述,没有触及劳动的本质,斯密就是犯了这个错误,在对雇佣劳动的问题上,马克思超越了斯密与李嘉图,马克思对斯密进行批判。"另一方面,在斯密那里,资本最初并不表现为把雇佣劳动要素当作自己对立面包含在自身中的东西(因为,虽然斯密认为劳动创造价值,但是他把劳动本身理解为使用价值,理解为自为存在的生产性,理解为一般的人类自然力(这正是斯密不同于重农学派的地方),而不是把劳动理解为雇佣劳动,理解为同资本相对立的独特形式规定上的劳动),而是表现为来自流通的东西,表现为货币,因而资本是通过节约从流通中产生的。"[2]正是因为仅仅将劳动看作是自然性的劳动,因此,斯密是无法知道资本究竟是从哪里来的,只能看作是流通过程中节约而来的。

与雇佣劳动相近的一个概念是雇佣工人,马克思是要用雇佣劳动来指代雇佣工人的本质属性。雇佣工人这个概念,关键就在于雇佣二字,雇佣二字具有两层含义:一方面,雇佣工人能够为资本家带来剩余价值的才叫雇佣工人。这里要区别的是,并非工人

---

1 《马克思恩格斯全集》第 44 卷,人民出版社 2001 年版,第 215 页。
2 《马克思恩格斯全集》第 30 卷,人民出版社 1995 年版,第 291 页。

为资本家服务就属于雇佣工人。在奴隶社会,奴隶也是为奴隶主服务的,在封建社会,农民也是为地主服务的。不同的是,工人为资本家带来剩余价值,雇佣二字表达了雇佣工人身上体现出来的是资本家对工人的剥削,工人只有为资本家带来剩余价值,才叫雇佣工人;另一方面,雇佣工人是一个整体,属于一个阶级,而这个阶级受资本家的统治,为所有的资本家所有,本质上也就是为资本所有。作为某一个雇佣工人,他可以今天为这个资本家干活,明天为那个资本家干活,但是他总是无法挣脱为资本家干活的命运,一种永远被雇佣的命运。对资本家来说,他所面对的也不是工人的个体,而是作为阶级的工人,他可以雇佣这个工人,也可以雇佣那个工人,他只要雇佣就可以,而雇佣谁是无所谓的。"罗马的奴隶是由锁链,雇佣工人则由看不见的线系在自己的所有者手里。他的独立性这种假象是由雇主的经常更换以及契约的法律拟制来保持的。"[1]对资本家来说,雇佣工人就是呼之即来挥之即去的物而已,这个物可以随时被替代,因此这种带着锁链的劳动工人叫做雇佣工人。

回到雇佣劳动与雇佣工人的区别上来,如果说雇佣工人还是工人的话,那么雇佣劳动就连人的形象都消失了。人是能看得见摸得着的,是可以捉摸的对象,本质上还是人,可是用劳动取代工人,就撇开了工人除劳动以外的一切属性。雇佣劳动是看不见摸不着的,是一个抽象的概念,工人对资本家来说有意义的就是他的劳动,其他都是无关紧要的。用雇佣劳动取代雇佣工人,更准确地表达了资本主义生产方式下的雇佣工人的本质。

资本主义生产方式下的劳动者什么时候成为雇佣劳动,那就

---

1 《马克思恩格斯全集》第 44 卷,人民出版社 2001 年版,第 662 页。

是在生产过程中被资本剥削的时候才是雇佣劳动。在《57—58 年手稿》中，马克思通过劳动力商品的分析说明了这个问题。"劳动力的消费，像任何其他商品的消费一样，是在市场以外，或者说在流通领域以外进行的。因此，让我们同货币占有者和劳动力占有者一道，离开这个嘈杂的、表面的、有目共睹的领域，跟随他们两人进入门上挂着'非公莫入'牌子的隐蔽的生产场所吧！在那里，不仅可以看到资本是怎样进行生产的，而且还可以看到资本本身是怎样被生产出来的。赚钱的秘密最后一定会暴露出来。"[1]所以，资本主义统治下的劳动者，如果没有进入到生产过程中遭受资本的统治，那就不是雇佣工人，雇佣工人是特指进入到生产过程中的受资本盘剥的才称为雇佣工人。雇佣劳动作为资本增殖的条件，是在劳动过程中实现的，工人的劳动力如果不能进入到生产过程中，那么就仅仅是工人的劳动而已，对资本家而言，没有任何意义。并且在生产和再生产过程中，雇佣劳动的这种特性还不断地将资本和雇佣劳动本身生产出来。"简单再生产不断地再生产出资本关系本身：一方面是资本家，另一方面是雇佣工人；同样，规模扩大的再生产或积累再生产出规模扩大的资本关系：一极是更多的或更大的资本家，另一极是更多的雇佣工人。劳动力必须不断地作为价值增殖的手段并入资本，不能脱离资本，它对资本的从属关系只是由于它时而卖给这个资本家，时而卖给那个资本家才被掩盖起来，所以，劳动力的再生产实际上是资本本身再生产的一个因素。因此，资本的积累就是无产阶级的增加。"[2]

前面讲到，雇佣工人是历史的产物，那么需要进一步分析劳动

1　《马克思恩格斯全集》第 44 卷，人民出版社 2001 年版，第 204 页。
2　《马克思恩格斯全集》第 44 卷，人民出版社 2001 年版，第 708—709 页。

者究竟从什么时候开始成为真正的雇佣工人。马克思在《资本论》中分析相对剩余价值的时候,按照历史的进程分析了协作、工场手工业和机器大工业,是从协作开始就有了雇佣劳动,到机器大工业,雇佣劳动发展到了最成熟的状态。之所以从协作开始劳动者就成为雇佣工人是因为雇佣工人身上承载的是工人与资本家之间的剥削关系,本质上也就是劳动与资本的关系,那么只要工人开始在资本的控制之下就成为雇佣劳动。从协作开始,劳动就从属于资本,并且是从形式上的从属转向了实质上的从属。

形式上的从属与实质上的从属具有本质区别。首先分析形式上的从属。"劳动在形式上从属于资本,就是单个的工人现在不是作为独立的商品所有者,而是作为隶属于资本家的劳动能力进行劳动,因而是在资本家的指挥和监督下进行劳动,他不再为自己而是为资本家劳动;而劳动资料也不再是实现他的劳动的手段,相反,他的劳动表现为增殖的手段,即对劳动资料来说表现为劳动的吸收。[资本主义前的关系和资本主义关系之间的]这种差别是形式上的差别,因为这种差别在生产方式和生产借以实现的那些社会关系没有任何变化的情况下也能存在。"[1] 从这里可以看到,形式上的从属指的是资本同单个的劳动相结合,工人的劳动还是分开的,独立进行劳动,只不过同一时间到同一地点进行劳动,而劳动工具还是自己的或者不是自己的,这都不是从属于资本的劳动,这只是劳动形式上从属于资本,这个时候,工人为资本家劳动与奴隶为奴隶主劳动与农民为地主劳动相比较,并没有本质区别。可以说,劳动对资本的形式上的从属其实就是工人对资本家的关系。劳动要真正从属于资本,是要同资本相结合,也就是说,每个单独

1　《马克思恩格斯全集》第 32 卷,人民出版社 1998 年版,第 297 页。

　　　　尤尔的《工厂哲学》对马克思哲学发展的影响

的劳动都不成为劳动,而只有所有的劳动结合在一起,凑成整体才能生产出商品,此时,工人不再是表面上的在资本家的控制之下,而是在资本的控制之下,此时,劳动对资本的从属实现了从形式上的从属到实质上的从属,这是劳动生产方式的质的改变。马克思只有分析清楚了劳动从形式上的从属到实质上的从属,才能够真正理解清楚资本主义生产方式。

劳动从形式上的从属转向实质上的从属,这是从资本主义的协作开始的。从协作开始,工人对资本家的关系就变成了工人对资本的关系,当工人对资本家的关系变成了劳动对资本的关系的时候,就是劳动对资本的实质上的从属。"随着协作的出现就已经出现了特殊的差别。在这里,劳动是在这样一些条件下进行的,在这些条件下,单个人的独立劳动无法进行,而且这些条件表现为统治他的关系,表现为由资本缠在各单个工人身上的绳索。"[1]之所以协作就完成了劳动对资本的形式上的从属向实质上的从属的转变,是因为,从协作开始,就开始了生产方式的转变。在协作中,大量的工人在同一时间同一地点在同一资本的控制下开始劳动,并且在资本控制下的劳动的结合方式本身就能带来生产力的发展。"当工人作为独立的人,作为[自己劳动能力]的卖者与资本家发生关系时,这种关系是单个的,彼此独立的工人各自和资本家发生的关系,而不是他们相互发生的关系。当他们作为执行职能的劳动能力相互发生关系时,他们就并入了资本,因而这种关系对他们来说表现为资本与他们的对立关系,而不是他们自己的相互关系。他们处于密集状态。由他们的密集产生的协作,同这种密集本身一样,对他们来说也是资本的结果。工人的相互联系和统一不寓

---

1 《马克思恩格斯全集》第 32 卷,人民出版社 1998 年版,第 297 页。

于工人中,而寓于资本中,或者说,由此产生的工人劳动的社会生产力是资本的生产力。正如单个劳动能力所具有的不仅得到补偿而且能够增加自己的力量表现为资本的能力,表现为剩余劳动一样,劳动的社会性质和由这种性质产生的生产力也表现为资本的能力。"[1]协作这种生产方式是工人在统一的资本的统治之下,这种生产方式本身就能带来生产力的发展,于是表现为资本本身所具有的内在的生产力。工人作为独立的劳动者是无法发挥出这种生产力的,因为这种生产力是生产方式本身所带来的。

从协作开始就产生了雇佣劳动,在资本主义生产方式下,又经历了工场手工业和机器大工业的不同时代,在不同的资本主义发展阶段中,虽然都是资本主义的生产方式,但是,雇佣工人在生产过程中的地位发生了质的变化,也正是这种变化,使得工人更加具有了雇佣劳动的属性,工人劳动更牢牢地成为雇佣劳动。

工场手工业资本主义时代,生产的内部分工得到了进一步发展,工人工作不再是完成一个完整的工作,他的活动仅仅是总劳动中的一个部分。"因此,一方面工场手工业在生产过程中引进了分工,或者进一步发展了分工,另一方面它又把过去分开的手工业结合在一起。但是不管它的特殊的出发点如何,它的最终形态总是一样的:一个以人为器官的生产机构。"[2]这就是工场手工业的特点,工人因为分工而成为被肢解的器官。这些器官在资本的统治下成为一个整体的人。"因此,事情不仅是:由分工即劳动的这种社会存在形式引起的生产力的提高不再是工人的生产力,而是资本的生产力。这种结合劳动的社会形式作为资本的存在与工人相

---

1 《马克思恩格斯全集》第32卷,人民出版社1998年版,第296页。
2 《马克思恩格斯全集》第44卷,人民出版社2001年版,第392页。

尤尔的《工厂哲学》对马克思哲学发展的影响

对立。结合作为有强大威力的天命与工人相对立，工人受到这种天命的支配是由于他的劳动能力变成了完全片面的职能，这种片面的职能离开总机构就什么也不是，因此，它完全要依赖于这个总机构。工人本身变成了一个简单的零件。"[1]工场手工业时期，虽然人被肢解，但是工人在生产过程中依然需要技术、熟练程度，"因为手工业的熟练仍然是工场手工业的基础，同时在工场手工业中执行职能的总机构没有任何不依赖工人本身的客观骨骼，所以资本不得不经常同工人的不服从行为作斗争。"[2]虽然工人是片面的职能，但是结合起来的人依然是生产的中心，工场手工业中的人依然占主导地位。

到了机器大工业社会，机器在生产过程中取代工人而成为主导地位。人已经不是总体的一部分，机器是总体，人是游离于机器之外的，游离于总体之外的。"机器劳动极度地损害了神经系统，同时它又压抑肌肉的多方面运动，夺去身体上和精神上的一切自由活动。甚至减轻劳动也成了折磨人的手段，因为机器不是使工人摆脱劳动，而是使工人的劳动毫无内容。一切资本主义生产既然不仅是劳动过程，而且同时是资本的增殖过程，就有一个共同点，即不是工人使用劳动条件，相反地，而是劳动条件使用工人，不过这种颠倒只是随着机器的采用才取得了在技术上很明显的现实性。由于劳动资料转化为自动机，它就在劳动过程本身中作为资本，作为支配和吮吸活劳动力的死劳动而同工人相对立。正如前面已经指出的那样，生产过程的智力同体力劳动相分离，智力转化为资本支配劳动的权力，是在以机器为基础的大工业中完成的。

1　《马克思恩格斯全集》第 32 卷，人民出版社 1998 年版，第 319 页。
2　《马克思恩格斯全集》第 44 卷，人民出版社 2001 年版，第 425 页。

变得空虚了的单个机器工人的局部技巧,在科学面前,在巨大的自然力面前,在社会的群众性劳动面前,作为微不足道的附属品而消失了;科学、巨大的自然力、社会的群众性劳动都体现在机器体系中,并同机器体系一道构成'主人'的权力。"[1]从这里可见,在机器大工业中,机器具有了"主人"的权力,而这种"主人"的权力,正是资本的权力,资本以更强健的霸权统治着工人。如果在工场手工业中,工人还有局部技术作为"资本"与资本家的"资本"相对抗,那么在机器大生产条件下,工人仅有的这点"资本"也被资本家的资本全部剥夺,在机器大生产条件下,工人被紧紧戴上"雇佣"的紧箍咒。"而由于工人的技能已转移到机器上,工人的反抗遭到破坏,现在工人失去了在工场手工业条件下还占支配地位的技能,他们不能奋起抵抗,而资本则能以非熟练的,因而也更受它支配的工人来代替熟练工人。"[2]

雇佣工人完全成为雇佣劳动没有了任何反抗的机会,对于资本来说,工人仅仅是无技术无智力的劳动。"工场手工业分工的一个产物,就是物质生产过程的智力作为他人的财产和统治工人的力量同工人相对立。这个分离过程在简单协作中开始,在工场手工业中得到发展,在大工业中完成。在简单协作中,资本家在单个工人面前代表社会劳动体的统一和意志,工场手工业使工人畸形发展,变成局部工人,大工业则把科学作为一种独立的生产能力与劳动分离开来,并迫使科学为资本服务。"[3]从协作到工场手工业到机器大工业,工人就是这样被一步步地边缘化,直到牢牢地成为雇佣劳动而没有任何反抗的机会。

---

1 《马克思恩格斯全集》第44卷,人民出版社2001年版,第486—487页。
2 《马克思恩格斯全集》第32卷,人民出版社1998年版,第376页。
3 《马克思恩格斯全集》第44卷,人民出版社2001年版,第418页。

从以上的分析可以看到雇佣劳动在马克思的理论视域中不是一个简单的概念，其中蕴含着深刻的内涵。然而在当今一些西方学者眼中却忽略了雇佣劳动这个词，他们看更重的是在《57—58手稿》中马克思经常大量的使用的活劳动这个词。确实，在《57—58手稿》中，活劳动被频繁使用，据查找《马克思恩格斯全集》第30卷（新版）有300多个地方使用活劳动，而这个时候马克思使用雇佣劳动要远远少于使用活劳动。正因此，一些西方马克思主义学者比如说哈特和奈格里认为马克思的活劳动是一个很重要的概念，并且从活劳动延伸出了工人的主体性，他们认为正是因为工人具有的这种活劳动才能够承担起推翻资本主义的统治使命。可是他们没有注意到的是，在《资本论》中活劳动却渐渐淡化使用很少，取而代之的是雇佣劳动。究其原因，活劳动是雇佣劳动的第一层含义，雇佣劳动的第二层含义在于雇佣。雇佣承载的关系既不是人身依附关系也不是其他依附关系，而是在生产过程中资本家对工人的剥削关系，雇佣关系是资本主义特有的现象。

回到《57—58手稿》中深入剖析马克思对活劳动的解释。活劳动在资本主义生产过程中扮演着很重要的角色："资本的价值增殖过程是通过简单生产过程并在简单生产过程中实现的，这是靠活劳动同它的物质存在要素发生合乎自然的关系。但是，只要活劳动进入这种关系，这种关系就不是为活劳动本身而存在，而是为资本而存在；活劳动本身已经是资本的要素。"[1]在这里，活劳动是资本的要素，没有活劳动资本就不成其为资本："例如在商业等等的停滞时期，如果工厂停工，事实上就可以看到，机器和纱一旦中断了同活劳动的关系，机器就会生锈，纱就会成为无用的赘物，而

---

1 《马克思恩格斯全集》第30卷，人民出版社1995年版，第333页。

且还会腐坏。如果说资本家让工人劳动只是为了创造剩余价值，——为了创造还不存在的价值，——那么我们就可以看到，只要资本家不再让工人劳动，就连他的已有的资本也会丧失价值，可见，活劳动不仅追加新价值，而且正是通过在旧价值上追加新价值的行为，也保存了旧价值，使其永久化。"[1]活劳动在生产过程中重要作用在这里呈现。在《57—58手稿》中，马克思还有很多关于活劳动的论述。

在《57—58手稿》中，在很多地方活劳动都是与死劳动并存的。机器、生产资料等就是死劳动，其实就是死劳动就是资本，马克思分析得非常深刻。"作为资本家，他只是人格化的资本。他的灵魂就是资本的灵魂。而资本只有一种生活本能，这就是增殖自身，创造剩余价值，用自己的不变部分即生产资料吮吸尽可能多的剩余劳动。资本是死劳动，它像吸血鬼一样，只有吮吸活劳动才有生命，吮吸的活劳动越多，它的生命就越旺盛。"[2]活劳动与死劳动并存，活劳动才成为活劳动。所以我们看到，马克思使用活劳动这个词，只是用形象的说法来说明工人作为一个活着的人，活劳动是一个对工人的"活"的生动形象的说明，而对于资本家来说，工人只有劳动对资本家而言才是有意义的，因此，成为活劳动。而当资本家的剩余价值转化为资本的时候，活劳动就转为了死劳动，活劳动要成为雇佣劳动就是要受资本的统治，这是活劳动与雇佣劳动的区分。通过雇佣劳动这个概念，可以更深刻的说明资本对劳动的统治。

马克思在《57—58手稿》中将劳动比喻成一种塑形的火。"劳

1　《马克思恩格斯全集》第30卷，人民出版社1995年版，第334页。
2　《马克思恩格斯全集》第44卷，人民出版社2001年版，第269页。

动是活的、造形的火;是物的易逝性,暂时性,这种易逝性和暂时性表现为这些物通过活的时间而被赋予形式。在简单生产过程中——撇开价值增殖过程不谈——物的形式的易逝性被用来造成物的有用性。"[1]细细品味这段话,恰恰就在于马克思说劳动是造形的火,造形也就是改变物质的形式变换,劳动是可以改变物质的形状的,这只是劳动的第一层含义,此前已经分析过,而哈特和奈格里从这里就引发出了劳动的主体性,并认为在当今社会的发展中,劳动已经成了非物质劳动,在《大众》一书中,他们更为清晰地阐述了非物质劳动概念的内容:"这是一种生产非物质产品,譬如知识、信息、交往、关系或者情感反应的劳动。通常使用的那些术语,譬如服务性劳动、智力劳动、认识劳动等,都只谈到了非物质劳动的某些方面,但没能抓住其一般性。初遇这一概念,我们可以把它界定为以下两种主要形式:第一种形式主要指涉智力的或语言的劳动,譬如解决问题、符号的和分析的工作以及语言表达。这种非物质劳动生产观念、符号、代码、文本、语言形象、景象及其他产品。另一种主要的非物质劳动形式是'情感劳动'。与作为精神现象的情绪不同,情感既指涉肉体,也指涉精神。事实上,像快乐和悲伤这样的情感所揭示的,是整个人体组织中的生命现状,它既表征了肉体的某种状态,也表征了思维的某种模式。"[2]并通过对非物质劳动的分析找出主体解放的潜能。这里需要进一步追问劳动是塑形的火是否能够说明劳动的主体性,其实不能,这是劳动对客体的关系,而劳动自身的主体的张力无法体现,所以奈格里在这里是过多地诠释了这里的劳动。相反,正是因为马克思讲劳动是塑

---

[1] 《马克思恩格斯全集》第 30 卷,人民出版社 1995 年版,第 329 页。

[2] Michael Hardt, Antonio Negri, *Multitude*, New York: The Penguin Press, 2004, p. 108.

形的火正说明了活劳动的中性的概念,仅仅是一个改变物质形态的劳动的概念,马克思这是对劳动的第一层次的分析,活劳动是用来造形的,仅仅是用来改变物质的存在方式的;劳动的第二层次的含义指的是劳动是资本家和工人的社会关系中的雇佣劳动,是能够带来剩余价值的劳动。资本主义社会工人的劳动的深刻本质不在于能够造形,而在于能够增殖,这是哈特和奈格里没有体会到的。

哈特和奈格里通过从活劳动向非物质劳动的转换试图生发出主体解放的潜能,但是由于他们夸大了主体的力量没有看到工人身上的雇佣这个牢笼,因此,他们的愿望是美好的,结论是失之偏颇的。雇佣劳动被资本牢牢禁锢,那么主体解放的可能性在哪里呢?

马克思从博士论文开始就强调工人的主体性,通过偏斜运动来说明工人的主体性,到《共产党宣言》,这种对工人主体性的预期达到顶峰,他认为工人一定会起来反抗资本家,取得革命的胜利,可是1848年革命之后,工人并没有像马克思所想象的那样起来革命推翻资产阶级的统治,却在得到资本家的小恩小惠之后就寂静了。这引起了马克思深深的思考。马克思1848年之后的文本,直到《资本论》中,工人的这种所谓的主体性似乎消退了,对于这个问题需要进一步深入讨论。

先来分析资本主义生产方式对工人带来的影响。首先,随着资本主义的发展,机器的发展和生产力的提高不仅没有给工人带来益处,反而在更深层次上压迫工人。"因此,最发达的机器体系现在迫使工人比野蛮人劳动的时间还要长,或者比他自己过去用最简单、最粗笨的工具时劳动的时间还要长。"[1]甚至,由于机器大

---

1 《马克思恩格斯全集》第31卷,人民出版社1998年版,第104页。

工业的发展,资本家扩大了剥削的领域和剥削的程度,不仅使用男工,而且还使用女工和童工,完成了对工人的最残酷的剥削和统治。其次,资本与雇佣劳动不断对立,将雇佣劳动不断变成过剩人口。"资本同雇佣劳动之间的对立在这里发展成为完全的矛盾,因为,资本不仅是使活的劳动能力贬值的手段,而且也是使它变为过剩的手段:或者对于一定的过程来说使它成为完全过剩的;或者在整体上把它缩减到最低数量。在这里,必要劳动一旦不是提供剩余劳动所必需的,它就会直接变成过剩的劳动,变成过剩人口。"[1]正是因为将工人不断变成过剩人口,因此,工人越来越臣服于资本的统治之下,而无力起来反抗。再次,雇佣劳动的不断再生产成就了资本的不断统治。"总之,作为资本,作为对活劳动能力的统治权,作为赋有自己权力和意志的价值而同处于抽象的、丧失了客观条件的、纯粹主体的贫穷中的劳动能力相对立。劳动能力不仅生产了他人的财富和自身的贫穷,而且还生产了这种作为自我发生关系的财富同作为贫穷的劳动能力之间的关系,而财富在消费这种贫穷时则会获得新的生命力并重新增殖。"[2]活劳动不仅为资本服务,带来剩余价值,活劳动还产生出了束缚自己的关系,产生出了自己的贫穷。这种关系使得工人越劳动越贫穷,越劳动越无法挣脱自己给自己戴上的枷锁。从上面的分析可以看到,随着资本主义机器大工业的发展,资本主义对工人的统治只会越来越牢固,在这种越来越牢固的铁链的束缚下,试图通过工人自己的反抗自己起来推翻资本主义的统治显然是不可能的,那么工人何以能够解放自己呢?

1　《马克思恩格斯全集》第 37 卷,人民出版社 2019 年版,第 197 页。
2　《马克思恩格斯全集》第 30 卷,人民出版社 1995 年版,第 444 页。

在《资本论》中,马克思通过对资本主义内在矛盾的分析,认为资本主义发展到最后,由于生产力的高度发展,资本有机构成不断提高,一般利润率下降,资本主义内在的矛盾不断激化,资本自身会走向灭亡。因此,资本主义最后的灭亡最根本的原因来自资本主义生产方式的自我限制,"资本主义生产方式的限制表现在:1. 劳动生产力的发展使利润率的下降成为一个规律,这个规律在某一点上和劳动生产力本身的发展发生最强烈的对抗,因而必须不断地通过危机来克服。2. 生产的扩大或缩小,不是取决于生产和社会需要即社会地发展了的人的需要之间的关系,而是取决于无酬劳动的占有以及这个无酬劳动和对象化劳动之比,或者按照资本主义的说法,取决于利润以及这个利润和所使用的资本之比,即一定水平的利润率。因此,当生产扩大到在另一个前提下还显得远为不足的程度时,对资本主义生产的限制已经出现了。资本主义生产不是在需要的满足要求停顿时停顿,而是在利润的生产和实现要求停顿时停顿。"[1]资本主义生产方式是有其内在的不可调和的矛盾的,这种内在矛盾本身是自我走向灭亡的根本原因。"一旦这一转化过程使旧社会在深度和广度上充分瓦解,一旦劳动者转化为无产者,他们的劳动条件转化为资本,一旦资本主义生产方式站稳脚跟,劳动的进一步社会化,土地和其他生产资料的进一步转化为社会地使用的即公共的生产资料,从而对私有者的进一步剥夺,就会采取新的形式。现在要剥夺的已经不再是独立经营的劳动者,而是剥削许多工人的资本家了。这种剥夺是通过资本主义生产本身的内在规律的作用,即通过资本的集中进行的。一个资本家打倒许多资本家。随着这种集中或少数资本家对多数资本

1　《马克思恩格斯全集》第 46 卷,人民出版社 2003 年版,第 287—288 页。

家的剥夺,规模不断扩大的劳动过程的协作形式日益发展,科学日益被自觉地应用于技术方面,土地日益被有计划地利用,劳动资料日益转化为只能共同使用的劳动资料,一切生产资料因作为结合的、社会的劳动的生产资料使用而日益节省,各国人民日益被卷入世界市场网,从而资本主义制度日益具有国际的性质。随着那些掠夺和垄断这一转化过程的全部利益的资本巨头不断减少,贫困、压迫、奴役、退化和剥削的程度不断加深,而日益壮大的、由资本主义生产过程本身的机制所训练、联合和组织起来的工人阶级的反抗也不断增长。资本的垄断成了与这种垄断一起并在这种垄断之下繁盛起来的生产方式的桎梏。生产资料的集中和劳动的社会化,达到了同它们的资本主义外壳不能相容的地步。这个外壳就要炸毁了。资本主义私有制的丧钟就要响了。剥夺者就要被剥夺了。"[1]因此,资本主义生产方式要灭亡,不在于工人作为主体意识到自己的被压迫而起来反抗,当资本主义自身的内在矛盾没有完全成熟之前,工人是无法像哈特和奈格里所说的那样成为主体的力量的,而在于资本主义内在矛盾的自我激化,这种内在矛盾是资本主义灭亡的本质原因,在资本主义内在矛盾成熟的时候,雇佣工人会承担起历史的使命推翻资本主义制度,这就是雇佣工人作为主体的力量。

三、马克思对机器大工业进程的内在矛盾的初步分析

在这里需要注意的是,在《57—58 手稿》中,马克思只有一处引用了尤尔的《工厂哲学》,却有多处引用了拜比吉的《论机器和工

---

1 《马克思恩格斯全集》第 44 卷,人民出版社 2001 年版,第 873—874 页。

厂的节约》。这一现象并非偶然,回到《57—58 手稿》中去考察马克思在哪些问题上引用了拜比吉的著作。

在《57—58 手稿》中,马克思对拜比吉的关注体现在以下五个理论点:第一,马克思在考察剩余劳动和剩余时间时,发现剩余劳动本身会使原料增加,而这一观点在拜比吉的著作中已经出现。"在我们目前的研究阶段上,还没有必要考虑下述事实:随着剩余劳动或剩余时间的增加,材料和工具也必须增加。单纯剩余劳动会如何使原料增加,见拜比吉的著作,例如,关于金丝编织品等等。"[1] 从这里可见,拜比吉的理论对于马克思完善剩余价值理论起到了一定的作用。第二,马克思用拜比吉的观点来证明,由于使用了机器,在工作过程中工人的人数在减少。"有些机器,如暖气管,除了在一个地点需要劳动外,别处完全不需要劳动;暖气管在一个地点开放;要把暖气输送到其他地点,就根本不需要工人了。在动力传导方面也是这样(见拜比吉的著作)。"[2] 拜比吉肯定的是,机器的使用会减少工人的使用,但后来他针对这一问题又提出了"补偿说"。第三,马克思肯定了拜比吉关于知识和科学与资本的结合。"拜比吉说:'知识和经验的这种不断进步,是我们的伟大的力量。'这种进步,这种社会的进步属于资本,并为资本所利用。一切先前的所有制形式都使人类较大部分,奴隶,注定成为纯粹的劳动工具。历史的发展、政治的发展、艺术、科学等等是在这些人之上的上层社会内实现的。但是,只有资本才掌握历史的进步来为财富服务。"[3] 也就是说,在资本主义生产方式下,知识和科学已经带上了资本的烙印,他们已经融入了资本的生活过程中。在政

1　《马克思恩格斯全集》第 30 卷,人民出版社 1995 年版,第 309 页。
2　《马克思恩格斯全集》第 30 卷,人民出版社 1995 年版,第 353 页。
3　《马克思恩格斯全集》第 30 卷,人民出版社 1995 年版,第 592—593 页。

治经济学历史上,拜比吉首次提出了资本与科学的结合。第四,拜比吉将机器细分为两种。"机器分为:(1)生产动力的机器;(2)单纯传送动力和完成工作的机器。"[1]与此同时,马克思引用了尤尔对工厂的定义,尤尔强调的是机器体系,马克思在这里将拜比吉与尤尔放在一起是一种对比,以此来肯定尤尔对机器大工业的判断。第五,拜比吉讨论了机器作为固定资本的周转时间问题。"根据拜比吉的说法,在英国,机器的平均再生产是5年;实际的再生产因而也许是10年。"[2]马克思指出拜比吉认为机器的平均周转时间是五年,而马克思认为机器的周转时间应该差不多是10年,这里是说明固定资本的周转时间问题。实际上究竟几年并不是最重要的,重要的是拜比吉发现了固定资本需要周转的周期,并且这个周期对资本主义生产带来很大的影响,它是经济危机的重要原因。

在这里,详细考察一下固定资本的周转时间问题。实际上,马克思非常重视拜比吉的关于固定资本的周转时间的理论。在1858年3月2日,马克思写给恩格斯一封信专门询问恩格斯固定资本的周转时间:"再者,你能否告诉我,隔多少时间——例如在你们的工厂——更新一次机器设备? 拜比吉断言,在曼彻斯特大多数机器设备平均每隔五年更新一次。这个说法在我看来有点奇怪,不十分可信。机器设备更新的平均时间,是说明大工业巩固以来工业发展所经过的多年周期的重要因素之一。"[3]此时,马克思怀疑拜比吉关于机器周转的年限。1858年3月4日,恩格斯回给马克思一封信,这封信的内容不长,专门回答了马克思的这个问

---

1 《马克思恩格斯全集》第31卷,人民出版社1998年版,第88页。
2 《马克思恩格斯全集》第31卷,人民出版社1998年版,第117页。
3 《马克思恩格斯全集》第29卷,人民出版社1972年版,第280页。

题。恩格斯指出,拜比吉认为机器5年就更新这个观点是荒谬的,因为如果机器5年就更新,工业资本就会减少,那么在第一次更新时企业主就会遭到破产,实际上机器周转时间比拜比吉说明的更长。"关于机器设备问题很难说出确切的数字,但无论如何拜比吉是十分错误的。最可靠的标准是每个厂主每年在自己机器设备的折旧和修理上扣除的百分率,这样,厂主在一定时期内就全部补偿了他的机器费用。这一百分率通常为百分之七点五,因此,机器设备的费用在十三年零四个月内就可以由每年收入中的扣除部分而得到补偿,这样,也可以没有亏损地使机器设备完全得到更新。"[1]恩格斯指出,十三年零四个月是机器周转的周期,甚至有的企业里面机器周转需要二十年甚至三十年,也就是说机器周转不是拜比吉说的五年那么短暂。在这里,看上去似乎只是讨论的机器周转的时间问题,实际上,这与以后马克思发现经济危机的周期时间息息相关。而后在3月5日,马克思回复给恩格斯的一封信中说明了这一问题。"非常感谢你对机器设备的说明。十三年这个数字,就其必要性说来,与理论也相符,因为它为多少与大危机重现的周期相一致的工业再生产的周期规定了一个计量单位,而危机的过程从它们间断的时间来看,当然还是由绝然不同的另一些因素所决定的。在大工业直接的物质先决条件中找到一个决定再生产周期的因素对我是很重要的。"[2]虽然固定资本的周转时间不是经济危机的唯一因素,但却是很重要的一个因素。

据笔者考证,这里马克思是误读了拜比吉所分析的周转年限,在《论机器和工厂的节约》第二十九章中,他讲道:"事实上,要使得

1　《马克思恩格斯全集》第29卷,人民出版社1972年版,第281页。

2　《马克思恩格斯全集》第29卷,人民出版社1972年版,第284页。

这些先进的机器有利润,必须承认,在 5 年内他必须回收资金,在十年后就被更好的所替代。"[1]拜比吉认为机器的周转年限是十年而非马克思所理解的五年。实际上固定资本的周转时间不同源自拜比吉和马克思所处的时代不同。拜比吉这本书写于 1832 年,马克思向恩格斯请教这个问题是 1858 年,期间相差二十多年,而这二十多年是工业革命快速发展的时期,是机器大工业快速发展的时期。机器大工业越发展,生产力越发达,固定资本所占的比重越大,从而固定资本周转的时间也越长。时间的差别很重要,五年与十年似乎只是年限上的差别,但是对于分析资本主义的生产方式有很大的影响。五年似乎资本还容易周转,而十年周转的年限相对较长,越往后发展,固定资本所占比重越来越大,越来越难以周转,固定资本的周转方式对资本主义内在矛盾的激化影响很大。

从以上的讨论可以看到,马克思在《57—58 手稿》中虽然对拜比吉的提及或引用只有五次,但已经涉及多方面,从这些引用中可以发现,马克思此时对拜比吉基本是持肯定的态度,而在《57—58 手稿》中马克思只有一处涉及尤尔的《工厂哲学》,由此可见,马克思此时对机器大工业的分析主要停留于拜比吉的水平。当马克思对机器大工业的分析还未进一步深入时,他无法领会尤尔的理论的深刻之处。日本的吉田文和认为"马克思对拜比吉的评价高于对尤尔的评价"[2]。吉田文和的这一判断针对的是马克思在《资本论》中的注,马克思在《资本论》的这一注中已经说得很清楚"他作为数学家和力学家虽然比尤尔高明,但他实际上只是从工场手工

1　Charles Babbage, *The Economy of Machinery and Manufactures*, Cambridge: Cambridge University Press, 2009, p. 285.

2　[日]吉田文和:《对查理·拜比吉〈论机器和工厂的节约〉一书的分析》,《马克思主义研究资料》第 10 卷,中央编译出版社 2013 年版,第 312 页。

业的观点去理解大工业的"[1]。吉田文和的判断是不准确的。实际上,当马克思从工场手工业的视角去理解机器大工业的时候,他的确对拜比吉的关注超过尤尔,而到《61—63手稿》和《资本论》时期,当马克思完全立足于机器大工业上来剖析机器大工业时,他对尤尔的评价就远远超过了拜比吉。

从前面的分析可以看到,马克思在《57—58手稿》中已经开始走向生产过程的深处去分析资本主义的内在矛盾,在这个过程中,马克思将机器概念推进到了固定资本,将工人的劳动推进到了雇佣劳动,但是马克思对资本主义内在机理的分析经尚未完成,判断马克思是否最终完成对资本主义内在矛盾的分析还要从具体层面看马克思所分析的内在矛盾究竟是什么,由此判断马克思的资本批判理论是否最终完成。正是因为马克思此时还没有给予尤尔的理论以足够的重视,因此,他对资本主义机器大工业的内在矛盾的分析还有待进一步深化。

在《57—58手稿》中马克思对资本主义机器大工业的内在矛盾如此论述:"因此,资本按照自己的本性来说,会为劳动和价值的创造确立界限,这种界限是和资本要无限度地扩大劳动和价值创造的趋势相矛盾的。因为资本一方面确立它所特有的界限,另一方面又驱使生产超出任何界限,所以资本是一个活生生的矛盾。"[2] "这里表现出了资本的那种使它不同于以往一切生产阶段的全面趋势。尽管按照资本的本性来说,它本身是狭隘的,但它力求全面地发展生产力,这样就成为新的生产方式的前提,这种生产方式的基础,不是为了再生产一定的状态或者最多是扩大这种状

1　《马克思恩格斯全集》第44卷,人民出版社2001年版,第405页,注(48)。
2　《马克思恩格斯全集》第30卷,人民出版社1995年版,第405页。

态而发展生产力,相反,在这里生产力的自由的、无阻碍的、不断进步的和全面的发展本身就是社会的前提,因而是社会再生产的前提;在这里唯一的前提是超越出发点。这种趋势是资本所具有的,但同时又是同资本这种狭隘的生产形式相矛盾的,因而把资本推向解体,这种趋势使资本同以往的一切生产方式区别开来,同时意味着,资本不过表现为过渡点。以往的一切社会形式都由于财富的发展,或者同样可以说,由于社会生产力的发展而没落了。"[1]从这里可以看到,一方面,马克思从资本的内在矛盾出发去分析资本的必然灭亡,但是,这种资本的内在矛盾来自生产力的发展,也就是说马克思是从生产力的角度出发分析资本的内在的矛盾。另一方面,马克思从历史辩证法的角度出发分析资本的内在矛盾。"但是,决不能因为资本把每一个这样的界限都当作限制,因而在观念上超越它,所以就得出结论说,资本已在实际上克服了它,并且,因为每一个这样的限制都是同资本的使命相矛盾的,所以资本的生产是在矛盾中运动的,这些矛盾不断地被克服,但又不断地产生出来。不仅如此。资本不可遏止地追求的普遍性,在资本本身的性质上遇到了限制,这些限制在资本发展到一定阶段时,会使人们认识到资本本身就是这种趋势的最大限制,因而驱使人们利用资本本身来消灭资本。"[2]不可否认的是,这是马克思历史唯物主义的深化,在这里,资本主义的灭亡已经不再是依赖于阶级斗争,而是依赖于资本运动本身来消灭资本。但是,马克思这里的思路还是比较简单的,还只是描绘了一个未来社会的景观,因为他自己还没有论述怎样必然达到。剩余价值是在生产过程中实现的,但只有

---

1 《马克思恩格斯全集》第 30 卷,人民出版社 1995 年版,第 539 页。
2 《马克思恩格斯全集》第 30 卷,人民出版社 1995 年版,第 390—391 页。

剩余价值的分析还不够,通过剩余价值的分析只能得出资本家对工人的残酷剥削,并不能证明资本主义生产方式本身的必然灭亡。从外在的阶级斗争走向内在的资本本身的矛盾运动已经是理论的重要转向,但此时资本本身的矛盾运动究竟具有什么样的丰富内容,马克思的判断还不十分准确。

后来,在《资本论》中马克思对资本主义内在矛盾的分析十分深刻,即剥削——剩余价值——资本有机构成提高——一般利润率下降——经济危机。虽然这两条线索都是从资本主义内在矛盾出发的,但是在理论路径上是有本质区别。这里要注意的是,实际上马克思的这条线索在《57—58手稿》中已经有所涉及,也就是说,马克思看到了资本主义机器大生产条件下资本有机构成的提高。"可见,对工人来说,要占有必要数额的资本,即在新的生产阶段上在生产中使用劳动所需的最低限额的资本,是越来越不可能了。再生产资本的每个相应部分所需的劳动时间减少了,但是,为了使用较少的劳动时间,就需要有较大量的资本。生产力的增长表现为:同预付在机器等等上的那部分资本相比,由活劳动构成的那部分资本不断减少。"[1]在这里,马克思看到了机器的资本部分越来越大,而活劳动构成的资本部分越来越小,这就是马克思后来的资本有机构成不断提高的雏形。另外,马克思说:"因此,资本作为资本同直接劳动相比在生产过程中所占的份额越是大,因而,相对剩余价值,资本创造价值的能力越是增长,利润率也就按相同的比例越是下降。"[2]在此,马克思已经看到了资本有机构成提高,一般利润率下降,只不过,此时马克思还没有将这些整理成一条脉

1 《马克思恩格斯全集》第30卷,人民出版社1995年版,第582页。
2 《马克思恩格斯全集》第31卷,人民出版社1998年版,第146页。

络,还没有从这个路径去分析资本主义内在矛盾的机理。

　　从《评李斯特》开始到《57—58手稿》为止,尤尔一直都在马克思的理论视域中,在这个过程中,马克思对尤尔的理解也在不断变化。在《评李斯特》中,马克思用尤尔在机器大工业下工人非人的劳动的特点来反对李斯特的理想的劳动;在《哲学的贫困》中,马克思以尤尔作为理论武器来批评蒲鲁东的分工理论和机器观;在《57—58手稿》中,马克思吸收了尤尔对机器大工业的判断,深化了对资本主义机器大工业的理解。在这个过程中,马克思实际上经历了从误解到理解到超越的过程,而这个过程一方面是尤尔影响了马克思对机器大工业上的分析,另一方面也是马克思自身理论在不断深化。接着,在《61—63手稿》和《资本论》中,马克思大量地引用了尤尔的著作,并彻底超越了尤尔。

第四章 马克思在《61—63手稿》及《资本论》中对尤尔的超越

　　在《61—63手稿》和《资本论》中,马克思大量引用了尤尔的著作《工厂哲学》。马克思对尤尔的《工厂哲学》的引用主要集中在两个方面:一方面是从肯定的方面来引用尤尔对资本主义机器大工业的分析,另一方面是从反面批判了尤尔对资本主义制度的辩护。尤尔对机器大工业的分析在理论史上是一个重大的进步,尤尔的理论从古典政治经济学家所关注的流通领域转向生产领域,他看到了机器所带来的生产方式的划时代改变,从本体论的高度去分析机器大工业下的自动化体系。从这个角度看,尤尔影响了马克思理论视域的转变,马克思的理论着眼点从早期的人转向了机器大工业的客观规律。但马克思没有止于对尤尔的分析,在《61—63手稿》和《资本论》中,马克思超越尤尔,在客体线索上最终完成了对工场手工业和机器大工业的分析,在主体线索上深化了对工人观念拜物教的思考,从而他对资本主义的灭亡的分析从阶级斗争转向了资本主义生产方式本身所具有的内在矛盾。

第一节
马克思超越尤尔对工场手工业的理解

在马克思早期的理论中,工场手工业和机器大工业是混沌一片的,甚至马克思的很多理论还是基于工场手工业,这一历史错位导致马克思对资本主义的分析还不够准确,如果不能对工场手工业和机器大工业作出清晰的历史定位,那么对资本主义内在矛盾的分析就是薄弱的。而尤尔,这样一个处于工场手工业和机器大工业之交的理论家清晰地区分了这两者。在《61—63手稿》和《资本论》中,马克思在尤尔的影响下完成了对工场手工业的准确理解,而对工场手工业的理解又有赖于对工场手工业中分工的理解。

一、马克思对工场手工业与机器大工业的深入区分

尤尔在《工厂哲学》中指出了一个很重要的问题,那就是他指出斯密的分工理论的历史局限性。当他从历史性的角度对斯密的分工理论做出评价时,他完成了对工场手工业和机器大工业的区分。他认为斯密时代是工场手工业时代,而现今的时代已经是机器大工业时代。在理论史上,尤尔第一次明确地将资本主义工场手工业和机器大工业进行区分。

第一,尤尔从词源分析的角度区分了工场手工业和机器大工业。在《工厂哲学》的开篇尤尔从"制造"的词源的角度来分析"制造"一词的含义的变迁过程。"制造这个词在它的语言变迁过程中,已经表现出了与它的内在本质相反的意义,现在它表达出用机

器进行的巨大的工厂生产,只有一点点或者根本没有人手的帮助;因此最完美的制造是完全没有人工的制造。因此,工厂哲学阐述了这样一个基本原则,生产工业需要在自动化机器的控制下进行。"[1]尤尔指出,现在所说的"制造"已经与它最初出现的时候发生了变化。在这里,我们需要来回顾一下"制造"这个词的词源,"制造"这个词最初源自后期拉丁语的 manufactura:manu(手)＋factura(工作),意为手工劳作,中古法语的 manufacture。从词源上看,制造这个词本来的含义是用手工制作,但是现在已经演变成了大规模的机器制造。通过词源的变化,尤尔已经从历史的角度区分了手工制造与机器制造的本质区别。能够对工场手工业和机器大工业做出区分是重要的理论进步,而在此之前的理论家还没有人对此作出明确的区分。

第二,尤尔从现实的角度通过对工人在生产中的境况的比较区分了工场手工业和机器大工业。尤尔指出,在工场手工业中,工人在生产过程中要付出很多的劳动和精力,并且生存状况也非常糟糕。"事实上,在观察之后,这是一个令人后悔的事件,在手工制作中,工人的娴熟的技术被购买是牺牲了他的健康和舒适为代价的。在没有变化的操作中,这需要工人付出坚持不懈地灵巧和勤奋,他的手和眼睛必须不断应变,或者如果在一段时间他遭受了工作上的转变并且当工作是基于计时或计件时,雇佣者还是操作者都会遭受接连发生的大量地损失。但是在自动运作的机器普遍化后,这种操作所需要的能力只需要工人能够适当运作;工人因此能免于焦虑或疲劳,并能够找到很多休闲时间用于娱乐和沉思,而不

1　Andrew Ure, *The Philosophy of Manufactures*, London: Charles Knight, 1835, p. 1.

　　　　　　　　　尤尔的《工厂哲学》对马克思哲学发展的影响

会损害他的管理者的利益和他自己的利益。当他的工作包括了有规则的机器，他便能够在短时间内学会使用它；当他能够从一台机器到另一台机器上工作时，通过从他和他的同伴的劳动中，思考这些基本的联合，拓宽了他的工作面，拓宽了他的视野。"[1]"兰开夏的工厂机器的生产在生产力和技术上都远远超过伦敦的手工技工，而手工技工在一定程度上，仍然是机器的奴隶！前者几乎熟悉每一个物理机器的联合，而后者除了知道他每天的针头部分的操作之外很少涉及其他的。"[2]尤尔对工场手工业和机器大工业条件下的工人的劳动进行比较，他指出，在工场手工业下，工人的劳动非常辛苦，赚取的工资也非常少；在机器大工业下，工人的工作非常舒适，只需要简单的操作能力拥有更多的精力和智力。通过两者的比较，尤尔认为机器大工业优于工场手工业，实际上，尤尔这是在为资本主义机器大工业辩护。

马克思在《形态》中就已经区分了工场手工业和机器大工业，但是囿于当时的理论水平，他是站在斯密的理论基石上从分工的角度区分这两者，因而他对这一问题的认识还没有达到尤尔的水平。随着马克思自身理论水平的不断进步，在《61—63手稿》和《资本论》中，马克思认识到了尤尔这一判断的正确性。

在前面已经提到，尤尔在《工厂哲学》中明确地指出，斯密的理论只属于斯密那个时代的理论，而那个时代就是工场手工业。"当亚当·斯密撰写他的政治经济学原理这一不朽的著作时，工业中的自动体系几乎还无人知道。他完全有理由把分工看作改进工场

1　Andrew Ure, *The Philosophy of Manufactures*, London: Charles Knight, 1835, p. 22.

2　Andrew Ure, *The Philosophy of Manufactures*, London: Charles Knight, 1835, p. 23.

手工业的伟大原则,他看到,根据这个原则,在每个生产部门里,有一些作业……越来越容易完成,另外一些作业……相对来说是比较难的,由此他得出的结论是,自然可以指派一些按技能付给报酬的工人到每一项比较难的作业中去。"[1]对此,马克思说:"这段话确切地表明,这里所谈到的其实亚当·斯密实际上也谈到的分工,不是大多数极不相同的社会状态所固有的一般范畴,而是一种与资本的特定历史发展阶段相适应的完全特定的历史性的生产方式;这种生产方式即使在亚当·斯密那里表现为唯一占统治地位的压倒的形式,但是就在他那个时代甚至已经属于资本主义生产的已被制服的和已成为过去的发展阶段。"[2]从这里可以看到,马克思已经深刻地认识到了工场手工业和机器大工业是资本主义发展的不同阶段,并且已经认识到分工是工场手工业的典型特征,并从历史的角度对工场手工业和机器大工业进行了区分。而在《形态》中,马克思还是用分工来展开对机器大工业的讨论的。由此可见,马克思对工场手工业已经有了清晰的历史定位。但是,马克思并没有止于尤尔对工场手工业的理解,由于马克思自身的理论水平的提高,他对工场手工业的理解更深一层。

首先,马克思明确了工场手工业的特征。在对工场手工业和机器大工业进行区分的基础上,马克思明确了工场手工业的特征:"局部工人及其工具构成工场手工业的简单要素。"[3]首先分析构成工场手工业的要素之一:局部工人。在手工业条件下,劳动者进行独立的劳动,那是完整的劳动。在工场手工业条件下,因为分

1　Andrew Ure, *The Philosophy of Manufactures*, London: Charles Knight, 1835, p. 19.

2　《马克思恩格斯全集》第 32 卷,人民出版社 1998 年版,第 342 页。

3　《马克思恩格斯全集》第 44 卷,人民出版社 2001 年版,第 396 页。

工，工人不能进行完整的劳动，只进行局部的劳动，工人已经不再是一个独立的人的存在，而是众多工人合起来成为一个完整的人，个人则沦为一个总机构的器官。再来分析构成工场手工业的另外一个要素：工具。马克思指出，在工场手工业下，工人使用的生产资料是工具。实际上，马克思也看到了在工场手工业中已经出现了机器，不过工场手工业下的机器不同于机器大工业下的机器，它的地位和作用都不同。在工场手工业下分工位于主要地位，机器位于次要地位，对于这一问题，马克思肯定了斯密的理论："但总的来说，正如亚当·斯密指出的，机器在分工之旁起着次要的作用。"[1]斯密这一理论本身就是基于工场手工业的分析。与此同时，在工场手工业下，人还是生产的主体，虽然这里的人是总体工人。"工场手工业时期所特有的机器始终是由许多局部工人结合成的总体工人本身。一种商品的生产者顺序地完成的、在其全部劳动过程中交织在一起的各种操作，向商品生产者提出各种不同的要求。在一种操作中，他必须使出较大的体力；在另一种操作中，他必须比较灵巧；在第三种操作中，他必须更加集中注意力，等等；而同一个人不可能在相同的程度上具备这些素质。在各种操作分离、独立和孤立之后，工人就按照他们的特长分开、分类和分组。如果说工人的天赋特性是分工赖以生长的基础，那么工场手工业一经建立，就会使生来只适宜于从事片面的特殊职能的劳动力发展起来。现在总体工人具备了技艺程度相同的一切生产素质，同时能最经济地使用它们，因为他使自己的所有器官个体化而成为特殊的工人或工人小组，各自担任一种专门的职能。"[2]由此，

---

1 《马克思恩格斯全集》第 44 卷，人民出版社 2001 年版，第 403—404 页。
2 《马克思恩格斯全集》第 44 卷，人民出版社 2001 年版，第 404 页。

马克思认为,工场手工业还是以人为主体的生产方式,而机器大工业却是以机器为主体的生产方式,可见,这是两种不同的生产方式。马克思从生产方式的角度区分了这两者,在这一点上超越了尤尔。

其次,马克思透过工人在工场手工业中的处境看到了劳动力剩余与剩余劳动之间的关系。马克思说:"在工场手工业中,总体工人从而资本在社会生产力上的富有,是以工人在个人生产力上的贫乏为条件的。"[1]"与等级制度的阶梯相并列,工人简单地分为熟练工人和非熟练工人。对后者说来完全不需要学习费用,而对前者说来,由于职能的简化,学习费用比手工业者要低。在这两种场合,劳动力的价值都降低了。但也有例外,当劳动过程的分解产生了一些在手工业生产中根本没有过的,或者不是在同样大的范围内有过的新的综合的职能时,就是如此。由学习费用的消失或减少所引起的劳动力的相对贬值,直接包含着资本的更大的增殖,因为凡是缩短劳动力再生产所必要的时间的事情,都会扩大剩余劳动的领域。"[2]尤尔是从经验层面来描述工人在工场手工业的生产过程中的悲惨状况,而马克思已经不仅仅停留于现象层面来看工人在工场手工业中的遭遇,他从更深的层面对工人的处境进行分析。他发现,在工场手工业中对工人的劳动技巧和能力的需求的降低带来的是劳动力的相对贬值和资本的增殖,这样的状况继续发展下去就会带来剩余劳动。后来,马克思在分析机器大工业时发现,在工场手工业中出现剩余劳动还只是小规模的,而机器大工业的发展带来的却是大规模的剩余劳动。

---

1 《马克思恩格斯全集》第 44 卷,人民出版社 2001 年版,第 418 页。
2 《马克思恩格斯全集》第 44 卷,人民出版社 2001 年版,第 406 页。

再次,马克思将工场手工业进一步细分为混成的工场手工业和有机的工场手工业。他指出这两种工场手工业的不同特征:"制品或者是由各个独立的局部产品纯粹机械地装配而成,或者是依次经过一系列互相关联的过程和操作而取得完成的形态。"[1] 从这里可以看到,混成的工场手工业指的是将整体的劳动分为局部的劳动,这些局部劳动互相独立,在最后的阶段才将这些局部劳动的产物进行组合成为一个完整的制品。而有机的工场手工业指的是劳动要顺次经过一系列的阶段:"第二类工场手工业,是工场手工业的完成形式,它生产的制品要经过相互联系的发展阶段,要顺序地经过一系列的阶段过程,例如,制针手工工场的针条要经过 72 个甚至 92 个专门的局部工人之手。"[2] 表面看来,这两种生产方式类似,实际有本质区别。混成的工场手工业的各个劳动者之间的劳动是相互独立的,这些独立的劳动在最后一道工序进行组合。而有机的工场手工业的劳动者之间的劳动是相互联系不可分割的,并且环环相扣,哪个环节出现问题,整个过程就会被中断。马克思说,有机的工场手工业是工场手工业的完成形式。马克思对工场手工业的分析指的都是这里的有机的工场手工业。马克思在这里要强调的是工场手工业的劳动过程是连续的、不能断裂的,发现这一特征为分析机器大工业打下了基础,在机器大工业下,生产过程也是连续的、不能断裂的。但是,工场手工业下不能断裂的是劳动过程,而在机器大工业下不能断裂的是机器体系的运转。

最后,尤尔虽然区分了工场手工业和机器大工业,但是他并没

1　《马克思恩格斯全集》第 44 卷,人民出版社 2001 年版,第 397 页。

2　《马克思恩格斯全集》第 44 卷,人民出版社 2001 年版,第 398 页。

有说明这两者之间的关系,而马克思进一步分析了两者之间的关系。马克思认为,工场手工业阶段是资本主义发展的一个重要的阶段,它为向机器大工业的发展奠定了坚实的基础。一方面,工场手工业这一生产方式本身迫使单个资本大量增加。"人数较多的工人受同一资本指挥,既是一般协作的自然起点,也是工场手工业的自然起点。反过来,工场手工业的分工又使所使用的工人人数的增加成为技术上的必要。"[1]从这里可以看到,在工场手工业这一生产方式下,由于分工,本来一个人可以完成的工作被分配给很多人去完成,这样单个资本的统治增加了工人人数。并且,由于分工的原因,在生产扩大的过程中,人数的增加不是随意的,它是按倍数增加的。"因此,工场手工业的分工不仅使社会总体工人的不同质的器官简单化和多样化,而且也为这些器官的数量大小,即为从事每种专门职能的工人小组的相对人数或相对量,创立了数学上固定的比例。工场手工业的分工在发展社会劳动过程的质的组成的同时,也发展了它的量的规则和比例性。如果各个不同的局部工人小组之间最合适的比例数,已由经验为一定的生产规模确定下来,那么,只有使每个特殊工人小组按倍数增加,才能扩大这个生产规模。"[2]很显然,这一观点受到了拜比吉的影响。拜比吉说:"针对各种工厂的产品的特殊性质,采取最有效的办法来分工得到一个工序数,这个数表明应雇佣的工人人数,而一切不按照这个数的准备倍数行事的工厂,必将花费较高的成本去制造产品。"[3]如果在手工业条件下,各个资本家还能以自由自愿的方式

---

1 《马克思恩格斯全集》第 44 卷,人民出版社 2001 年版,第 416 页。
2 《马克思恩格斯全集》第 44 卷,人民出版社 2001 年版,第 401 页。
3 Charles Babbage, *The Economy of Machinery and Manufactures*, Cambridge: Cambridge University Press, 2009, p. 212.

增加资本、增加工人、扩大生产规模，个别资本的增加还可以缓慢地进行，那么在工场手工业的生产方式下，资本家就不能随意地扩大生产了，资本扩大规模需要遵循"倍数原则"。这一原则带来的结果就是在生产规模不断扩大的过程中，每一资本以很快的速度不断增加，而一定的资本规模是建立机器大工业生产的基础。从这里可以看到，资本积累的要求来自资本主义生产方式本身，而不是斯密这些政治经济学家所说的由于资本家的节约。"因此，单个资本家手中的资本最低限额越来越增大，或者说，社会的生活资料和生产资料越来越多地转化为资本，这是由工场手工业的技术性质产生的一个规律。"[1]

另一方面，工场手工业因为不能满足资本内在的需求从而导致新的生产方式的出现。尤尔在分析工场手工业的时候指出，在工场手工业中，虽然生产过程因为分工被肢解，但是依然需要工人熟练的技术，因此，当工人不满意资本家的剥削的时候，工人就会起来反抗，起来斗争、罢工，从而资本家的利益就会受到损失，所以，在工场手工业下，资本家还是受制于工人的技术与能力的。马克思认同尤尔的这一观点："因为手工业的熟练仍然是工场手工业的基础，同时在工场手工业中执行职能的总机构没有任何不依赖工人本身的客观骨骼，所以资本不得不经常同工人的不服从行为作斗争。"[2]在分析这一问题时，马克思引用了尤尔的著作："人类天性的弱点如此之大，以致工人越熟练，就越任性，越难驾驭，因此，工人不驯服的脾气给总机构造成巨大的损害。"[3]解决问题的

1　《马克思恩格斯全集》第 44 卷，人民出版社 2001 年版，第 416 页。
2　《马克思恩格斯全集》第 44 卷，人民出版社 2001 年版，第 425 页。
3　Andrew Ure, *The Philosophy of Manufactures*, London: Charles Knight, 1835, p. 20.

方式就是不断地制造不再受制于工人的新的生产工具,那就是新的机器。由此可见,这一观点所要表达的思想就是从工场手工业到机器大工业的生产方式的转变的原因来自工人的不驯服。但是尤尔只看到现象层面的原因,马克思在此基础上进一步分析,他发现,工场手工业之所以发展到机器大工业是因为工场手工业这一生产方式自身的局限性。"在这种场合,不同的结合的工场手工业成了一个总工场手工业在空间上多少分离的部门,同时又是各有分工的、互不依赖的生产过程。结合的工场手工业虽有某些优点,但它不能在自己的基础上达到真正的技术上的统一。这种统一只有在工场手工业转化为机器生产时才能产生。"[1]马克思指出,各个工场手工业部门都为其他工场手工业部门提供原料或产品,但是因为彼此是互补依赖的生产过程,所以并不能达成技术上的统一,这是工场手工业自身的限制,能够实现技术上的统一的是以机器为基础的机器大生产。"机器使手工业的活动不再成为社会生产的支配原则。因此,一方面,工人终生固定从事某种局部职能的技术基础被消除了。另一方面,这个原则加于资本统治身上的限制也消失了。"[2]马克思在这里分析地非常深刻,用机器代替工人表面上看是为了突破工人的不驯服所带来的对资本的限制,其根本原因在于解除资本统治身上的自身的限制,是资本自身挣脱了其自身的枷锁。尤尔只看到了表层的现象,而没有看到其本质原因。后来,马克思看到从工场手工业到机器大工业就是资本本身不断挣脱其自身枷锁的过程,而同时又给自身建构了更加坚固的枷锁。

---

1 《马克思恩格斯全集》第 44 卷,人民出版社 2001 年版,第 403 页。
2 《马克思恩格斯全集》第 44 卷,人民出版社 2001 年版,第 426 页。

二、马克思对两种不同的分工形式的深入区分

在理论史上,尤尔第一次从历史性的角度指出斯密的分工理论是适用于斯密那个工场手工业时代的,而现在已经是机器大工业,斯密的分工理论不再适用于机器大工业。尤尔的这一判断是非常准确的,但是尤尔没有进一步指出斯密的分工理论中所存在的一个问题,那就是斯密混淆了两种分工,即社会分工和工场内部的分工,也没有进一步思考机器大工业下是否存在分工。在《61—63手稿》和《资本论》中,马克思肯定了尤尔对斯密的理论的评价,并且在此基础上形成了成熟的分工理论。

首先,马克思准确区分了两种分工。在《形态》中,马克思站在斯密的理论基石上分析机器大工业,用斯密的分工理论来贯穿他的思想的始终。分工理论在斯密的理论体系中确实占据着非常重要的位置,不得不肯定,斯密的分工理论是非常重要的。约瑟夫·熊彼特这样评论道:"无论在斯密以前还是在斯密以后,都没有人想到要如此重视分工。"[1]"第一篇前三章讨论的是分工。这是整座建筑物中最古老的一部分……是《国富论》全书中最精炼的部。"[2]但是,斯密的分工理论中存在着一个缺陷,就是他混淆了两种分工,即社会分工和工场内部分工。

在《国富论》的开篇,斯密用一个扣针制造业的事例来说明生产过程内部的分工。"一个人抽铁线,一个人拉直,一个人切截,一个人削尖线的一端,一个人磨另一端,以便装上圆头。要做圆头,

---

1 [美]熊彼特:《经济分析史》第1卷,陈锡龄译,商务印书馆1991年版,第285页。
2 [美]熊彼特:《经济分析史》第1卷,陈锡龄译,商务印书馆1991年版,第161页。

就需要有两三种不同的操作。装圆头,涂白色,乃至包装,都是专门的职业。这样,扣针的制造分为十八种操作。"[1] 斯密通过扣针制造业的说明,分析了一个完整的制造扣针的工作是如何被分为了十八种操作,由此可见,斯密这里的分工指的是生产过程中的分工。接着,他话锋一转就转向了各个行业的分工,也就是社会分工:"各种行业之所以各个分立,似乎也是由于分工有这种好处。"[2] 从这里可以看到,在斯密的理论视域中,生产内部的分工和社会分工之间的区别没有被清晰地捕捉,社会分工只是在更广层面上的分工,两者没有本质区别,尤尔没有注意到斯密的这一理论缺陷。

马克思在《哲学的贫困》中就已经区分了这两种分工,但是囿于他当时的经济学理论水平的局限性,他并没有能够真正分清这二者。在《61—63 手稿》和《资本论》中,马克思对这一问题有了更深刻的理解,分析了这两者之间的区别与联系。

马克思厘清了斯密在分工理论上的错误:"亚当·斯密经常混淆这些极不相同、虽然互相补充但从某种意义上来说也互相对立的分工。英国后来的著作家为了避免混乱,把第一类分工称为 division of labour(分工),把第二类分工称之为 subdivision of labour(细分工),然而这并没有表明概念上的区别。"[3] 马克思明确指出斯密混淆了两种分工,他认为生产内部的分工与社会分工是两种有本质区别的分工。

马克思详细地说明了两种分工的区别:"第一类分工表现为:

1　[英]亚当·斯密:《国民财富的性质和原因的研究》上,郭大力、王亚南译,商务印书馆 2012 年版,第 6 页。

2　[英]亚当·斯密:《国民财富的性质和原因的研究》上,郭大力、王亚南译,商务印书馆 2012 年版,第 7 页。

3　《马克思恩格斯全集》第 32 卷,人民出版社 1998 年版,第 304 页。

某个特殊劳动部门的产品作为特殊的商品，与其他一切劳动部门的作为不同于这种特殊商品的独立商品的产品相对立。相反，第二类分工发生在一个特殊的使用价值当做特殊的、独立的商品进入市场或进入流通之前的生产中。在第一种情况下，各种不同的劳动通过商品交换互相补充。在第二种情况下，各种特殊劳动在资本指挥下通过直接的、不以商品交换为中介的协作生产同一种使用价值。在第一类分工中，生产者作为独立的商品所有者和特殊劳动部门的代表互相对立。相反，在第二类分工中，他们表现为不独立的，因为他们只有通过协作才能生产出一个完整的商品，即一般商品，其中每一个人不是代表一种特殊劳动，而只代表联合、汇集在一种特殊劳动中的个别操作，而整个商品的所有者即生产者，作为资本家与他们——不独立的工人——相对立。"[1] 从这里，可以看到，社会分工与生产内部分工是两种不同的分工，两者有本质区别。具体体现在以下两点：

第一，社会分工与工场内部分工存在的基础不同。社会分工是从产品向商品的发展过程中产生的，存在的基础是交换。"社会内部的分工以及个人被相应地限制在特殊职业范围内的现象，同工场手工业内部的分工一样，是从相反的两个起点发展起来的。……不同的共同体在各自的自然环境中，找到不同的生产资料和不同的生活资料。因此，它们的生产方式、生活方式和产品，也就各不相同。这种自然的差别，在共同体互相接触时引起了产品的互相交换，从而使这些产品逐渐转化为商品。交换没有造成生产领域之间的差别，而是使不同的生产领域发生关系，从而使它们转化为社会总生产的多少互相依赖的部门。在这里，社会分工

1　《马克思恩格斯全集》第 32 卷，人民出版社 1998 年版，第 303—304 页。

是由原来不同而又互不依赖的生产领域之间的交换产生的。"[1]当个人只是生产使用价值,生产自己的生活资料的时候,这个时候是没有社会分工的,当个人生产不能满足自己所需,需要从别人那里获得的时候,就出现了交换,是因为交换的扩大才产生了社会分工。社会分工指的是不同的生产部门生产不同的商品,不同的商品之间进行交换,互通有无。社会分工的基础是商品交换,社会分工的理论视域是流通过程。

工场手工业内部分工是在商品生产的基础上,在生产商品的劳动过程中,个人作为生产者相互协作生产出完整的商品,个人完成的劳动只是整体劳动的一部分,各个个人在资本的统治之下。生产内部的分工存在的基础是商品的生产过程,作为个人的生产者不能离开生产过程。"但是,使牧人、皮匠和鞋匠的独立劳动发生联系的是什么呢?那就是他们各自的产品都是作为商品而存在。反过来,工场手工业分工的特点是什么呢?那就是局部工人不生产商品。"[2]所以,在工场手工业中,因为分工,工人无法作为完整的商品生产者而存在,从而也就无法独立存在。

马克思之所以此时能够区分这两种分工是因为马克思此时的经济学水平已经很高,在他的理论视域中已经能够将流通过程和生产过程区分开,实际上,只有将流通过程和生产过程区分开才能区分两种分工。在流通过程中,看到的就是社会分工,在生产过程中,看到的就是生产内部分工。

第二,社会分工与工场内部分工所存在的历史时期不同。马克思指出,斯密混淆两种分工是因为他的理论的非历史性,他不知

1　《马克思恩格斯全集》第 44 卷,人民出版社 2001 年版,第 407—408 页。
2　《马克思恩格斯全集》第 44 卷,人民出版社 2001 年版,第 411 页。

道分工是工场手工业特有的存在方式。"可见,亚当·斯密没有把分工理解为特殊的、别具一格的、标志着资本主义生产方式的特征的形式。"[1]工场内部分工是工场手工业特有的产物,前面已经指出马克思的这个观点受到了尤尔的影响。在此基础上,马克思进一步从历史的视角区分了两种分工。"整个社会内的分工,不论是否以商品交换为中介,是各种经济的社会形态所共有的,而工场手工业分工却完全是资本主义生产方式的独特创造。"[2]这里,马克思是用历史唯物主义理论来分析两种分工的区别。

工场手工业分工与社会分工虽然本质不同,但又有其内在的联系。一方面,先有广泛的社会分工,而后有工场手工业内部分工。实际上,工场手工业内部分工是在社会发展到一定阶段,生产过程从产品生产走向商品生产才出现的。"因此,如果产品互相作为商品存在,因而个人作为商品所有者存在,并在进一步的发展中作为卖者和买着存在,这本身要以社会分工为前提,——因为没有分工,个人就不会生产商品,而是直接生产使用价值、自身的生活资料,——那么,它进一步就会以一定的社会分工为前提,即以这样一种分工为前提,这种分工在形式上是绝对偶然的,取决于商品生产者的自由意志和行动。"[3]社会分工产生之后,才有了工场手工业的分工,社会分工是生产内部分工的基础,工场手工业分工是在社会分工的基础上发展起来的。"这种以产品作为商品的存在和商品交换的存在为前提的社会分工,与我们现在所考察的分工有本质的区别。后一类分工以第一类分工为自己的出发点和基

1　《马克思恩格斯全集》第 32 卷,人民出版社 1998 年版,第 306 页。
2　《马克思恩格斯全集》第 44 卷,人民出版社 2001 年版,第 415—416 页。
3　《马克思恩格斯全集》第 32 卷,人民出版社 1998 年版,第 359 页。

础。"[1]另一方面,工场手工业分工和社会内部分工又是相互促进的。社会内部分工达到一定程度出现工场手工业分工,工场手工业的分工又会进一步促进社会内部分工。"因为商品生产和商品流通是资本主义生产方式的一般前提,所以工场手工业的分工要求社会内部的分工已经达到一定的发展程度。相反地,工场手工业分工又会发生反作用,发展并增加社会分工。"[2]在工场手工业这一生产方式下,社会内部的分工不断扩大和细化。

与此同时,社会分工和生产内部分工又是一对矛盾。社会分工是自然形成的,是资本家自由支配的,生产什么商品,生产多少完全是资本家个人的事情,取决于资本家个人的意愿。而在生产过程内部,如何分工却是由资本家或者资本本身决定的,工人本身完全不能决定分工的内容。"在工厂内部,各种不同的操作按计划系统地实行分配,各种工人按照某种规则被固定在这些操作上,这种规则对工人来说是一种强制性的、异己的、从外部强加于工人的法律。同样,结合劳动的联系即结合劳动的统一对个别工人来说是资本家的意志、人格的统一、支配和监督;工人自己的协作也完全一样,这种协作对他们来说不表现为他们的行为,不表现为他们自身的社会存在,而表现为把他们结合在一起的资本的存在,表现为资本在直接生产过程即劳动过程本身中的某些存在形式。相反,在社会内部,分工表面上是自由的,也就是说,在这里是偶然的,尽管有某种内在联系,但是这种内在联系同样既是互相独立的商品生产者的客观情况的产物,又是他们的意志的产物。不管作为特殊的资本主义生产方式的分工,即工厂内部的分工同整个社

---

1 《马克思恩格斯全集》第32卷,人民出版社1998年版,第303页。
2 《马克思恩格斯全集》第44卷,人民出版社2001年版,第409页。

会的分工如何对立,不管它们本质上如何不同,它们双方是互相制约的。"[1]这两种分工统一在资本主义生产方式中,同时这种社会生产的无序性和生产内部的有序性构成了资本主义生产方式自身的内在矛盾。

其次,马克思准确分析了工场手工业中的分工。斯密的分工理论有其存在的历史意义,但是斯密只是简单地把分工当作资本主义社会生产力提高的原因。"劳动生产力上最大的增进,以及运用劳动时所表现的更大的熟练、技巧和判断力,似乎都是分工的结果。"[2]斯密以制造扣针为例来说明分工带来生产力的提高。从斯密的事例中,我们确实可以看到分工大大促进了生产力的发展,但是仅仅将分工看作提高生产力的手段是片面的。"斯密的独到之处就在于他把分工放在首位,并且把分工片面地(因而从经济上来说是正确的)看作提高劳动生产力的手段。"[3]在《61—63手稿》中,马克思超越了斯密的分工理论,形成了自己对分工的深刻理解。"很清楚,亚当·斯密没有把分工看作是资本主义生产方式所特有的东西,他没有看到分工同机器和简单协作一起不仅仅在形式上改变了劳动,而且由于把劳动从属于资本而在实际上使劳动发生了变化。"[4]资本主义工场手工业下的分工有其特定的历史存在的意义。分工带来的是劳动方式本身的变化,从而引起生产方式的变化。

第一,分工肢解了劳动者并使得工人畸形化,这是一种新的剥削手段。"工场手工业分工不仅只是为资本家而不是为工人发展

---

1 《马克思恩格斯全集》第32卷,人民出版社1998年版,第355—356页。
2 〔英〕亚当·斯密:《国民财富的性质和原因的研究》上,郭大力、王亚南译,商务印书馆2012年版,第5页。
3 《马克思恩格斯全集》第32卷,人民出版社1998年版,第315页。
4 《马克思恩格斯全集》第32卷,人民出版社1998年版,第309页。

社会的劳动生产力,而且靠使各个工人畸形化来发展社会的劳动生产力。它生产了资本统治劳动的新条件。因此,一方面,它表现为社会的经济形成过程中的历史进步和必要的发展因素,另一方面,它表现为文明的和精巧的剥削手段。"[1]而工场手工业下,由于分工,工人被肢解,工人在工作中不再从事整个商品的生产,而是仅仅生产商品的局部。不仅如此,工人由于长期只从事局部生产,于是就失去了完成完整工序的能力,在这个过程中,工人的劳动被畸形化。马克思的这一观点受到了尤尔的影响。马克思在《形态》中受斯密的影响,认为分工带来人的片面性,在这里,马克思讲人的畸形化,看似相同,实际上有本质的区别。在《形态》中,马克思是从人性的角度来讲分工导致人的片面性,在这里,马克思将劳动放在了现实的生产过程,看到了人的畸形化。更重要的是,马克思看到了将人畸形化恰恰是资本主义生产方式下资本家剥削工人的一种手段。

第二,分工完成了资本对劳动的统治。"由于工人的劳动能力转化为就其总体来说构成工场的那个总机构中某一部分的简单职能,因此工人就不再是商品的生产者了。他只是某种片面操作的生产者,这种操作一般来说只有同构成工场的整个机构发生联系,才能生产某种东西。因此,工人是工场的活的组成部分,他通过他的劳动方式本身变成了资本的附属物,因为他的技能只能在一个工场里,只是作为一个代表资本的存在而与工人相对立的机构的环节才能发挥作用。"[2]在工场手工业中,因为工人自身被肢解,导致他离开这个整体就一无是处。工人已经被牢牢地控制在资本的

---

1 《马克思恩格斯全集》第 44 卷,人民出版社 2001 年版,第 422 页。

2 《马克思恩格斯全集》第 32 卷,人民出版社 1998 年版,第 319 页。

统治之下。"在这里[在分工的条件下],资本主义生产方式已经从本质上控制并改变了劳动。这已经不再只是工人对资本的形式上的从属:即工人在他人的指挥和监督下为他人劳动。"[1]在工场手工业下,由于分工,工人不再是表面上的在资本家控制之下的劳动,而是在资本的控制之下劳动,这个时候,劳动对资本的从属实现了从形式上的从属到实质上的从属的转变。

第三,分工提高了资本的生产力。斯密从经验层面看到了分工带来了生产力的提高,而本质上分工带来的是资本的生产力的提高。"他们从一开始就把分工看作资本的生产力,因为他们所强调和看到的几乎只是这样一种情况,即由于分工,商品变得更便宜了,生产某个商品所需的必要劳动时间减少了,或者说,在同样的必要劳动时间内能生产出更多的商品,因而单个商品的交换价值降低了。他们把全部注意力放在交换价值的这一方面,——而这一点也是他们的现代观点的所在。当然,这对于把分工当作资本的生产力的观点来说,是具有决定意义的,因为分工之所以是资本的生产力,只是由于它使再生产劳动能力所需要的生活资料变得更便宜了,使再生产这些生活资料所需要的劳动时间减少了。"[2]从流通过程转向生产过程,我们就可以看到,因为分工使得商品变得便宜从而使得再生产工人的劳动力变得便宜。而资本主义生产方式下的工人已经失去了独立性,即使工资水平降低、劳动时间变长以及劳动强度增强也不得不服从于资本的统治。"这样,不仅工人自身再生产所必需的费用大大减少,而且工人终于毫无办法,只有依赖整个工厂,从而依赖资本家。在这里,像在其他各处一样,必须把社会生产过

---

1 《马克思恩格斯全集》第 32 卷,人民出版社 1998 年版,第 318 页。
2 《马克思恩格斯全集》第 32 卷,人民出版社 1998 年版,第 309—310 页。

程的发展所造成的较大的生产率同这个过程的资本主义剥削所造成的较大的生产率区别开来。"[1] 由此可见,斯密说分工提高了劳动生产力仅仅是表面现象,在分工这种生产方式下,资本家可以以前所未有的方式剥削工人,从而获得更多的剩余价值。所以从深层次来看,分工提高的是资本的生产力。

最后,马克思准确分析了机器大工业条件下的分工。从以上的分析可以看到,分工是工场手工业特有的,那么资本主义从工场手工业发展到机器大工业,在机器大工业下分工是否还存在呢?马克思对这个问题作出了进一步的回答。"机械工厂所代替的是:(1) 以分工为基础的工场手工业;(2) 独立的手工业企业。虽然(1)机械工厂用机器代替了由协作造成的力量,否定了简单协作,(2)它消灭了以分工为基础的协作或工场手工业,否定了分工,但是,在机械工厂本身中既有协作,又有分工。"[2] 在这里我们可以看到,机器大工业消灭的是手工业的分工,但在机械大工业中也依然存在着分工,这是两种不同的分工,机器大工业下的分工具有新的内容。

马克思发现,分工划分的依据在不同的生产方式下是不同的。在工场手工业中,分工依据的是个人的能力。最先看清楚这个问题的是尤尔。马克思在《61—63 手稿》中引用了尤尔的一段话:"在力学发展的早期阶段,机器制造厂展示了各种等级的劳动的分工;锉刀、钻头、车床各有其相应技能的工人。但是,使用锉刀和钻头的工人的技能现在却被刨床、切槽床和钻床所代替,而切削金属的车工的技能却被机械车床所代替。"[3] 马克思在这里引用尤尔的

1　《马克思恩格斯全集》第 44 卷,人民出版社 2001 年版,第 486 页。
2　《马克思恩格斯全集》第 37 卷,人民出版社 2019 年版,第 148 页。
3　转引自《马克思恩格斯全集》第 47 卷,人民出版社 1979 年版,第 363 页。

这段话来说明工场手工业下的分工与机器大工业下的分工是不同的:"一方面,工厂手工业中发展起来的分工在机械工厂内部重新出现,虽然规模很小;另一方面,我们在下面将会看到,机械工厂又把以分工为基础的工场手工业的最重要的原则废除了。"[1]马克思这里所说的这个"最重要的原则"就是以工人的劳动技术等级为基础的分工原则,而机器分工已经打破了这个分工原则。后来,在《资本论》中,马克思在一个注中特地引用了尤尔的著作再次说明了这个问题:"尤尔博士在颂扬大工业时,比那些不像他那样有论战兴趣的前辈经济学家,甚至比他的同时代人,如拜比吉(他作为数学家和力学家虽然比尤尔高明,但他实际上只是从工场手工业的观点去理解大工业的),更加敏锐地感觉到工场手工业的特点。尤尔说:'使工人适应于一种特殊的操作是分工的实质。'另一方面,他认为,分工是使'劳动适合于不同的个人才能',最后,他把整个工场手工业制度说成是'一种按熟练程度分级的制度',是'按不同熟练程度实行的分工'。(散见尤尔《工厂哲学》第 19—23页)"[2]很显然,在这一观点上,马克思受到了尤尔的影响。在工场手工业中,将生产过程划分为不同的部分,在将工人分配给这些劳动过程时,依据不同的个人能力和不同的熟练程度进行划分,在使用劳动工具时需要什么样的技术和熟练程度就使用什么样的工人。

在机器大工业下,分工不再是根据个人的才能,而是根据机器体系的需要进行划分。尤尔指出,在机器体系下,分工是按照机器体系本身来分工的。"所以,自动体系的原则是:用机械技巧代替

1　《马克思恩格斯全集》第 47 卷,人民出版社 1979 年版,第 363 页。
2　《马克思恩格斯全集》第 44 卷,人民出版社 2001 年版,第 405 页,注(48)。

手工技巧,把生产过程分成它的各个组成部分,来代替各个手工业者之间的分工。"[1]尤尔已经看到机器大工业体系下的分工是按照机器本身的原则进行分工,已经不同于手工劳动下的分工。在此基础上,马克思进一步分析道:"相反,这种机械工厂的特点是工人职能的普遍划一,因此,真正从事机器劳动的工人,只需很短时间,并且无须大力培训,就能从一种机器转到看管另一种机器。在工场手工业中,分工的形成,是由于待完成的特殊作业只能由特殊专业化的劳动能力来完成;因此,这里不仅应该按这些专业组配备劳动,而且应该按这些专业组实行真正的分工。相反,在机械工厂里,专业化的是机器,而由机器同时进行的工作,尽管完成的是同一总过程的顺次进行的阶段,却要求为它们分配特殊的工人小组,每一组都始终完成同一的、同样简单的职能。这与其说是专业化的劳动能力之间的分工,倒不如说是把工人分配给专业化的机器。在前种情况下,专业化的是使用特殊劳动工具的劳动能力;在后一种情况下,专业化的是特殊的工人小组所看管的机器……"[2]"实行分工的程度取决于钱袋的大小,而不取决于天才的大小。"[3]在机器体系下,资本是头脑,工人仅仅是躯体,躯体服从于头脑的统治。

机器体系下的分工导致的结果就是消灭了工人的固定性。在手工业中的分工,由于分工是需要技巧的,在这种情况下工人不能随意被替代,于是工人从事生产的一个过程就会被固定下来,终身从事这项技能。而机器大工业下,由于不再需要工人的这种技能,于是分工的固定性也就被消灭了。"我们已经看到,大工业从技术

1　转引自《马克思恩格斯全集》第37卷,人民出版社2019年版,第206页。
2　《马克思恩格斯全集》第37卷,人民出版社2019年版,第153—154页。
3　《马克思恩格斯全集》第44卷,人民出版社2001年版,第421页,注(75)。

上消灭了那种使一个完整的人终生固定从事某种局部操作的工场手工业分工,而同时,大工业的资本主义形式又更可怕地再生产了这种分工:在真正的工厂中,是由于把工人转化为局部机器的有自我意识的附件;在其他各处,一部分是由于间或地使用机器和机器劳动,一部分是由于采用妇女劳动、儿童劳动和非熟练劳动作为分工的新基础。工场手工业分工和大工业性质之间的矛盾强烈地表现出来。"[1] 在工场手工业条件下,工人被固定下来包含两层含义:一方面工人就被固定在了生产过程中;另一方面,正因为这份工作还需要技巧、能力,所以,至少工人是能保证自己的一份工作的。而在机器体系下,正是因为这种固定性逐渐消失,也就意味着工人本身可以随时被他人替代,他们自身所拥有的工作变得更加不稳定。正是因为这种不固定性,导致工人在机器大工业下不得不服从于资本的统治,否则就会被资本赶出生产过程,成为过剩人口,这就是为什么在机器体系下女工和童工不断取代男工的原因。

通过对资本主义工场手工业的分析,通过对分工的理论探讨,马克思超越了尤尔对工场手工业的认识,形成了自己对工场手工业深刻的理解。对工场手工业认知的最大的理论贡献在于,工场手工业中,人还是生产的主体,因此,理论视角如果仅仅是在工场手工业中,必然导致的结果就是理论对象仅仅盯住人,这就是为什么在《形态》中,马克思从分工出发到人的片面化发展来谈资本主义社会对工人的影响。从分工引发出来的哲学批判线索一定是和阶级斗争理论联系在一起的,只有弄清这个问题,才能将理论视域从工场手工业转向机器大工业。在机器大生产中,人不再是生产的主体,资本主义下的机器成为生产的主体,那么从主体维度引出

---

1 《马克思恩格斯全集》第 44 卷,人民出版社 2001 年版,第 557 页。

主体阶级斗争的解放就无法成立了。这个时候，马克思才会将理论视域真正转向生产过程这一作为客体的主体，唯有如此，才能真正去分析资本主义社会的内在矛盾，才能从资本主义机器大工业之一生产方式的内在矛盾中真正引出工人的解放路径。

第二节
马克思超越了尤尔对机器大工业的解读

在《工厂哲学》中，尤尔第一次揭示了现代工厂的概念，他不惜笔墨描述了当时资本主义社会中纺织行业机器大生产的场景，细致地分析了棉、羊毛、亚麻和丝绸各个专项领域，用58幅图片生动地展现了机器的复杂构造和运作原理。不得不说，这些细致的描述真实准确地再现了机器大工业的运行机制。但是，仔细阅读又会发现，尤尔的论述似乎又有矛盾的地方，有时候他看到的是机器化程度很高，有时候机械化程度似乎又很低，这是什么原因呢？尤尔的这些翔实的图表和数据分析对马克思产生了什么影响呢？这是接下来要探讨的问题。

一、尤尔对机器的准确判断及其"选择性失明"

在尤尔之前，很多经济学家也都关注过机器，比如说斯密、萨伊、李嘉图、拜比吉等。斯密在《国富论》中涉及机器，但只是偶尔提及，机器还没有进入他的理论视域，这是因为斯密在写《国富论》时尚处于工场手工业时期，生产过程中还未出现大规模的机器生产；李嘉图开始关注机器，特别是在他的《政治经济学及赋税原理》

第三版中专门加入了一章"论机器",很多学者都关注到这一点,但李嘉图实际上还处于工场手工业向机器大工业的转变时期,机器大生产的基本特征还没有充分展现出来,因此他对机器的理解还很薄弱,当然,能够关注到机器给资本主义生产带来影响已经是理论上的进步。萨伊和拜比吉的确关注机器不少,但他们对机器的理解在总体上还是失之偏颇的。真正对机器有准确定位的是尤尔,他在《工厂哲学》中对机器进行明确定义,相较于古典政治经济学家已经达到了一个新的理论高度,这对马克思产生了很大的影响。

首先分析萨伊对机器的理解。萨伊是以简单和复杂来区分工具和机器。"我们必须依照这个观点考虑一切机器,自最复杂的机器以至最简单的机器,自最贵重和最巧妙的器具至最普通的锉刀。工具不过是简单机器,而机器不过是复杂工具。我们凭借工具和机器来扩大手和指的有限能力。在许多方面,工具和机器只不过是所凭借以取得自然力的合作的手段。工具和机器的显著效果,在于减少生产同一数量产品所必需的劳力,或与此相似,在于扩大同一数量人力所能获得的产品量——这些就是劳动的最高目的或最大功效。"[1]萨伊之所以以简单和复杂区分工具和机器是因为他是基于工场手工业这个历史支点对生产过程进行分析。萨伊对生产过程的分析是以人类改造自然的能力为切入点,将生产过程的基点放在自然力上,以使用自然力来说明生产。究其原因萨伊写《政治经济学概论》是 1803 年,那时还处于工场手工业时期,生产力水平还很低下,工具的水平也非常低,因此,如何更大效用的利用自然力就是人们发明工具和机器的出发点,而工具和机器延伸

1 　[法]萨伊:《政治经济学概论》,陈福生、陈振骅译,商务印书馆 2010 年版,第 91 页。

了人手的力量。由此可见在萨伊的理论视域中,生产力总是离不开自然力。萨伊在第五章的标题写的是"劳动、资本和自然力协同生产的方式",在第七章的标题写的是"人的劳力、自然的劳力和机器的劳力",当萨伊分析工具或者机器的时候也是与自然力息息相关,基于此,以简单和复杂来区分工具和机器也就不足为奇了。所以,在萨伊的视域中,工具和机器并无本质区别,工具和机器还是人的附属物,人还是生产过程的主体,工具和机器扩大了人作为主体的力量。

再来剖析拜比吉对机器的判断。"工具通常比机器简单,前者一般都是由人手来推动的,而机器通常是由动物或蒸汽动力来推动的。"[1]我们知道,斯密认为工具和机器是没有差别的,萨伊仅仅以简单和复杂来区分工具和机器。拜比吉比之前的政治经济学家进步的地方在于看到了工具与机器的差别:工具由人手来推动,机器由动物或蒸汽动力来推动,但拜比吉的贡献也仅限于此,他的错误在于以动力来区分工具和机器。"把所有这些简单的工具结合起来,由一个发动机来推动,便成为机器。"[2]马克思反驳了这个观点:"作为工业革命起点的机器,是用这样一个机构代替只使用一个工具的工人,这个机构用许多同样的或同种的工具一起作业,由一个单一的动力来推动,而不管这个动力具有什么形式。在这里我们就有了机器,但它还只是机器生产的简单要素。"[3]对此,马克思批评道:"如果不正视这种情况,而仅仅着眼于动力,那就会恰恰忽视在历史上曾经是转折点的东西。"[4]这个是转折点的东西就是

1　Charles Babbage, *The Economy of Machinery and Manufactures*, Cambridge: Cambridge University Press, 2009, pp. 10 - 11.

2　转引自《马克思恩格斯全集》第 44 卷,人民出版社 2001 年版,第 432 页,注(95)。

3　《马克思恩格斯全集》第 44 卷,人民出版社 2001 年版,第 432 页。

4　《马克思恩格斯全集》第 37 卷,人民出版社 2019 年版,第 37 页。

机器对于资本主义生产方式本质变化的重要性。拜比吉之所以对机器有如此的判断是因为他在1832年出版《论机器和工厂的节约》时还处于工场手工业和机器大工业并存的年代。他站在工场手工业的基础上去看待机器大工业,并且他仅仅是就机器看机器,而不是将机器放在整个生产体系中去看。由此,他虽然在一定程度上看到机器大工业,但是他的基本思维框架还是基于工场手工业,也就是说,拜比吉所说的机器还不是严格意义上的机器大生产中的机器。

接着探讨尤尔对这个问题的论述。尤尔与拜比吉是同时期的理论家,但是尤尔比拜比吉更敏锐地捕捉到了机器大工业的基本特征。尤尔从生产过程出发,用翔实的图表和数据具体地说明了什么是机器,这些生动的说明对马克思产生了很大的影响。"工艺学揭示出人对自然的能动关系,人的生活的直接生产过程,从而人的社会生活关系和由此产生的精神观念的直接生产过程。甚至所有抽象掉这个物质基础的宗教史,都是非批判的。"[1]马克思肯定了尤尔对机器大工业的经验描述。尤尔说:"工厂的标志是各种工人即成年工人和未成年工人的协作,这些工人熟练地勤勉地看管着由一个中心动力不断推动的、进行生产的机器体系,一切工厂,只要它的机械不形成连续不断的体系,或不受同一个发动机推动,都不包括在这一概念之中。属于后一类工厂的例子,有染坊、铜铸厂等。——这个术语的准确的意思使人想到一个由无数机械的和有自我意识的器官组成的庞大的自动机,这些器官为了生产同一个物品而协调地不间断地活动,并且它们都受一个自行发动的动

1　《马克思恩格斯全集》第44卷,人民出版社2001年版,第429页,注(89)。

力的支配。"[1]从这里可以看到,尤尔对机器的理解已经远远超出了拜比吉。尤尔的超越凸显在几个方面:第一,尤尔眼里的机器不是独立的机器,而是在完整的机器体系中的机器;第二,正因为在机器体系中看机器,机器才构成了一个运转完整的整体,由一个动力推动整个机器体系;第三,这个体系是不断运动的,也就是说,在机器体系的生产过程中,生产过程是不停止的,是连续不断运转的。对机器的准确判断源自于尤尔真正站在了机器大工业之上去看待资本主义生产方式。从这里可以看到,尤尔对机器的判断已经与之前的理论家完全不同,尤尔已经准确地捕获了机器大工业下机器的特征。

在对机器的准确定位上,马克思受到了尤尔的影响。马克思不是从简单与复杂去区分,也不是从动力的视角去区分,而是站在机器大工业的基础上,从机器体系的视角去看机器,厘清了工具与机器的区分。"第一点[机器不同于工具之处在于],在机器中从一开始就出现这些工具的组合,这些工具同时由同一个机械来推动,而一个人同时只能推动一个工具,只有在技艺特别高超时才能推动两个工具,因为人只有两只手和两只脚。……第二点[机器不同于工具之处在于],不是许多工具联合在一台机器内,而是这许多工具成为在动力、规模和作用范围方面都是统一的某种东西,例如,许多锤体现在一个蒸汽锤中。"[2]这是马克思所作出的工具与机器的区分,细心比较就会发现,马克思的这一论述跟尤尔的理论很相似。同时,马克思论述了机器的特征:"所有发达的机器都由三个本质上不同的部分组成:发动机,传动机构,工具机或工作机。

---

1 转引自《马克思恩格斯全集》第31卷,人民出版社1998年版,第88页。
2 《马克思恩格斯全集》第37卷,人民出版社2019年版,第73—74页。

发动机是整个机构的动力。"[1]机器的发达形态所具有的特征才是机器本身的特征。"总之,[机器本身体现出:]生产的连续性(也就是原材料加工所经历的各阶段的连续性);自动化(只有在排除偶然故障时才需要人);运转迅速。"[2]机器的这三个特征虽然看起来只是机器的特征,但厘清它们为马克思接下来准确理解机器大工业打开了一扇大门。在机器大工业下,只弄清机器还是不够的,在机器大工业下,代表机器大工业的还不是独立的个别的机器,而是机器体系。"但是,只有在劳动对象顺次通过一系列互相联结的不同的阶段过程,而这些过程是由一系列各不相同而又互为补充的工具机来完成的地方,真正的机器体系才代替了各个独立的机器。在这里,工场手工业所特有的以分工为基础的协作又出现了,但这种协作现在表现为各个局部工作机的结合。"[3]

尤尔在《工厂哲学》中,非常详细地描述了棉纺织行业、羊毛行业、亚麻行业和丝绸行业的机器使用的具体情况。正是这些客观具体的描述让马克思真正体会到了什么是机器大工业。尤尔在书中不遗余力地描述机器大工业的场景,竭尽所能地说明机器的提高带来生产力的巨大的发展。尤尔指出机器的提高展现出了三个方面的优势:"1.它为制造出一些物品提供了可能,而如果没有它们是制造不出来的。2.它们使工人比从前完成更多的工作;同时,'时间''劳动'和产品质量却照样不变。3.它导致了用相对没有技术的工人代替有技术的工人。"[4]具体说来,就是机器的使用在提高生产力方面的进步。

1　《马克思恩格斯全集》第 44 卷,人民出版社 2001 年版,第 429 页。

2　《马克思恩格斯全集》第 37 卷,人民出版社 2019 年版,第 65—66 页。

3　《马克思恩格斯全集》第 44 卷,人民出版社 2001 年版,第 436 页。

4　Andrew Ure, *The Philosophy of Manufactures*, London: Charles Knight, 1835, p. 30.

首先,在关于工厂制造业技术层面,尤尔认为现代工厂的制造业具有无可比拟的优势。第一,机器制造更加精确,速度更快。"在曼彻斯特,染布者的这种制造机器是最完美的自动机器。它以非常高的精确度和速度分裂皮革、将它切片,形成齿状,然后移植它们。"[1]第二,机器制造的产品质量更好。"与古代的手工制造相比,现代的机器制造,它的优势不仅表现在节约经济效率和时间,而且在羊毛的纯度方面也更好。"[2]第三,机器使用越多,劳动生产力越高。"纺锤使用得越多,生产出来的线就越多,机器的劳动生产率越高。"[3]第四,机器的使用可以降低生产过程中的危险。"在之前的棉纺织工程中所使用的打棉机,棉花是工人用手放到一个圆锥的工具里并且用手工进行转动,对操作者来说,伤害是不可避免的。但是,现在,无论是羊毛还是棉花,都是连续不断地通过一个转动的外部的接板,在一头放进去,在另一头也是通过一个机器拿出来,因此这样的危险现在就不存在了。"[4]尤尔通过这些方面说明了现代工厂有手工业工场无可比拟的优势。

但是,仔细阅读《工厂哲学》就会发现,在此书的描述中,似乎有时候工厂的技术水平很高,机器化程度很高,机器生产已经完全自动化,工人只需要"从旁照料",有时候技术水平又很低,机器化程度很低,工人在其中工作状况很悲惨。尤尔的自相矛盾无处不在,其实,这并非矛盾,而是客观存在的经验事实。尤尔出版《工厂

1　Andrew Ure, *The Philosophy of Manufactures*, London: Charles Knight, 1835, p. 117.

2　Andrew Ure, *The Philosophy of Manufactures*, London: Charles Knight, 1835, p. 170.

3　Andrew Ure, *The Philosophy of Manufactures*, London: Charles Knight, 1835, p. 317.

4　Andrew Ure, *The Philosophy of Manufactures*, London: Charles Knight, 1835, pp. 160 - 161.

哲学》是 1835 年,那时第一次工业革命还未结束,还是手工工场与机器大工业并存的年代,而尤尔是敏锐地看到了机器大工业所带来的划时代的巨变,只不过他选择性失明,一切对他的理论不利的,都被他巧妙地化解了。

尤尔的这一问题没有能逃过马克思的法眼。马克思指出了尤尔论述中存在的问题:"尤尔用来安慰工厂工人的论据,实际上是这样的:同一个工厂制度所造成的大农业中的农业工人的状况更为糟糕;在矿山和尚未发展到机械工厂水平的工业中的儿童劳动更为沉重;特别是被机器挤垮或不得不与机器竞争的那些部门的工人,以及被机器排挤的过剩工人不断投入的那些部门的工人,比直接在机械工厂中就业的工人处境更加困难。按照尤尔的说法,正是这种情况可以证明,工厂制度有利于工人阶级!"[1] 具体说来,尤尔通过四种混淆来说明工厂的优越性。

一是混淆历史。尤尔通过将机器工厂与工场手工业的工作条件相对比来说明工厂体系给工人带来的好处。"在我最近的持续几个月的旅行中,经过机器制造区时,我看到成千上万的男女们,包括年迈的与年轻的,他们大部分在以前的工厂体系中都劳动非常辛苦才能得到他们每日的面包,而现在不需要流一点汗就能够获取大量的食物、衣服和家庭的住所,这些住所能够过滤夏天的烈日和冬天的寒霜,比立法机构和贵族们聚集的大城市更通风、更有益健康。"[2] 在《工厂哲学》中,尤尔在论述棉纺织行业、羊毛行业、亚麻行业和丝绸行业这四个行业时,都对比了工场手工业和机器工厂中的生产条件的不同状况,以此来说明使用机器生产的优越

1　《马克思恩格斯全集》第 37 卷,人民出版社 2019 年版,第 213 页。

2　Andrew Ure, *The Philosophy of Manufactures*, London: Charles Knight, 1835, p. 18.

性。如果撇开工人不谈,只看机器本身,确实可以看到机器的运用可以降低劳动的负担,但将人与机器合在一起考察,事实就并非如此了。

二是混淆空间。尤尔看到了一个很重要的问题,就是不同的地区会有不同的生产力发展水平。在这一点上,尤尔确实是具有广阔的视野。他的著作,不仅涉及欧洲国家,甚至涉及印度、中国等国家。他发现英国的生产力远远高于其他国家:"从准确意义上来说,工厂体系是近代的开端,可以说,英国是它的发源地。"[1]这对马克思产生了很大的影响。马克思早期的著作之所以受斯密和李嘉图的影响很大,其中有一个很重要的原因就是,马克思早期生活在德国,而德国当时的生产力发展水平远低于英国。英国是工业革命的发源地,在当时是生产力发展水平最高的国家,后来,马克思到了英国才真正接触到了真实的机器大生产。尤尔不仅看到不同国家生产力发展水平的不平衡,而且还看到英国不同地区的生产力发展水平也是不同的。尤尔通过不同地区的工厂的发展水平来说明发达的工厂体系的优越性。"兰开夏的工厂机器的生产在生产力和技术水平上都远远超过伦敦的手工技工,手工技工在一定程度上,仍然是机器的奴隶!前者几乎熟悉每一个物理机器的联合,而后者除了知道他每天的针头部分的操作之外很少知道其他的。"[2]通过这些比较,尤尔有意地屏蔽了对自己理论的不利信息来说明工厂生产的优越性。

三是混淆行业。尤尔在《工厂哲学》中对行业的分析集中在纺

---

1 Andrew Ure, *The Philosophy of Manufactures*, London: Charles Knight, 1835, p. 14.

2 Andrew Ure, *The Philosophy of Manufactures*, London: Charles Knight, 1835, p. 23.

织行业。在当时的社会中纺织行业是机器化程度最高的行业。"当时的人们对工业革命的状况所作的经典描述,例如欧文、加斯克尔、尤尔、菲尔登、库克·泰勒和恩格斯等人的描述,几乎全部以棉纺织工业为基础,其中又主要以兰开郡的棉纺织工业为基础,这里列举的只是其中的一些例子。"[1]纺织行业为什么能够成为生产力水平最高的行业,尤尔从神话的角度解释了这个问题。尤尔说:"亚当夏娃遭受刑罚被逐出伊甸园的时候,所做的第一件事情就是找衣服穿。"[2]而这只是众多行业中的一个行业而已,这一行业并不能说明整个社会的生产体系。其他行业的机器化水平远远没有达到尤尔所说的地步。

四是在同一时空中混淆大小工厂。尤尔所处的时代是工场手工业和机器大工业并存的时代,有的大企业已经实现了机械化大生产,有的小企业还处在工场手工业阶段。尤尔通过机械化的大工厂与工场手工业的小工厂的对比来说明机械化大生产的优越性,他认为机械化的大工厂对工人来说都是很舒适的工作环境,只有那些小工厂工作条件不好,而且随着机器大工业生产的扩展,这些不良的条件很快就会消失。"我必须承认,在一些小的工厂里,主要是亚麻厂,一些观察的事例说明既不方便也不舒适,这些环境不是一点点的会影响到年轻人的感觉和习惯,不过这些不良的地方很快就会消失。还有一些事例可以说明,在工厂里,特别是棉纺织厂,这些工厂提供了一个容易舒适的环境,对劳动者是有利的。"[3]尤

1　[英]汤普森:《英国工人阶级的形成》上,钱乘旦等译,译林出版社 2013 年版,第209 页。

2　Andrew Ure, *The Philosophy of Manufactures*, London: Charles Knight, 1835, p. 81.

3　Andrew Ure, *The Philosophy of Manufactures*, London: Charles Knight, 1835, p. 353.

尔总是从"乐观"的角度来看机器化大生产,汤普森将尤尔归之为"乐观派",其实并不是因为尤尔是乐观的,这是尤尔主观的选择,这是因为他的资产阶级立场。

在《工厂哲学》中,尤尔将理论视域投向客观的机器大工业生产本身。对于机器体系,尤尔已经做出了准确的判断:"各种工人即成年工人和未成年工人的协作,这些工人熟练地勤勉地看管着由一个中心动力不断推动的、进行生产的机械体系······ 一切工厂,只要它的机械不形成连续不断的体系,或不受同一个发动机推动,都不包括在这一概念之中······这个术语〈工厂〉的准确的意思使人想到一个由无数机械的和有自我意识的器官组成的庞大的自动机,这些器官为了生产同一个物品而协调地不间断地活动,并且它们都受一个自行发动的动力的支配。"[1]具体说来,尤尔将机器体系概括为三个方面:"机器有三种形式:1. 集中于生产能力的机器;2. 集中于转换和控制能力的机器;3. 集中于力量的运用,转为商业贸易中商品的机器。"[2]通过这些机器的特征,尤尔说明了他本书所要论证的内容就是制造业的哲学。那么作为制造业,他的"哲学"体现在哪里呢?尤尔确实不是仅仅从技术层面来分析制造业,尤尔是从制造业在经济中所体现出来的力量进行阐述。"制造业的哲学在经济力量中展现出来。"[3]我们可以看到,尤尔的所谓制造业的哲学还是从经济角度来阐发的,他对制造业的理解没有能够逃脱生产力层次和经济效率的层次。由此,尤尔将制造业的哲学上升到了本体论的高度,他幻想了一个未来不需要人手操

---

1 转引自《马克思恩格斯全集》第 37 卷,人民出版社 2019 年版,第 165 页。
2 Andrew Ure, *The Philosophy of Manufactures*, London: Charles Knight, 1835, p. 27.
3 Andrew Ure, *The Philosophy of Manufactures*, London: Charles Knight, 1835, p. 27.

作的全自动化的生产体系："因此制造业哲学就是阐述工业生产将要实施全自动化机器体系的基本原则。"[1]尤尔指出了机器体系下的客观运动规律，但是他所畅想的机器体系是没有内在矛盾的体系，从而走向了乌托邦。而马克思虽然受尤尔影响看到了机器大工业的生产方式，但是，他从生产方式出发的解读路径与尤尔完全不同，他看到的是机器体系这样一种生产方式中所蕴含的内在的矛盾，所以，马克思才真正找到了从制造业走向哲学的路径。

受到尤尔的影响，马克思对机器大工业的理解发生了转变，马克思用三个词概括出机器的特性："总之，[机器本身体现出：]生产的连续性（也就是原材料加工所经历的各阶段的连续性）；自动化（只有在排除偶然故障时才需要人）；运转迅速。"[2]那么，当机器的这些特性遭遇资本主义生产方式时带来的是什么呢？马克思从机器的物理层面出发，又穿透机器的物理层面，达到了哲学的高度，发现了资本主义生产方式的内在机理，完成了历史唯物主义的分析。

首先，生产的连续性。生产的连续性体现在两个方面：一是生产环节环环相扣，二是生产过程不间断。在工场手工业中，个人是独立地进行被肢解的劳动，各个劳动者之间相互协调，哪个劳动者的工作出现一点偏差对整体生产的影响并不大。但是，在机器大生产下，生产是连续不断地进行的，各个环节环环相扣，不能有任何一个环节出现差错，否则就会影响到整体的生产。同时，更重要的是，这种生产的连续性还体现在整体的生产过程不能被中断。在工场手工业中，生产过程中断不会给资本家带来太多损失，与此

1　Andrew Ure, *The Philosophy of Manufactures*, London: Charles Knight, 1835, p. 27.

2　《马克思恩格斯全集》第 37 卷，人民出版社 2019 年版，第 65—66 页。

相反,在机器大工业下,生产过程的中断是会给资本家带来很大的损失的。"但是,对资本家说来,问题绝不是单纯地为了要尽可能快地收回投入固定资本的价值量,防止它贬值以及重新使它处于可供支配的形式,而首先是使用这种资本来赢利——这种数量很大的资本采取了这样的形式:一旦资本与活劳动的接触中断(对活劳动来说,它就是固定资本),它作为交换价值就会损失,而作为使用价值就变得无用。"[1]对资本家来说,不在生产过程中的机器就是一堆不能增值的资本,甚至会贬值。"如果说,在工场手工业中,各特殊过程的分离是一个由分工本身得出的原则,那么相反地,在发达的工厂中,起支配作用的是各特殊过程的连续性。"[2]因此,在机器大工业下,机器能否连续运转对资本家来说至关重要。

对此,马克思分析了固定资本的有形损耗和无形损耗。"机器的有形损耗有两种。一种是由于使用,就像铸币由于流通而磨损一样。另一种是由于不使用,就像剑入鞘不用而生锈一样。在后一种情况下,机器的损耗是由于自然力的作用。前一种损耗或多或少地同机器的使用成正比,后一种损耗在一定程度上同机器的使用成反比。但是,机器除了有形损耗以外,还有所谓无形损耗。只要同样结构的机器能够更便宜地再生产出来,或者出现更好的机器同原有的机器相竞争,原有机器的交换价值就会受到损失。……机器总价值的再生产时期越短,无形损耗的危险就越小,而工作日越长,这个再生产时期就越短。"[3]发现机器的有形损耗和无形损耗对分析机器大工业的内在矛盾是非常重要的。

尤尔在他的著作中已经看到了机器的有形损耗,马克思在论

---

1 《马克思恩格斯全集》第 32 卷,人民出版社 1998 年版,第 378 页。

2 《马克思恩格斯全集》第 44 卷,人民出版社 2001 年版,第 437 页。

3 《马克思恩格斯全集》第 44 卷,人民出版社 2001 年版,第 465—466 页。

述这一点的时候引用了尤尔的著作："搁置不用,可能是金属机构的灵敏可转动的部分遭受损坏的……原因。"[1]尤尔的这一理论对马克思产生了一定的影响,但他仅仅是从经济效益的角度来关注这个问题的。

机器的有形损耗是在任何生产方式下都存在的,并不具有资本主义生产方式的特征,马克思的深刻之处在于发现了资本主义生产方式下特有的无形损耗。正因为机器在不转动的情况下自身就会遭遇贬值,也就是会产生无形损耗,才使得资本不断转动机器,这是资本主义生产的特点,这就回答了资本家为什么总是尽可能地让机器不停地运转,尽量不中断生产过程。如果不能从机器在资本主义生产方式下所具有的特征去看这个问题,那么往往会从人性的角度将原因归之于资本家的贪婪。从这里可以看到,这是由资本本身的内在特征决定的。

当机器不停地转动,生产过程不中断,带来的结果就是大规模的商品生产。在资本主义生产条件下,大规模的商品生产带来的结果就是生产过剩,按照这一理论逻辑,解决生产过剩的办法就是减少商品生产,那么,资本家是否能够少生产一些商品呢? 通过以上的分析可以知道,在资本主义生产方式下,生产多少不是由资本家本人来决定的,而是由资本本身决定的。对于机器,能生产 1 万匹布,它就绝不能用来生产 5 000 匹,否则对它而言就是遭受了损失,那么加入商品中的不变资本就会增加,商品本身就会更贵。"如果机器的价值和机器转给日产品的价值部分之间的差额已定,那么这个价值部分使产品变贵的程度,首先取决于产品的数量,就

---

1 转引自《马克思恩格斯全集》第 44 卷,人民出版社 2001 年版,第 465 页,注(145)。

像是取决于产品的面积。"[1] 所以,机器大生产的生产方式决定了只能大规模地进行生产。这就是资本主义生产方式下的一对矛盾,既要源源不断地生产出商品,而有时商品又大量过剩卖不出去,这就是资本主义本身所具有的生产性消费不足,这是资本主义生产方式本身所具有的不可调和的矛盾。

其次,在自动化机器体系下,工人从"他"变成了"它",而机器则从"它"变成了"他"。自动化机器体系出现的原因尤尔曾分析过,他认为这是由于工人在生产过程中因为自身有技能而向资本家提出更高的要求,同时,工人在生产过程中会产生疲劳等,因此就提出了机器化的要求。实际上,这些只是促使资本家使用机器的外在动因,并不是本质原因。同时,尤尔指出,在机器大工业过程中,机器生产取代手工劳动,人与机器的主体地位发生变化。"委员会的成员被派往去调查这个事件,报道,通过商人和制造者的信用和经验来作为事例的引证,这些机器被细心雇佣,以最完美的方式来完成衣服……"[2] 尤尔生动地说明了在机器生产的工厂里,机器是生产的主体,而工人是从属于机器的,他是从人与机器的关系来说明机器大工业这一生产方式的特征。马克思在此基础上,对这一理论作出了更深刻的分析,他指出人与机械的关系本质上是人与资本的关系,马克思指出了在资本主义机器大工业下人的本质特征——"雇佣劳动"。

马克思指出:"机器的起点不是劳动,而是劳动资料。"[3] 在机器化大生产下,机器的自动化程度与工人的能力是呈反向发展的。

1　《马克思恩格斯全集》第44卷,人民出版社2001年版,第446页。

2　Andrew Ure, *The Philosophy of Manufactures*, London: Charles Knight, 1835, p. 197.

3　《马克思恩格斯全集》第44卷,人民出版社2001年版,第435页,注(100)。

机器化程度越来越高，工人的能力越来越低。"操纵机器的工人所完成的这些动作的特点，是它们的被动性，它们对机器本身的作业和运动的适应性和从属性。这种被动性的专业化，即作为专业化的专业化本身的消灭，是机器劳动的特点。机器工厂本身实行改良，是为了尽可能地消除在机械工厂本身基础上一次又一次地形成的任何一种技能。因此，这是十足简单的劳动，其特点是单调、乏味和从属于机器；这是死板的劳动，它是这样一种劳动，就像在工场手工业分工中的情况一样，要求个人完全从属于它。它阻碍专业的发展，可是它本身却一次又一次地使这种非专业化的劳动专业化。在这里，工人在劳动中的最后的自我满足消失了，在这里，由于这种劳动本身乏味而使人十分淡漠。"[1]这里要注意的是，马克思对工人的名称用了"它们"，而不是"他们"，在这之前马克思还没有如此使用。在这里，将这两个词置放在德语语境中加以分析，"它们"和"他们"在德语中是有差别的，德语中"它们"指代的就是物。由此可见，马克思消解了工人作为人的特性，工人已经成了与机器等同的物，人只是机器的附件。工人的劳动已被"异化"，在工厂中劳动的工人已经不再是人，对资本家来说，有意义的只是抽象的劳动。马克思在《资本论》中将工人称为"半日工"或"全日工"，用这样的词来指代工人，或者用"雇佣劳动"来指代工人，消解了工人作为人的特性，只看到工人为资本家劳动的特性，只看到工人被资本家剥削的特性。

最后，运转迅速。在手工业和工场手工业时期，工人生产的速度是由自身劳动的速度决定的，受到其自身生理界限的限制，而在机器大生产条件下，这种限制不断被机器的快速运转所打破。在

1　《马克思恩格斯全集》第 37 卷，人民出版社 2019 年版，第 154 页。

机器大工业下，工人依然是机器施暴的对象，机器在新的生产方式下实现了更深层次上对工人的剥削，而工人却无任何还手之力。"如果说机器是提高劳动生产率，即缩短生产商品的必要劳动时间的最有力的手段，那么，它作为资本的承担者，首先在它直接占领的工业中，成了把工作日延长到超过一切自然界限的最有力的手段。"[1]

当有人来指责这种增加工人强度的生产方式时，尤尔却站出来反对这种看法："机械物理学使社会普遍得到的好处，以及它在改善人类命运方面所蕴藏的手段，人们很少注意；可是，有人竟从某一方面非难机械物理学，指责它顺从富有的资本家的奢欲，充当压迫贫苦阶级的工具，并要求工人以过高的速度劳动。"[2]在尤尔看来，工厂机器化程度非常高，以至于不需要人的劳动了。"例如，曾经被提到过的例子，现在蒸汽动力带动运转的织布机的速率催促他们所服务的工人也要有同样的速率；但是手工织工不必屈服于这些没有休息的代理者，他们能够以比较舒适的方式来运用他们的梭子和移动他们的踏板。"[3]尤尔认为在机械化大生产中，工厂中的工人已经没有什么事可做了，事实并非如此。实际上，当时的资本主义社会虽然已经进入了机械化大生产，但是还远远没有达到尤尔所说的已经不需要肌肉的疲劳来操作机器的程度。当面对那些确实工作非常辛苦的工人时，尤尔却如此逃避："这类工人虽然也在工厂做工，其实并不是工厂工人，因为他们同自动机械无关，这类工人是使棉纺织厂和其他工厂受到严厉指责的主要根

1　《马克思恩格斯全集》第44卷，人民出版社2001年版，第463页。

2　转引自《马克思恩格斯全集》第37卷，人民出版社2019年版，第205页。

3　Andrew Ure, *The Philosophy of Manufactures*, London: Charles Knight, 1835, p. 7.

源。"[1]显然,尤尔所谈论的工人与马克思所谈论的工人并不是同一类人,马克思所论述的工人是被资本家剥削剩余价值的雇佣劳动者,而尤尔所论述的工人指的是那些具有一定的技术水平,比较高级的技术工人,那些穷苦的最下层的工人并不在尤尔的考察范围内。这是一种多么圆滑的论证方式啊!

在资本主义机器化大生产的生产方式下,资本家就是要用各种方式来占有工人的剩余劳动时间。工人的工作日时间是有限度的,对工人劳动强度的增加就成了资本家无限追求剩余时间从而增加剩余劳动的手段。"强制缩短工作日,大大地推动了生产力的发展和生产条件的节约,同时迫使工人在同样的时间内增加劳动消耗,提高劳动力的紧张程度,更紧密地填满劳动时间的空隙,也就是说,使劳动凝缩到只有在缩短了的工作日中才能达到的程度。这种压缩在一定时间内的较大量的劳动,现在是算作较大的劳动量,而实际上也是如此。现在,计量劳动时间的,除了它的'外延量'以外,还有它的密度。"[2]对于工人来说,工人自己是根本无法决定自己的劳动时间的长短和劳动强度的,一切尽在资本的掌握中。"工厂制度的特点是,它本身显示出剩余价值的真正本质。在这里,剩余劳动,从而劳动时间问题成了决定性的东西。但是,时间实际上是人的积极存在,它不仅是人的生命的尺度,而且是人的发展的空间。随着资本侵入这里,剩余劳动时间成了对工人精神生活和肉体生活的侵占。"[3]

显然,尤尔所说的制造业哲学只是关于机器大工业的经济意义的解释,而不是关于机器大工业这一资本主义生产方式的

---

1 转引自《马克思恩格斯全集》第 37 卷,人民出版社 2019 年版,第 206 页。
2 《马克思恩格斯全集》第 44 卷,人民出版社 2001 年版,第 471—472 页。
3 《马克思恩格斯全集》第 37 卷,人民出版社 2019 年版,第 161 页。

社会历史意义的阐明。马克思对尤尔的思想超越不仅体现了他在机器大工业的社会历史内涵这一具体问题上的新观点，而且也反映了他对机器大工业的解读视域是与尤尔完全不同的，是一种历史唯物主义的新视域。当然，对机器大工业的准确把握，也在一定程度上帮助马克思准确地解读资本主义的生产力形式，由此也对资本主义内在矛盾的表现形式有了更为准确的理解。正是在这一意义上，我们说，尤尔对马克思哲学思想的发展是起到一定的促进作用的。

二、固定资本概念体现马克思对机器大工业的准确判断

从表面上来看，尤尔并没有直接提出固定资本这个概念，但是他对资本主义机器大工业的分析，已经露出了固定资本的端倪，马克思在固定资本这个概念上，一定程度上受到了尤尔的影响，只不过尤尔更多的是从工艺学的角度进行论述，而马克思是从历史唯物主义的视角进行剖析。

在国内学术界，马克思的固定资本概念，在学术界往往被认为是一个经济学概念，其实不然。固定资本概念不仅是一个经济学概念，更是一个历史唯物主义哲学概念。古典政治经济学家亚当·斯密、大卫·李嘉图都用过固定资本这个概念，这在前面已经分析过。但是他们的固定资本与马克思的固定资本是有本质区别的。当马克思将固定资本与流动资本，不变资本与可变资本真正区分清楚时，才超越了斯密与李嘉图。实际上，固定资本本身不仅仅是能看得见摸得着的机器等物质生产资料，更重要的是，它承载着资本家对工人的剥削，而这种剥削体现在资本主义的生产过程中。因此，固定资本有着深刻的社会历史性内涵。面对时代变化，

当今学者哈维和奈格里从不同的理论视角解读固定资本。哈维主要基于《57—58年手稿》和《资本论》第二卷这两个文本，在流通过程中从客体向度分析固定资本。奈格里基于《57—58手稿》从主体向度分析这一概念，试图通过这一理论路径寻找上走出了主体解放的道路，实际上他们都没有能够深刻理解固定资本的深层内涵，以至于从不同的路径歪曲了这一概念。因此，厘清固定资本的准确内涵，有助于我们深化对马克思政治经济学的研究，同时也能够准确评判当代西方学者对马克思政治经济学的研究。

在政治经济学史上，固定资本并不是一个陌生的概念，斯密、李嘉图早已使用了这一概念。但是，斯密是处于资本主义工场手工业时期，李嘉图处于资本主义机器大工业早期，虽然他们都已经处于资本主义时期，但是他们没有处于真正的机器大工业时代，资本主义机器大工业时代才是具有资本主义本质特征的时代。因此，他们所使用的固定资本概念与马克思所使用的固定资本概念具有不同的时代语境，因而具有不同的理论意义。

马克思大量使用固定资本这一概念是在《57—58手稿》中，之后，固定资本这个概念就成了马克思经常使用的一个范畴。如果仅仅将马克思的这个概念看作是跟劳动资料类似的概念，就弱化了这一概念的理论深度。马克思的固定资本并非仅仅是一个经济学概念，这个概念本身含有丰富的历史唯物主义哲学意蕴。

马克思在考察固定资本的时候，往往都是与流动资本相结合来考察的。只有将这两者相结合才能厘清固定资本的真正含义。那么，马克思在《57—58年手稿》中是如何界定固定资本与流动资本。"资本作为通过一切阶段的主体，作为流通和生产的运动着的统一，作为流通和生产的处在过程中的统一，它是流动资本；资本作为束缚在每个这样阶段上的它自身，作为具有自身差别的资本，是固定起来的资本，被束缚的资本。作为流动着的资本，它把自身固定起来，而作为固定起来的资本，它在流动。"[1]从这里我们可以发现马克思此时在划分固定资本和流动资本的时候出现了两个错误：第一，马克思此时还是以物的特性来理解固定资本的，他对固定资本和流动资本的划分还是很含糊，他是从资本是否流动这种看得见摸得着的物理属性来划分，还没有将这两者明确区分；第二，马克思还没有区分生产过程与流通过程，他是在把生产过程和流通过程混合在一起的前提下来考察固定资本和流通资本的。

在《资本论》中，马克思明确指出，固定资本和流动资本是存在于生产过程中的资本，厘清这个问题至关重要，因为，只有将固定资本置放在生产过程中才能够从固定资本身上看到资本主义的内在矛盾。"因此，只有生产资本能够分为固定资本和流动资本。相反，这种对立，对产业资本的其他两种存在方式来说，也就是，不论对商品资本还是对货币资本来说，都是不存在的。它也不是这两种资本和生产资本之间的对立。这种对立只有对生产资本并且在生产资本之内才是存在的。不管货币资本和商品资本怎样执行资本的职能，怎样顺畅地流通，它们只有转化为生产资本的流动组成部分，才能够变为和固定资本相对立的流动资本。"[2]固定资本与流动资本只存在于生产过程中，而不是流通领域中。与生产资本并存的流通资本跟与固定资本并存的流动资本有着本质的区别。在《57—58年手稿》中，马克思似乎也已经将固定资本置放在生产过程中来考察，但是对流动资本的领域界定却是混淆的，他将生产过程中的流动资本与商品资本和货币资本混淆在一起。只有在这

1　《马克思恩格斯全集》第31卷，人民出版社1998年版，第8页。
2　《马克思恩格斯全集》第45卷，人民出版社2003年版，第187页。

里(《资本论》),他才明确地将固定资本和流动资本都限定在生产过程中。在生产过程之外还有流通过程,马克思把流通过程中的资本称为商品资本和货币资本。将固定资本和流动资本的领域以及他们的划分方式界定清楚是很重要的,厘清此问题,马克思才能真正从生产过程中去分析资本主义的内在矛盾。

再进一步,仅仅将固定资本和流动资本限定在生产过程中考察还是不够的,同时还需厘清以什么方式来划分固定资本与流动资本。在前面曾经分析过,拜比吉已经分析了资本周转的问题,但是,拜比吉还是从物理学的角度来进行界定的。实际上,所谓固定,并不是物理学上的固定不动,固定资本与流动资本的划分是以在生产过程中按照价值周转方式的不同来确定的。就像马克思所说的,机车、船舶等是可以移动的,但是也是固定资本,"另一方面,一种劳动资料,也可以在物体上不断变更位置,不断运动,然而却不断处在生产过程中,例如机车、船舶、役畜等等。在一个场合,不动性不会使劳动资料取得固定资本的性质,在另一个场合,可动性也不会使它丧失这种性质。"[1] 此时,马克思完成了从价值周转方式的不同来界定固定资本与流动资本的区别。由此可见,固定资本和流动资本并没有本质的区别,两者本质上是资本运动的两种形式,但是从历史发生学的角度来看,两者又有区别,固定资本是特定的资本主义机器大工业的产物,而流动资本是从工场手工业资本主义开始就已经存在,固定资本的产生对于资本主义内在矛盾的变化产生了很大的影响。

接着从历史发生学的角度来分析固定资本的产生。"事实上,我们只有从物质存在形式和社会存在形式的双重角度来理解马克

1　《马克思恩格斯全集》第 45 卷,人民出版社 2003 年版,第 182 页。

思此处的固定资本概念，才能准确地进入马克思的学术视域。"[1]
固定资本的物质存在形式易于理解，在机器大工业时代，机器及其
机器体系、厂房这样的生产资料就是固定资本的物质存在形式。
难于理解的是固定资本的社会存在形式。固定资本有其历史存在
性，它是特殊的资本存在方式。

从历史发展过程来看，固定资本并非从来就有，它是历史的产
物，是资本主义机器大工业的产物。"因此，只有当劳动资料不仅
在形式上被规定为固定资本，而且扬弃了自己的直接形式，从而，
固定资本在生产过程内部作为机器来同劳动相对立的时候，而整
个生产过程不是从属于工人的直接技巧，而是表现为科学在工艺
上的应用的时候，只有到这个时候，资本才获得了充分的发展，或
者说，资本才造成了与自己相适合的生产方式。可见，资本的趋势
是赋予生产以科学的性质，而直接劳动则被贬低为只是生产过程
的一个要素。"[2]机器成为固定资本也是资本在一定时期内完成
的，这种完成是借助于科学的发展和科学的转化。在生产资本中，
无论是固定资本还是流动资本，都是资本主义条件下特有的形式。
因为，在前资本主义社会，是没有固定资本和流动资本的。在前资
本主义社会，有的只是劳动工具，而固定资本与劳动工具是有本质
区别的。

马克思之所以使用固定资本概念而不用劳动工具或者机器是
因为固定资本概念揭示了资本主义的内在机理，这是用机器这些
概念所无法呈现的。一方面，固定资本看起来好像是劳动资料，好
像是资本家首先用货币购买的生产资料，是资本家本来所具有的，

1　唐正东：《"一般智力"的历史作用：马克思的解读视角及其当代意义》，《马克思主义
　与现实》，2012 年第 4 期。
2　《马克思恩格斯全集》第 31 卷，人民出版社 1998 年版，第 93—94 页。

但实际上，固定资本本身也是从工人那里产生的，马克思将它称之为死劳动，固定资本实质上就是死劳动。之所以把机器称作为死劳动，是有深刻的道理的，因为机器本身也是工人劳动创造出来的，是工人已经死去的劳动，因此，在整个生产过程中，是工人死去的劳动在剥削工人现有的活劳动。当固定资本以机器的形式呈现出来时，我们在它身上看不到任何工人劳动成果的痕迹，因为当工人的劳动成果转化成机器的时候，它自身的真实内容就被掩盖了。因此用固定资本这个概念，可以揭示出其真正的来源。

另一方面，资本家投入了很多货币在固定资本上，并且固定资本的规模在扩大，因而劳动生产力越来越高。当看不透固定资本的时候，就会让我们产生一种错觉，似乎资本增殖的源泉是这些固定资本。马克思后来区分了不变资本与可变资本，通过这两者的区分，深刻说明了资本家剥削工人的内在机理。而斯密、李嘉图等人正是因为没有弄清楚这些问题，所以不知道资本家剥削工人的真正原因。因此，固定资本和流动资本的区分在更深层次上揭示了剩余价值的来源。"罗德戴尔之流认为资本本身离开劳动可以创造价值，因而也可以创造剩余价值（或利润），对这种观点来说，固定资本——特别是以机器体系为其物质存在或使用价值的资本——是最能使他们肤浅谬论貌似有理的形式。"[1]

从固定资本这个概念，我们可以看到，固定资本也是一种资本，那么当资本以固定资本这样的方式出现的时候，它身上承载的其实是资本家对工人的剥削与被剥削的关系，它所蕴含的是资本主义的内在矛盾。马克思清楚地指出，资本不是物而是一种社会关系。"但资本不是物，而是一定的、社会的、属于一定历史社会形

---

[1] 《马克思恩格斯全集》第31卷，人民出版社1998年版，第98页。

态的生产关系,后者体现在一个物上,并赋予这个物以独特的社会性质。"[1]固定资本就是一种社会关系,虽然在现象层面表现为机器等固定下来的物的资本,是物的生产资料的形式。

机器及机器体系是固定资本的典型代表,要认清固定资本的面貌就要厘清两个问题,一是资本家在什么情况下使用机器,二是在生产过程中为什么要使用机器。资本家在什么情况下会使用机器,尤尔给出回答:"英国的资本家得到了英国工程师的大力支持,不需要像欧洲大陆的投机商人长时间让资金闲置,有机会就会投入工厂中,获得丰厚的报偿。一个曼彻斯特的工厂制造者每周能够制造 300~400 码,最终以非常便宜的价格生产出来,因为现在几乎所有的工具都或多或少地自动化,因此比手工操作更便宜更精确。"[2]尤尔这里已经指出了将资金投入到机器中就会带来丰厚的利润,因为使用机器会更便宜更精确,但是他并不能从本质上说明机器为什么能够带来利润。马克思使用了固定资本这一概念,因为机器本身就是资本,就是剥削人的资本,就是能够带来剩余价值的资本,这才是机器的本质。"如果只把机器看作使产品便宜的手段,那么使用机器的界限就在于:生产机器所费的劳动要少于使用机器所代替的劳动。可是对资本说来,这个界限表现得更为狭窄。因为资本支付的不是所使用的劳动,而是所使用的劳动力的价值,所以,对资本说来,只有在机器的价值和它所代替的劳动力的价值之间存在差额的情况下,机器才会被使用。"[3]对于资本家来说,机器不是随便使用的,只有在使用机器能够给他带来更多的

1 《马克思恩格斯全集》第 46 卷,人民出版社 2003 年版,第 922 页。

2 Andrew Ure, *The Philosophy of Manufactures*, London: Charles Knight, 1835, p. 37.

3 《马克思恩格斯全集》第 44 卷,人民出版社 2001 年版,第 451 页。

尤尔的《工厂哲学》对马克思哲学发展的影响

剩余价值时,他才会使用机器。那么,在生产过程中为什么要使用机器呢?"提高劳动生产力和最大限度否定必要劳动,正如我们已经看到的,是资本的必然趋势。劳动资料转变为机器体系,就是这一趋势的实现。"[1]使用机器的目的本身在于提高劳动生产力和否定必要劳动。实际上,尤尔在著作中也已经清楚地说明了这个问题,下一节会详细分析。

在资本主义机器大工业条件下,固定资本的使用越来越广泛,固定资本的使用对工人来说会产生不利的后果,可以说,固定资本的使用实现了更深层次上对工人的剥削。"其次,资本发展成为一种强制关系,迫使工人阶级超出自身生活需要的狭隘范围而从事更多的劳动。作为他人辛勤劳动的制造者,作为剩余劳动的榨取者和劳动力的剥削者,资本在精力、贪婪和效率方面,远远超过了以往一切以直接强制劳动为基础的生产制度。"[2]由此可见,资本主义生产方式导致固定资本在生产过程中承载了资本家对工人更深层的剥削。"作为资本家,他只是人格化的资本。他的灵魂就是资本的灵魂。而资本只有一种生活本能,这就是增殖自身,创造剩余价值,用自己的不变部分即生产资料吮吸尽可能多的剩余劳动。资本是死劳动,它像吸血鬼一样,只有吮吸活劳动才有生命,吮吸的活劳动越多,它的生命就越旺盛。"[3]固定资本在这里就像是马克思所说的吸血鬼,它就是要通过吮吸工人的劳动力来获得更多的剩余价值,而且是一个永不停止的吸血鬼。

资本家将吮吸过来的工人的劳动再生产出剩余价值之后,又会将剩余价值投入生产过程中,不断地进行生产与再生产,不断地

---

1 《马克思恩格斯全集》第 31 卷,人民出版社 1998 年版,第 92 页。
2 《马克思恩格斯全集》第 44 卷,人民出版社 2001 年版,第 359 页。
3 《马克思恩格斯全集》第 44 卷,人民出版社 2001 年版,第 269 页。

进行扩大再生产。"因此,资本主义生产过程在本身的进行中,再生产出劳动力和劳动条件的分离。这样,它就再生产出剥削工人的条件,并使之永久化。……可见,资本主义生产过程,在联系中加以考察,或作为再生产过程加以考察时,不仅生产商品,不仅生产剩余价值,而且还生产和再生产资本关系本身:一方面是资本家,另一方面是雇佣工人。"[1]在这里可以看到,固定资本对劳动力的这种吮吸的要求不断增强,吮吸的能力不断提高,总之,这样的吮吸过程是不会停止的。通过这种吮吸,不断再生产出资本家和工人,也就是不断再生产出资本家对工人的剥削。所以,固定资本本身体现了资本家对工人不断剥削的过程,而这种过程正是资本主义内在矛盾不断激化的过程。由此可见,对固定资本的分析是马克思通向对资本主义客观的内在矛盾的分析道路。

那么,将固定资本放置在历史唯物主义视域中,我们看到的不仅仅有资本家与工人之间的剥削与被剥削的关系,更重要的是,透过固定资本这一富有深刻内涵的概念,看到的是马克思对资本主义生产方式的深刻剖析。从历史唯物主义视角看固定资本,那么可以看到的是从固定资本如何生发出资本主义社会的内在矛盾。固定资本它一方面固定着工人,另一方面固定着资本家。

为什么这么说呢?首先来看,固定资本如何固定着工人。从前面的分析可以看到,固定资本是资本主义机器大工业的产物,是在生产过程中出现了机器体系之后才能被称作为固定资本。在工场手工业阶段,斯密和李嘉图所称作的固定资本不是马克思意义上的固定资本,严格说来是不能被称作为固定资本的。固定资本是将工人牢牢地固定在生产过程中,透过固定资本,可以看到资本

---

1 《马克思恩格斯全集》第44卷,人民出版社2001年版,第665—667页。

尤尔的《工厂哲学》对马克思哲学发展的影响

主义生产过程发生了根本变化。在《61—63年经济学手稿》中，马克思分析了劳动的从属问题，劳动从形式上的从属变成了实质上的从属。也就是说，在工场手工业阶段，劳动还是依靠工人的技术，熟练程度，在生产过程中，工人还是占据主导地位的，而到了机器大工业体系之下，工人在生产过程中的地位从主体地位降为从属地位，生产过程的主体变成了机器体系，生产的过程已经不再依靠工人的能力，因此，原先工人还可以以自己的技术作为与资本家谈判的资本，那么，现在工人已经没有了任何与资本家协商的筹码，只能乖乖地臣服于资本家的统治，所以在这个层面上来说，工人不是臣服于资本家，而是臣服于资本的统治，是以机器体系为核心的固定资本的统治。

再来看看固定资本如何固定着资本家。在机器大工业中，由于机器体系在总资本中占据越来越中的比重，也就是马克思所分析的资本有机构成提高，所以，固定资本占据越来越大的分量，而作为工人劳动力的这一部分资本占据越来越小的分量，而随着科学技术的发展，庞大的机器体系在生产中的位置越来越高。

尤尔在《工厂哲学》中已经指出，庞大的机器体系在生产过程中必须不断地被运转。"第一阶段的工人是散开在国家的大片土地上，相互之间竞争而获得工作和工资，他们之间很少进行沟通，同时对他们的雇主也没有影响。但是如果假定他们在一定程度上这样做，那么他们将会将他们自己的资本固定住，就像他们的管理者一样；这就是，他们因为没有雇佣的织布机和织布机商店而失去金钱，就像他们如果将织布机投入工厂中，而获得的资本增殖。后者的操作者必然与大体积的身体是联系在一起的，或者他们是没有资本投入在机器或者商店中的。当他们选择斗争时，他们可以立马投入殴打中，停止工作，他们损失的仅仅是付出的时间才能产生的工资,同时,这样对他们的主人来说,失去的是资本的利益,他的租金,他的税收,和机器在潮湿的环境中不运转而产生的损坏。在曼彻斯特有一个棉花工厂,每年损失的资本从 50 001 到 100 001 先令。如果我们加上这些损失,说到底,资本所获得的利益,这些有害的阴谋被操作者加诸于工厂主身上的,是对他们有害的,对国家也是不利的。"[1]尤尔这里对两种不同生产方式的分析,在这里,已经蕴含了固定资本的节约的问题。尤尔指出了,如果生产工具不被使用,就会受到损失,像机器就会因为生锈而遭受损失,像工人的工具不被使用也就遭受损失。这里可以说,是马克思的固定资本的磨损的原型,马克思在资本论第一卷中也提到尤尔这里的论述。并且,尤尔在这里上升到了国家的高度,这种损失,不仅对资本家个人来说是不利的,对整个国家的经济来说也是不利的。这也就是后来马克思所发现的,在机器大工业体系下,机器是否运转,不是资本家决定的,而是资本主义生产方式本身决定的。

随着资本主义生产方式的变革,资本主义生产力的提高,以机器体系为核心的生产资料在科技的推动下,以越来越快的速度出现在生产过程中,而这种无形损耗的速度也在加速进行,这成了资本主义社会不可克服的内在矛盾。那么,资本家能不能选择不使用新出现的固定资本呢?在这个过程中,资本家别无选择,因为机器大工业下的资本主义社会中,生产力已经不是个人的生产力了,而成了整个社会的生产力,个别资本家的生产率如果落后于社会生产力,就会在竞争中被淘汰。由此可见,固定资本将资本家牢牢地固定在生产过程中,只要踏上了这条路就很难再回头。

1　Andrew Ure, *The Philosophy of Manufactures*, London: Charles Knight, 1835, pp. 281 - 282.

　　　　　　　尤尔的《工厂哲学》对马克思哲学发展的影响

从上面的分析可以看到,通过固定资本,马克思将理论视野牢牢地放置在生产过程中,并且是整个资本主义的社会化大生产过程,在这个社会化大生产过程中间,工人不得不劳动,资本家不得不剥削工人,在这个社会化大生产过程中间生发出了资本主义社会的内在矛盾。

通过对固定资本的分析,马克思分析清楚了资本主义的内在矛盾究竟是什么,对客体线索的思考不断成熟,走出这样一条路径:剩余价值的剥削——资本有机构成提高——一般利润率下降——资本内在矛盾的崩溃。在这条路径下,是马克思对内在矛盾的分析,从而将资本主义灭亡的基础置放在内在矛盾中。在机器大工业下,资本主义的内在矛盾来自资本主义生产方式本身所建构的矛盾。

在这一理论布展中马克思完成了客体线索与主体线索的融合。也正是对固定资本的准确分析,确认了其中主体的力量。因为在机器大工业下,工人退到了固定资本之旁,技术、智力等等都被消解的工人如何能够主动承担起解放的力量呢? 马克思的理论思路从早期的主体反抗的路径走向客体内在矛盾分析的路径。当然,马克思并没有放弃主体的线索,而是将主体的线索与客体的线索融为一体。资本主义社会本身的矛盾来自固定资本所承载的生产力与生产关系的内在矛盾,固定资本所承载的客观矛盾运动才是资本主义生产方式的主体,无论是机器还是工人都不能构成资本主义生产方式的主体。从而,解放的路径来自固定资本所承载的客观的内在矛盾。

在尤尔的理论视域中,机器体系就是马克思意义上的固定资本的实物存在。但是,当我们面对社会变化的时候,我们会看到,在今天,即使是实物的存在也已经不同于尤尔和马克思当时的机器大工业社会。当今社会,从工业社会转向后工业社会,生产方式在一定程度上有别于马克思当年所论述的机器大工业社会,在社会领域中,金融领域和信用体系越来越占据主导地位,生产过程开始出现了以人的智力因素为主导的体系。在这样的社会转型机制下,西方学者对固定资本给予了更多的关注度,代表人物有哈维、奈格里等人。基于社会转型的机制下,西方学者对固定资本的关注有不同的方向。哈维是从客体的维度关注了马克思的固定资本,在他的著作《跟大卫·哈维读〈资本论〉》(第二卷)和《资本的限度》中专门开辟了章节来论述固定资本。而奈格里在 2017 年参加南京大学的会议所提交的会议论文就是《固定资本的占有:一个隐喻?》。那么以哈维和奈格里为代表的西方学者为什么会重视马克思的固定资本理论呢?他们对固定资本的理解是怎么样的?他们对马克思的固定资本的理解又说明了什么呢?接下来详细探讨这两个学者对固定资本的分析。

首先探讨哈维对固定资本的分析。哈维对固定资本的分析集中在两个方面:

一方面,哈维与国外很多学者一样关注了《固定资本与社会生产力的发展》这一章节,这是在研究固定资本时无法规避的内容。"科学知识等人类创造力的无偿馈赠以及'春蚕吐丝'式的劳动通过不同方式进入资本循环。但马克思唯一感兴趣的是他所谓的'普遍知识',具体说就是技术和科学知识如何嵌入固定生产资本,从而以机械自动化(在我们的时代是通过机器人和人工智能)取代和剥夺劳动。它通过固定资本形式影响劳动生产率。马克思认为

尤尔的《工厂哲学》对马克思哲学发展的影响

科学知识本身就是免费品。"[1]哈维这段话就是在讨论《固定资本与社会生产力的发展》，而国外学者是将此翻译成"机器论片段"。从翻译可以看出，哈维和国外大部分学者是从物的维度来看固定资本的。

从历史唯物主义哲学来看，哈维与古典政治经济学家一样将物仅仅看作是物，缺少了社会关系的维度。马克思的物是物和社会关系双重维度。固定资本不仅仅是看得见摸得着的机器、厂房等，更是资本家和工人之间的社会关系，是资本家对工人之间的剥削与被剥削的关系。所以，马克思所使用固定资本这一概念特指资本主义社会关系下的固定资本。正是因为哈维无法从社会历史观的角度去理解马克思，所以他才会认为马克思"仿佛掉进了拜物教的陷阱，而这恰好是他极其频繁的予以斥责的"[2]。

另一方面，哈维对固定资本的考察的理论视域从生产过程延伸到了流通过程，并且批评马克思将讨论的理论域限定在生产过程中具有一定的局限性。"由此可见，我们如果没有彻底考察货币资本和利息，在讨论固定资本的这种流通形式时就没法走得很远。正是出于这个原因，马克思在探讨固定资本的段落中排除了对这个问题的进一步考察，仅仅探讨了封闭在生产过程中的固定资本。"[3]哈维对《资本论》的分析侧重第二卷和第三卷，之所以有这样的理论视域的转换是因为他看到在新的历史时期资本主义出现了新现象，他将理论视域延伸到信用体系、金融等领域，从固定资本的生产过程延伸到流通过程。

1　［英］大卫·哈维：《马克思与〈资本论〉》，周大昕译，中信出版集团 2018 年版，第154—155 页。

2　［英］大卫·哈维：《资本的限度》，张寅译，中信出版集团 2017 年版，第 343 页。

3　［英］大卫·哈维：《资本的限度》，张寅译，中信出版集团 2017 年版，第 364 页。

不可否认马克思的《资本论》第二卷是在讨论资本的流通过程，但是马克思的《资本论》第二卷虽然是在流通过程层面来谈的，但理论基础是第一卷，而第一卷分析的是资本主义内在的矛盾运动机理，第二卷与第一卷的关系的是本质在现象层面的展现，这是马克思的从抽象上升到具体的方法论的逻辑进程。如果不能理解第一卷这一本质内容，那么第二卷这一本质在现象层面的展现往往就会被当做经验来理解，而哈维恰恰就是从现象层面来理解马克思的第二卷的，因此，哈维对流通过程的理解就会经验化。

在分析固定资本的折旧时，哈维将马克思的固定资本的折旧称作为"线性价值转移"模型。实际上是他自己在线性层面解读资本论，这一点可以从他的水循环图看出。哈维用水循环图来表示资本循环大大弱化了资本的社会历史内容。马克思在《资本论》序言中说过："分析经济形式，既不能用显微镜，也不能用化学试剂。二者都必须用抽象力来代替。"[1] 研究社会历史过程不能用解剖刀，要用抽象力。实际上哈维是用解剖刀分析当代资本主义社会出现的新问题。但是研究具体的社会问题之前如果没有弄清楚抽象的理论问题就只会停留于现象层面的分析。哈维强调《资本论》三卷本的完整性是非常准确的，但是哈维是从线性层面来划分三卷本的。实际上，马克思的《资本论》三卷本是从抽象上升到具体的理论路径，是本质在现象层面的逐步展现。在金融等领域出现的矛盾是资本主义的本质的矛盾在新的历史条件下所展现出来的新的矛盾现象，如果不抓住本质矛盾就会被这些现象迷惑双眼。哈维所批判的理论视角有一定的合理性，但这些问题不是本质问题。

---

1 《马克思恩格斯全集》第 44 卷，人民出版社 2001 年版，第 8 页。

从以上分析可以看到,哈维对固定资本的关注是在客体层面,而奈格里对固定资本的关注则聚焦在主体层面。

奈格里认为,马克思当年所讨论的理论视域是机器大工业时代,当今社会已经进入了后工业时代,生产方式已经实现了从物质生产到非物质生产的转变,工人的劳动也从工业社会中的物质劳动转向了后工业社会中的非物质劳动,工人重新成为生产的主体。他对固定资本的理解在学理层面也有所推进。在会议论文《固定资本的占有:一个隐喻?》这篇文章中,他着重分析了固定资本。

奈格里认为当今社会已经进入数字化机器时代,工人的劳动变成了认知劳动。由于劳动方式发生改变,从物质劳动转变为非物质劳动,随着科学技术的发展,工人可以重新占有固定资本。"当马克思断言在《资本论》中通常被理解为作为机器网络的固定资本,已经变成了'人本身'时,他预言了资本在我们时代中的发展。虽然固定资本只不过是被资本所占有的劳动的产物;虽然被马克思称为'一般智力'的生产力和科学活动的积累被纳入到受资本控制的机器之中;最终,虽然资本无偿地占有这一切——但是,在资本主义发展的某些时刻,活劳动发挥出颠倒这种关系的力量。"[1]从这里可以看到,与哈维关注客体不同,奈格里对机器论片段关注的重点是"一般智力"和"活劳动",他更关注主体的力量,这与他在《大纲:超越马克思的马克思》这一早期著作中的思路是一致的,但又有所发展。在这篇文章中,虽然与他一贯的思路张扬革命的主体性是一致的,但是这里他对主体性的张扬是建立在对新时代的判断的基础上的。奈格里认为,生产方式的转换这一问题早已被马克思预言,实际上,奈格里所论述的这个问题就是马克思

1　[意]奈格里:《固定资本的占有:一个隐喻?》,2017年南京大学会议论文,黄璐翻译。

在《57—58年手稿》中所论述的:"固定资本的发展表明,一般社会知识,已经在多么大的程度上变成了直接的生产力,从而社会生活过程的条件本身在多么大的程度上受到一般智力(general intellect)的控制并按照这种智力得到改造。"[1]在这里,马克思将固定资本与一般智力等同起来。而这正是奈格里等人关注机器论片段的出场语境。

与此同时,马克思又指出:"节约劳动时间等于增加自由时间,即增加使个人得到充分发展的时间,而个人的充分发展又作为最大的生产力反作用于劳动生产力。从直接生产过程的角度来看,节约劳动时间可以看作生产固定资本,这种固定资本就是人本身。"[2]这一点正是奈格里等意大利自治主义者从中生发出革命的主体力量的出场路径。他们认为,固定资本节约劳动时间,从而个人有了更多的发展空间,这是马克思预言资本在我们时代的发展,所以他紧紧抓住"活劳动"的颠倒的力量。"今天我们可以真正地谈论在自主社会控制之下的智能机器的一体化与工人对固定资本的重新占有。"[3]实际上,奈格里没有看到马克思论述的更深层次的内容,那就是马克思所说的"固定资本就是人本身"这一句话的分量。虽然马克思预言到资本在我们时代的发展,但是并非如奈格里所说的可以从中看到活劳动的主体的力量。马克思这句话告诉我们的深层意蕴是无论是物质劳动还是非物质劳动,如今资本已经完成了对所有工人的劳动殖民,从经验层面来看,工人的劳动方式确实有所改变,有的劳动者出卖的是自己的知识、智力等因素,也就是奈格里提出的非物质劳动,但是,这并没有改变资本对

---

1 《马克思恩格斯全集》第31卷,人民出版社1998年版,第102页。

2 《马克思恩格斯全集》第31卷,人民出版社1998年版,第107—108页。

3 [意]奈格里:《固定资本的占有:一个隐喻?》,2017年南京大学会议论文,黄璐翻译。

工人的统治的方式,无论是物质劳动还是非物质劳动都没有改变被资本统治的命运。

尤尔在《工场哲学》开篇就讲道:"当今已经不同于以往任何时期,人们对工厂和制造充满了全部的激情。"[1] 可以看到,尤尔在《工厂哲学》的开篇就说明了时代特征,这个时代已经进入到机器时代,这不同于任何以往的时代。那么,一百多年过去了,当今时代发生了翻天覆地的变化在后工业时代固定资本又具有了新内容。在后工业时代,资本所追逐的已经是看不见摸不着的固定资本,即工人的智力、知识等,也就是奈格里所说的非物质劳动,这已经成了新的固定资本的内容,而这恰恰表明了,资本在更新更广泛的意义上牢牢地统治着工人,资本完成了对工人的更广泛的统治,将所有的劳动方式都牢牢地掌握在自己的统治之下。那么,在这样的情况下,主体如何能够生发出革命的力量呢? 主体依靠主体的力量是不行的,主体的解放路径依靠的是资本主义的内在矛盾。

综上所述,通过对固定资本的分析可以看到,马克思的固定资本概念不仅仅是一个经济学概念,更是一个哲学概念。马克思的固定资本不是简单的物,在固定资本身上承载的是资本家对工人的剥削,这种剥削深刻地体现在生产过程中。所以,对固定资本的理解必须深化到历史唯物主义的角度去发现固定资本身上所体现出来的资本主义的内在矛盾。而西方学者以哈维和奈格里为代表的学者,在面对当代社会生产方式的转型过程中,从固定资本这一概念中所能引申出的哲学内涵无非是人对物的生产或创造过程所具有的解放意义,但这种理解是以对生产过程的社会历史内涵的

---

1   Andrew Ure, *The Philosophy of Manufactures*, London: Charles Knight, 1835, p. 1.

弱化为前提的。正是因为不能从社会历史过程来理解固定资本，因此要么走向现象层面的流通过程的经验分析，要么走向悬设的主体反抗道路。如果清晰地把握住了固定资本这一概念本身所具有的社会历史观内涵，即历史唯物主义的哲学内涵，那么，固定资本身上所蕴含的解放意义其实就是社会历史过程所蕴含的解放意义。

三、机器的运用不同于机器的资本主义运用

尤尔分析了机器在生产力方面的优势，那么，既然存在这么多优势，在资本主义生产方式下是不是一定就要运用机器进行生产呢？他看到了在生产过程中运用机器所产生的矛盾。

尤尔看到了在生产过程中机器不断代替手工劳动。之所以用机器代替手工劳动来自两个方面的原因：一方面，尤尔认为是出于工厂主的仁慈和经济效益。他以使用升降机为例，他说在工厂中使用升降机是因为"工厂的管理者，出于两方面的原因，即他们的仁慈和经济效益，很久以前就使用方法来取代痛苦的劳动……"[1]，所以要用机器取代工人的繁重的劳动。另一方面，尤尔将原因归结于工人。他认为手工业劳动需要工人的技术、能力，因而工人可以以此要挟资本家提高劳动工资，提高工作待遇，甚至这些工人通过使用暴力来对抗资本家。尤尔反对工人的这些行为："人类天性的弱点如此之大，以致工人越熟练，就越任性，越难驾驭，因此，工人不驯服的脾气给总机构造成巨大的损害。"[2]尤尔认为工人的不

1　Andrew Ure, *The Philosophy of Manufactures*, London: Charles Knight, 1835, p. 45.

2　转引自《马克思恩格斯全集》第 44 卷，人民出版社 2001 年版，第 425 页。

驯服会给工厂主带来损失。为了减少损失，于是资本家在生产过程中运用新的机器来代替这些"任性的"工人。"这样一来，一帮不满分子自以为在旧的分工线上构筑了无法攻破的工事，却发现现代机器战术已把他们的侧翼包围，他们的防御手段已经毫无用处。他们只好无条件投降。"[1] "资本招募科学为自己服务，从而不断地迫使反叛的工人就范。"[2] 机器是永远不会任性的，机器永远只会臣服在资本家的统治之下。

尤尔还看到了有时候机器代替手工劳动会遭遇重重阻碍，他发现在生产过程中使用机器并不是一帆风顺的，机器代替手工劳动是一个缓慢的过程，几经波折才能最终确立它在生产过程中的主体地位。"在前一时期，制造业是萎靡的，在它刚产生的时候动荡不安；就像每年的植物一样，一个时间段繁荣一下，一个时间段又连根枯萎。"[3] 用尤尔自己的话来说，推行新出现的机器需要的是"拿破仑一样的勇气"[4]。那么这就出现了矛盾，既然机器代替工人对工人和资本家都有好处，那么为什么不直接全部用机器代替手工劳动呢？尤尔将原因归结为工人的对抗，这种对抗来自两个方面，一方面是工人与工厂主之间的对抗。当一种新机器出现时，工人会反对工厂主使用新机器，从而引发工人与工厂主之间的矛盾。"织布机是瑞士的一种发明，被两个兄弟带到他的邻居艾蒂安那里。他们被那些传统的丝带编织者所痛恨并迫害，把他们逼到极其痛苦的境地。因为忽视和恼怒，其中一个没有多久就在医

1　转引自《马克思恩格斯全集》第 47 卷，人民出版社 1979 年版，第 385 页。

2　转引自《马克思恩格斯全集》第 47 卷，人民出版社 1979 年版，第 386 页。

3　Andrew Ure, *The Philosophy of Manufactures*, London: Charles Knight, 1835, pp. 16 - 17.

4　Andrew Ure, *The Philosophy of Manufactures*, London: Charles Knight, 1835, p. 16.

院死去了。但是，后来过了一些年，这种织布机成了一种非常受欢迎的机器，在以前被诅咒的地方它们现在却被普遍使用。"[1]另一方面是工人与工人之间的内部对抗。使用机器之后，工资降低，而有的外地工人愿意以更低的工资进入工厂工作，但是本地的工人不允许这些工人降低工资，于是工人与工人产生矛盾，恩格斯在《英国工人阶级状况》中也描述过这一现象。由此可见，尤尔看到了机器代替手工劳动经历了一个漫长的，甚至是血腥的过程，很多地区的工人刚开始是抗拒机器的，他们以暴力的方式拒绝在生产过程中使用机器，使得机器无法得到有效的推行。尤尔将机器的运用受到阻碍的原因归之于工人，其实对于资产阶级的代言人尤尔来说，一切阻碍资本主义发展的理由都可以从工人身上找到。

实际上，在尤尔之前，很多思想家都认为，机器的使用是为了给工人的生产带来便利，减轻工人的辛劳。果真如此吗？马克思回答了这个问题。"约翰·斯图亚特·穆勒在他的《政治经济学原理》一书中说道：'值得怀疑的是，一切已有的机械发明，是否减轻了任何人每天的辛劳。'但是，这也决不是资本主义使用机器的目的。像其他一切发展劳动生产力的方法一样，机器是要使商品便宜，是要缩短工人为自己花费的工作日部分，以便延长他无偿地给予资本家的工作日部分。机器是生产剩余价值的手段。"[2]应该说，尤尔的进步在于他已经不仅从提高工人的便利的角度来分析机器，而且从有利于资本家的角度来分析这个问题，并且看到了机器在运用过程中产生的矛盾，但是，他没有能够解决这个矛盾。马克思从机器的资本主义运用的特点来解决了这一矛盾。

1　Andrew Ure, *The Philosophy of Manufactures*, London: Charles Knight, 1835, p. 257.

2　《马克思恩格斯全集》第44卷，人民出版社2001年版，第427页。

马克思回答了令人疑惑的一个问题:为什么能够带来更高生产效率的机器已经出现了,但资本家有时候并不使用? 在马克思看来,机器的使用,如果不能在更大程度上剥削工人,资本家是不会使用机器的。"如果只把机器看作使产品便宜的手段,那么使用机器的界限就在于:生产机器所费的劳动要少于使用机器所代替的劳动。可是对资本说来,这个界限表现得更为狭窄。因为资本支付的不是所使用的劳动,而是所使用的劳动力的价值,所以,对资本说来,只有在机器的价值和它所代替的劳动力的价值之间存在差额的情况下,机器才会被使用。"[1]在此基础上,马克思进一步说明剩余价值的来源:"随着机器在同一生产部门内普遍应用,机器产品的社会价值就降低到它的个别价值的水平,于是下面这个规律就会发生作用:剩余价值不是来源于资本家用机器所代替的劳动力,而是相反地来源于资本家雇来使用机器的劳动力。"[2]所以,并非有了机器就要使用机器,决定是否使用机器的原因不在于机器能否带来更高的生产效率,也就是机器本身作为机器所具有的生产力水平,而在于机器能否带来更多的剩余价值。如若不能,资本家就会继续使用手工劳动。

　　实际上,问题的根源在于机器的使用与机器的资本主义运用有本质区别,机器的使用在资本主义生产方式下有特定的内容。机器的资本主义运用是机器本身作为资本能够带来更多剩余价值的基础上而被使用的。这两者的本质区别在于,机器作为一个物使用,所指向的对象是工人,这种情况下,只要机器能够降低工人的辛劳提高劳动生产率就应该被使用。与之不同的是,机器的资

1　《马克思恩格斯全集》第 44 卷,人民出版社 2001 年版,第 451 页。

2　《马克思恩格斯全集》第 44 卷,人民出版社 2001 年版,第 468 页。

本主义运用所指向的对象是资本,是使用机器能够比使用工人带来更多的剩余价值的情况下才会使用机器。所以,这就是为什么机器在各地区间不平等使用,即使机器生产出来了,在一些领域以及在一些地区,资本家也不愿意使用机器的原因。李嘉图最早发现了这一现象,但他认为使用机器与否的决定性因素是劳动价格的高低。"亚美利加采用机械的诱因,必较薄弱,因其地易于获得食物。英国食物是腾贵的,食物的生产,亦须费较多劳动,故采用机械的诱因较高。"[1] 马克思从机器的资本主义运用的角度解决了这个问题。

区分了机器与机器的资本主义运用就能解决一个问题,资本主义社会的矛盾是不是机器带来的。机器的使用与机器的资本主义运用是不一样的,机器本身并不带来社会的矛盾,带来社会内在矛盾的是因为机器的资本主义应用,也就是根本原因来自资本主义制度本身。"同机器的资本主义应用不可分离的矛盾和对抗是不存在的,因为这些矛盾和对抗不是从机器本身产生的,而是从机器的资本主义应用产生的!因为机器就其本身来说缩短劳动时间,而它的资本主义应用延长工作日;因为机器本身减轻劳动,而它的资本主义应用提高劳动强度……"[2] 正因为如此,在资本主义条件下,工人认为是机器排挤了他们,因此起来反抗机器,捣毁机器,事实证明那是无济于事的,马克思说:"工人要学会把机器和机器的资本主义应用区别开来,从而学会把自己的攻击从物质生产资料本身转向物质生产资料的社会使用形式,是需要时间和经验

1 [英]大卫·李嘉图:《政治经济学及赋税原理》,郭大力、王亚南译,译林出版社 2011 年版,第 232 页。

2 《马克思恩格斯全集》第 44 卷,人民出版社 2001 年版,第 508 页。

的。"[1]要改变工人被压迫的状态,就是要改变应用了机器的资本主义制度本身。

四、剩余价值概念体现马克思对机器大工业的深刻分析

恩格斯指出,马克思的两大理论发现是唯物史观和剩余价值,由此可见,唯物史观和剩余价值在马克思理论中的重要性。很显然,唯物史观是马克思的哲学,那么,剩余价值是否就是马克思的政治经济学呢?长期以来,学术界对剩余价值的理解大都是从政治经济学的角度进行分析,认为剩余价值是一个经济学概念。实际上,剩余价值与唯物史观是不可分割的,要达成对剩余价值的深刻的理解,就要从历史唯物主义的角度去分析剩余价值概念。仅仅从政治经济学的角度分析剩余价值必然会削弱剩余价值的深刻内涵,剩余价值与唯物史观是一个统一体,不可分割。

剩余价值概念并不是马克思的首创,古典政治经济学家斯密、李嘉图早已使用过这个概念。但是,斯密和李嘉图是立足于流通过程,从交换价值的视角来分析剩余价值,而在交换层面只能看到资本家和工人之间的平等交换。"因此,那些试图把商品流通说成是剩余价值的源泉的人,大多是把使用价值和交换价值弄混了、混淆了。"[2]在流通领域是无法产生剩余价值的,能够真正产生剩余价值的是在生产领域中。因此,研究剩余价值只能将理论视角置放于生产过程中,因为只有将理论视角放在生产过程中,才能看到资本家对工人的剥削。在生产过程中之所以会有资本家对工人的

---

1 《马克思恩格斯全集》第 44 卷,人民出版社 2001 年版,第 493 页。
2 《马克思恩格斯全集》第 44 卷,人民出版社 2001 年版,第 185 页。

剥削呢就在于剩余价值,在生产过程中,资本家剥夺了工人的剩余价值,所以,剩余价值是分析资本家对工人的剥削的关键。更重要的是,剩余价值所要揭示的并不是从数理层面上分析数值多少,而是通过剩余价值的分析去分析劳资关系的内在矛盾,说明清楚客观的矛盾运动过程。

剩余价值是来自于生产过程,那么首先就要厘清马克思这里所讲的生产过程是什么生产过程。在分析剩余价值的过程中,首先要区分一般生产过程与资本主义生产过程的不同。一般劳动过程是每个时代都有的劳动方式,在其中看不出不同的生产方式。"劳动过程,就我们在上面把它描述为它的简单的、抽象的要素来说,是制造使用价值的有目的的活动,是为了人类的需要而对自然物的占有,是人和自然之间的物质变换的一般条件,是人类生活的永恒的自然条件,因此,它不以人类生活的任何形式为转移,倒不如说,它为人类生活的一切社会形式所共有。因此,我们不必来叙述一个劳动者与其他劳动者的关系。一边是人及其劳动,另一边是自然及其物质,这就够了。根据小麦的味道,我们尝不出它是谁种的,同样,根据劳动过程,我们看不出它是在什么条件下进行的:是在奴隶监工的残酷的鞭子下,还是在资本家的严酷的目光下;是在辛辛纳图斯耕种自己的几亩土地的情况下,还是在野蛮人用石头击杀野兽的情况下。"[1]

资本主义生产过程,最重要的在于他是商品生产过程,而商品生产过程的意义就在于能够给资本家带来价值增殖。"作为劳动过程和价值形成过程的统一,生产过程是商品生产过程;作为劳动过程和价值增殖过程的统一,生产过程是资本主义生产过程,是商

---

1 《马克思恩格斯全集》第 44 卷,人民出版社 2001 年版,第 215 页。

品生产的资本主义形式。"[1]这个价值增殖就是马克思具体分析的剩余价值。从表面上看,资本主义生产过程跟其他奴隶社会、封建社会的生产过程没有太大的差别,都是人在劳动,都是一般生产过程,但是本质的差别就在于剩余价值的生产是一般劳动过程与价值增殖过程的统一。"如果我们从劳动过程的观点来考察生产过程,那么工人并不是把生产资料当作资本,而只是把它当作自己有目的的生产活动的手段和材料。例如在制革厂,工人只是把皮革当作自己的劳动对象。他不是鞣资本家的皮。可是,只要我们从价值增殖过程的观点来考察生产过程,情形就不同了。生产资料立即转化为吮吸他人劳动的手段。不再是工人使用生产资料,而是生产资料使用工人了。不是工人把生产资料当作自己生产活动的物质要素来消费,而是生产资料把工人当作自己的生活过程的酵母来消费,并且资本的生活过程只是资本作为自行增殖的价值的运动。夜间停止不用、不吮吸活劳动的熔炉和厂房,对资本家说来是一种'纯粹的损失'。"[2]在资本主义生产方式下,资本主义的生产过程就是资本吸纳剩余价值的过程。

那么,具体分析剩余价值从何而来。马克思说得很清楚,剩余价值来自剥夺工人的剩余劳动时间。在这样的利益的驱使下,资本家和工人都发生了本质变化,在追逐剩余价值的生产方式下,资本家不是资本家,工人不是工人。"作为资本家,他只是人格化的资本。他的灵魂就是资本的灵魂。而资本只有一种生活本能,这就是增殖自身,创造剩余价值,用自己的不变部分即生产资料吮吸尽可能多的剩余劳动。资本是死劳动,它像吸血鬼一样,只有吮吸

1　《马克思恩格斯全集》第44卷,人民出版社2001年版,第229—330页。
2　《马克思恩格斯全集》第44卷,人民出版社2001年版,第359—360页。

活劳动才有生命,吮吸的活劳动越多,它的生命就越旺盛。"[1]在资本主义生产方式下,在追逐剩余价值的过程中,资本家不再是资本家,而是成了吸血鬼。

在资本主义生产方式下,工人也发生了本质变化,"在这一点上,最能说明问题的是,人们把那些全天劳动的工人叫作'全日工',把 13 岁以下的只准劳动 6 小时的童工叫作'半日工',在这里,工人不过是人格化的劳动时间。一切个人之间的区别都化成'全日工'和'半日工'的区别了。"[2]在资本家的眼中,是没有人这个概念的,资本家的眼里只有工人的劳动时间以及工人的剩余劳动时间所带来的剩余价值。

正是因为剩余价值来自工人的剩余劳动时间,所以资本家与工人之间的斗争起初都是围绕着工作时间而展开。长时间以来,工人进行着工作日的斗争,从 14 小时到 12 小时到 10 小时直至 8 小时,我们往往会误以为工作日的缩减是由于工人的斗争引起的。"但是,劳动力的价值包含再生产工人或延续工人阶级所必需的商品的价值。既然资本无限度地追逐自行增殖,必然使工作日延长到违反自然的程度,从而缩短工人的寿命,缩短他们的劳动力发挥作用的时间,那么,已经消费掉的劳动力就必须更加迅速地得到补偿,这样,在劳动力的再生产上就要花更多的费用,正像一台机器磨损得越快,每天要再生产的那一部分机器价值也就越大。因此,资本为了自身的利益,看来也需要规定一种正常工作日。"[3]从这里可以看到,工人争取工作日的斗争,资本家之所以会妥协,并不是因为工人的斗争本身,并不是因为资本家真的害怕工人,而是因

1　《马克思恩格斯全集》第 44 卷,人民出版社 2001 年版,第 269 页。

2　《马克思恩格斯全集》第 44 卷,人民出版社 2001 年版,第 281 页。

3　《马克思恩格斯全集》第 44 卷,人民出版社 2001 年版,第 307 页。

为,对工人的残酷剥削导致工人体质下降,而这种下降已经影响到工人劳动力的再生产,更准确地说是影响到资本家剩余价值的生产,所以资本家才会同意工人关于工作日的要求。所以,资本家同意工人工作日的要求并不是工人斗争的结果,本质上是由资本主义社会的内在矛盾决定的,工作日的缩减是由资本的要求本身决定,是资本为了自身的利益而做出的妥协。马克思在这里是从客观的视角进行分析,也就是说马克思不会再从资本家本人的善恶去分析问题,从这里可以看到,这是资本主义生产的内在规律迫使资本家做出的选择,也就是说,资本家做出的任何选择是由生产的内在规律决定的,并不由资本家本人做出决定。"正常工作日的规定,是几个世纪以来资本家和工人之间斗争的结果。"[1] 所以说,表面看来正常工作日的规定是资本家和工人之间的斗争的结果,实际上,本质上来说,正常工作日的规定是资本的内在矛盾在资本主义不同发展阶段上的表现而已。

资本家所获得的剩余价值来自工人的剩余劳动时间,并且这种剩余价值的获得是在资本主义的生产过程中完成的。那么,资本家如何从生产过程中获得工人所创造的剩余价值呢?分析这个问题的过程中,马克思将资本划分为不变资本与可变资本。在政治经济学的分析中,我们认为,是可变资本创造了剩余价值,更准确地说是因为资本家预付了一部分资本,所以才产生了剩余价值。而实际上,当我们这么分析的时候,是将资本主义的发展过程静止化了,如果从历史的动态的角度来看资本主义的发展过程,我们会有新的发现。"诚然,只有从生产过程的不断更新来考察资本主义生产过程,可变资本才会失去从资本家私人基金中预付的价值的

1　《马克思恩格斯全集》第 44 卷,人民出版社 2001 年版,第 312 页。

性质。"[1]从这里可以看到可变资本的来源,如果将资本主义的生产过程放在静止的历史过程中间,我们往往容易将可变资本归结为资本家自己的财富,实际上需要进一步追问,资本家自身的财富从何而来?实际上,将资本主义的生产过程看作是一个动态的发展过程就会发现,不仅剩余价值,即使是可变资本本身也是来自对工人的剥削,也是工人自身的劳动产生的。

前面,我们寻根究源考察了剩余价值的产生问题,接下来进一步探讨产生的剩余价值。何去何从,这些剩余价值产生后对资本主义的生产产生了什么样的影响,马克思已经透彻地分析了这个问题。在这个问题上,马克思分析了资本的积累,也就是说,在剩余价值产生之后,资本家并不是将剩余价值全部用在私人的花销上,而是将剩余价值继续投入生产过程中使得生产规模不断扩大化,实现资本的扩大再生产。

剩余价值的矛盾就在于,资本主义生产方式本身会不断推动资本的发展。资本主义生产分为两种,一种是资本主义再生产和资本主义扩大再生产,这两种有本质区别。资本主义再生产只是资本重新回到生产过程中形成资本的简单循环,这个是保证资本能够循环下去,资本主义生产能够正常运作的一个方式,但是,资本主义不断发展的原因恰恰不在于此,而在于剩余价值转化为资本。资本主义的扩大再生产才是资本主义与生产方式矛盾的根源,才是资本主义危机的根源。所以,剩余价值的重要性,或者剩余价值之所以会带来资本主义生产方式的内在矛盾就在于剩余价值转化为资本。所以,剩余价值的资本化是分析资本主义内在矛盾的关键。

---

1 《马克思恩格斯全集》第 44 卷,人民出版社 2001 年版,第 656 页。

扩大再生产带来的结果是什么呢?"简单再生产不断地再生产出资本关系本身:一方面是资本家,另一方面是雇佣工人;同样,规模扩大的再生产或积累再生产出规模扩大的资本关系:一极是更多的或更大的资本家,另一极是更多的雇佣工人。劳动力必须不断地作为价值增殖的手段并入资本,不能脱离资本,它对资本的从属关系只是由于它时而卖给这个资本家,时而卖给那个资本家才被掩盖起来,所以,劳动力的再生产实际上是资本本身再生产的一个因素。因此,资本的积累就是无产阶级的增加。"[1]从这里的分析可以看到,剩余价值转化为资本的重要意义就是扩大再生产,这种扩大再生产的意义从表面上看来似乎就是生产的规模扩大,资本的规模扩大在这个问题上需要进一步思考生产规模和资本规模的扩大对工人来说意味着什么。实际上,资本扩大本身并不是结果,结果是造成了无产阶级的增加,另一方面,造成了无产阶级对资本的永久的从属关系,这是从主体的角度来思考的。

　　在以往的资本主义客观矛盾的分析中,我们往往会从资本有机构成越来越高导致资本主义的内在矛盾越来越剧烈这个角度去思考。但是并没有进一步分析,资本有机构成为什么会越来越高。实际上,就是因为在资本主义的再生产过程中,剩余价值转化为资本带来了资本的扩大再生产。资本主义扩大再生产,机器使用越来越多,资本有机构成越来越高,才有了资本主义内在矛盾的凸显。否则,如果没有资本主义扩大再生产就不会有资本有机构成的变化,资本主义生产方式就会一成不变。剩余价值的资本化体现的恰恰是生产过程中的内在的客观矛盾运动过程。

　　在《资本论》中,第三篇、第四篇和第五篇,马克思特地用三篇

1　《马克思恩格斯全集》第44卷,人民出版社2001年版,第708—709页。

来讲剩余价值,并且,单独开辟出每一篇分别讲绝对剩余价值、相对剩余价值,以及绝对剩余价值和相对剩余价值的生产,由此可见,这两者的区分对于分析资本主义社会的内在矛盾是非常重要的。从剩余价值到绝对剩余价值和相对剩余价值的区分,剩余价值的内涵在一步步丰富。剩余价值的内涵丰富到什么程度,马克思对资本主义内在矛盾的分析就会到达什么程度,所以,马克思的概念的丰富性与马克思对资本主义的深入分析紧密相连。

在以往的政治经济学研究中,对绝对剩余价值和相对剩余价值的划分,我们往往会将绝对剩余价值的来源归结为来自通过延长工人的劳动时间和提高工人的劳动强度来达到对工人的剥削,并且认为这种方式是在资本主义社会早期使用的比较多的方法。而相对剩余价值是通过提高工人的劳动生产效率来达到对剩余价值的占有的方法,相对剩余价值的生产是在资本主义生产成熟起来的使用方法。这种划分是不是准确要回到马克思的《资本论》中。

回到《资本论》的目录进一步分析马克思在绝对剩余价值和相对剩余价值这一部分是如何安排章节的。在第四篇,"相对剩余价值的生产"这一部分中,马克思将协作、分工和工场手工业、机器和大工业一起放在这一篇中。从马克思这里的安排我们可以看出的是,协作、分工和工场手工业就已经开始有了相对剩余价值的生产,很显然,协作、分工和工场手工业是资本主义早期的生产方式,也就是说我们是不能绝对地以资本主义的时间顺序来划分绝对剩余价值和相对剩余价值。那么如果不以时间来划分绝对剩余价值的生产和相对剩余价值的生产,那么又以何种方式来划分这两者,要回答这个问题就要思考协作、分工和工场手工业、机器和大工业为什么会带来相对剩余价值的生产。

相对剩余价值指的是通过提高劳动生产率来增加剩余价值的方法,那么协作、分工和工场手工业、机器和大工业都提高了劳动生产率。我们很容易理解机器大工业能够提高劳动生产率,那么协作和分工如何提高劳动生产率,实际上,马克思分析的很重要的一个方面就是具体的资本主义生产方式的不同。这种生产方式的不同不仅仅是生产力的提高,因为从奴隶社会到封建社会,也有生产力的提高,资本主义社会所带来的生产力的提高与以往的社会的生产力的提高是不一样的。"资本起初是在历史上既有的技术条件下使劳动服从自己的。因此,它并没有直接改变生产方式。所以我们上面所考察的、单靠延长工作日这种形式的剩余价值的生产,看来是与生产方式本身的任何变化无关的。它在旧式面包业中和在现代棉纺业中同样有效。"[1]实际上,马克思并不是按照时间的先后顺序来划分绝对剩余价值和相对剩余价值的,而是按照资本家剥削工人的方式的不同来划分的,而资本家剥削工人的方式的本质上的不同在于资本主义的生产方式发生了本质的变化。"绝对剩余价值的生产只同工作日的长度有关;相对剩余价值的生产使劳动的技术过程和社会组织发生彻底的革命。"[2]由此可见,相对剩余价值是剩余价值更重要的概念,因为他更加展现资本主义的本质特征,生产关系和生产方式发生变化而带来的剩余价值,这是与以往任何生产方式都不同的生产方式。资本主义的生产方式,改变的是生产的工人的组织形式,这是资本主义生产方式有别于以往社会制度的地方。可以说,是生产方式本身的改变带来了工人的组织形式的改变,工人的组织形式的改变带来劳动效

1　《马克思恩格斯全集》第 44 卷,人民出版社 2001 年版,第 359 页。
2　《马克思恩格斯全集》第 44 卷,人民出版社 2001 年版,第 583 页。

率的不同,带来的是相对剩余价值的生产。

那么具体分析资本主义生产方式的变化在协作、分工和工场手工业阶段、机器大工业阶段是如何实现生产方式的变化从而实现相对剩余价值的生产。实际上,在资本主义的这三个阶段,撇开由于科学技术的提高带来劳动生产率的提高不谈,还有一个更重要的因素带来了劳动生产力的提高,这就是马克思所提出来的社会生产力。社会生产力指的是社会整体的劳动生产力,它是资本主义社会特有的产物,并且,当劳动力以社会的方式出现时,不需其他任何外力就会天然形成一种强大的生产力,叫做社会劳动生产力。

首先,来看一下在资本主义的协作阶段。协作是资本主义社会早期出现的一种生产方式,劳动方式从个人劳动到社会劳动,创造出了一种新的劳动生产力。协作指的是多数人集中到同一个地点进行劳动,而进行协作的时候,劳动生产力并没有改变,也从实际上改变了劳动生产率。"在这里,结合劳动的效果要么是单个人劳动根本不可能达到的,要么只能在长得多的时间内,或者只能在很小的规模上达到。这里的问题不仅是通过协作提高了个人生产力,而且是创造了一种生产力,这种生产力本身必然是集体力。"[1]因此,协作即使不改变个人劳动生产力,也能改变社会整体的劳动生产力,只不过,这种相对剩余价值的生产在资本主义社会的早期是以一种无意识的方式出现的。"工人作为独立的人是单个的人,他们和同一资本发生关系,但是彼此不发生关系。他们的协作是在劳动过程中才开始的,但是在劳动过程中他们已经不再属于自己了。他们一进入劳动过程,便并入资本。作为协作的人,作为一

1　《马克思恩格斯全集》第 44 卷,人民出版社 2001 年版,第 378 页。

　　　　　尤尔的《工厂哲学》对马克思哲学发展的影响

个工作有机体的肢体,他们本身只不过是资本的一种特殊存在方式。因此,工人作为社会工人所发挥的生产力,是资本的生产力。只要把工人置于一定的条件下,劳动的社会生产力就无须支付报酬而发挥出来,而资本正是把工人置于这样的条件之下的。因为劳动的社会生产力不费资本分文,另一方面,又因为工人在他的劳动本身属于资本以前不能发挥这种生产力,所以劳动的社会生产力好像是资本天然具有的生产力,是资本内在的生产力。"[1] 从这一段可以看出,社会生产力是资本天然的生产力,或者说,协作所产生的高于一般劳动生产力的情况,并不是工人带来的,而是资本本身的结合带来的。所以,资本主义生产力的提高有一个很重要的方面就是个人劳动生产力向社会劳动生产力的转化。独立的个人生产力变成社会生产力,实际上就是资本的生产力,这是资本本身所固有的天然的生产力。

接着分析在资本主义的分工和工场手工业阶段。在这个问题上,马克思受到了尤尔的启发。尤尔看到了工场手工业这一资本主义生产方式特定阶段的特征。马克思对尤尔的这一贡献做出了肯定:"人们把他看作工场手工业时期集大成的政治经济学家,是因为他特别强调分工。他认为机器只起了从属作用,这种说法在大工业初期遭到罗德戴尔的反驳,在往后的发展时期又遭到尤尔的反驳。"[2] "尤尔博士在颂扬大工业时,比那些不像他那样有论战兴趣的前辈经济学家,甚至比他的同时代人,如拜比吉(他作为数学家和力学家虽然比尤尔高明,但他实际上总是从工场手工业的观点去理解大工业的),更加敏锐地感觉到工场手工业的特点。"[3]

---

1 《马克思恩格斯全集》第 44 卷,人民出版社 2001 年版,第 386—387 页。
2 《马克思恩格斯全集》第 44 卷,人民出版社 2001 年版,第 404 页,注(44)。
3 《马克思恩格斯全集》第 44 卷,人民出版社 2001 年版,第 405 页,注(48)。

但是尤尔对工场手工业的分析还是从人的角度切入的,而马克思在资本论中,对工场手工业的分析更加深刻,深化到了社会生产力的角度。在分工的体系之下,工人的完整的劳动力变成了片面的劳动力,正是因为工人成了片面的劳动力,因而在完成他自己的一部分工作的时候,可以变得更加专业更加快速。"工场手工业分工通过手工业活动的分解,劳动工具的专门化,局部工人的形成以及局部工人在一个总机构中的分组和结合,造成了社会生产过程的质的划分和量的比例,从而创立了社会劳动的一定组织,这样就同时发展了新的、社会的劳动生产力。工场手工业分工作为社会生产过程的特殊的资本主义形式,——它在当时的基础上只能在资本主义的形式中发展起来,——只是生产相对剩余价值即靠牺牲工人来加强资本(人们把它叫作社会财富,'国民财富'等等)自行增殖的一种特殊方法。工场手工业分工不仅只是为资本家而不是为工人发展社会的劳动生产力,而且靠使各个工人畸形化来发展社会的劳动生产力。它生产了资本统治劳动的新条件。因此,一方面,它表现为社会的经济形成过程中的历史进步和必要的发展因素,另一方面,它表现为文明的和精巧的剥削手段。"[1] 在这里,马克思指出,分工所带来的社会生产力的发展,由于社会生产力的发展所带来的相对剩余价值,是一种文明和精巧的剥削手段,也就是说,这种剥削看不见摸不着,却活生生地参与着对工人的剥削。分工所带来的对工人的身体的剥夺跟延长工人的劳动时间和提高工人的劳动强度是不一样的,在工场手工业中,分工仅仅是使得工人成为局部工人,使得工人失去了独立工作的能力,但是并不是从时间和强度上去残酷的剥削压迫工人,因此,这种剥削的方式是隐

---

1 《马克思恩格斯全集》第 44 卷,人民出版社 2001 年版,第 421—422 页。

蔽的,是自然发生的。

最后分析在资本主义的机器和机器大工业阶段。如果说,在协作和工场手工业阶段,社会生产力的发展还是以人为坐标的,那么到了资本主义机器大工业阶段,社会生产力的形成就是以机器为基点的。在机器大工业阶段,生产的主体不再是人而是机器和机器体系,以机器和机器体系为基础的生产方式与协作和工场手工业都不同。"生产方式的变革,在工场手工业中以劳动力为起点,在大工业中以劳动资料为起点。"[1]劳动资料的变革意义是非常深刻的,因为这是生产方式变革的标志。"各种经济时代的区别,不在于生产什么,而在于怎样生产,用什么劳动资料生产。劳动资料不仅是人类劳动力发展的测量器,而且是劳动借以进行的社会关系的指示器。在劳动资料本身中,机械性的劳动资料(其总和可称为生产的骨骼系统和肌肉系统)远比只是充当劳动对象的容器的劳动资料(如管、桶、篮、罐等,其总和一般可称为生产的脉管系统)更能显示一个社会生产时代的具有决定意义的特征。"[2]马克思在这里说得很清楚:第一,劳动资料对生产关系的指示性意义,有什么样的生产方式就有什么样的劳动资料,劳动资料是生产方式发展到一定阶段上的指示器;第二,劳动资料展现的是社会关系,这也是后来马克思要叙述的,不同的劳动资料会决定不同的社会关系。协作、工场手工业和机器大工业体系下,劳动资料的不同决定了在不同的劳动体系下,工人与资本家之间的社会关系是不同的,虽然同属于资本主义社会,但是也有社会关系的不同。由此可见,劳动资料的改变是在何种程度上将人紧紧地圈进了资本主

1　《马克思恩格斯全集》第 44 卷,人民出版社 2001 年版,第 427 页。
2　《马克思恩格斯全集》第 44 卷,人民出版社 2001 年版,第 210 页。

义机器大工业的生产体系中间。

在分析相对剩余价值时，马克思在论述到机器大工业生产的时候，非常详细地分析了机器大工业的产生，也就是如何从手工业生产过渡到机器大工业生产。在这个过程中最重要的变化就是生产方式的改变，也就是说，从协作到分工，人在生产过程中的因素在不断下降，而生产方式本身的因素，客观的生产过程在不断上升。"因此，如果说大工业把巨大的自然力和自然科学并入生产过程，必然大大提高劳动生产率，这一点是一目了然的，那么生产力的这种提高并不是靠增加另一方面的劳动消耗换来的，这一点却绝不是同样一目了然的。"[1] 由此可见，从协作到分工到机器大工业生产，虽然都是相对剩余价值的生产，但是，这种依靠生产方式的进步带来的剩余价值也在不断提高其客观性。

从以上的分析可以看到，绝对剩余价值与相对剩余价值有本质区别，相对剩余价值才是资本主义社会中资本家对工人最深刻的剥削。

一方面，相对剩余价值的剥削使得劳动从资本的形式上的从属转化为实质上的从属。"因此，相对剩余价值的生产以特殊的资本主义的生产方式为前提；这种生产方式连同它的方法、手段和条件本身，最初是在劳动在形式上从属于资本的基础上自发地产生和发展的。劳动对资本的这种形式上的从属，又让位于劳动对资本的实际上的从属。"[2] 绝对剩余价值的生产实际上还是形式上的从属，因为绝对剩余价值的生产靠的是延长工人的劳动时间和劳动强度，这在以往的生产方式下都是可以实现的，而剩余价值更重

---

1 《马克思恩格斯全集》第 44 卷，人民出版社 2001 年版，第 444 页。
2 《马克思恩格斯全集》第 44 卷，人民出版社 2001 年版，第 583 页。

　　　　　　　　尤尔的《工厂哲学》对马克思哲学发展的影响

要的来源是来自于社会生产力的发展,因此,相对剩余价值的剥夺实际上就已经将工人完整地卷入了社会化大生产的过程。在这种情况下,资本主义的剥削不再依靠工人的劳动能力,甚至连工人的劳动时间和劳动强度都不再依靠,靠的是社会生产力的发展,因此,工人被边缘化,工人在生产过程中的作用和地位不断下降。相对剩余价值的生产,在更深层次上完成了劳动对资本的实质上的从属关系,完成了资本主义社会对工人的边缘化,更加感受到的是工人的无力感,只能服从资本的统治。

另一方面,绝对剩余价值的生产关注的是人的劳动过程,无论是劳动时间和劳动强度,着眼点都是人,而相对剩余价值的着眼点是生产过程本身,协作、分工和机器生产,生产效率的提高都是生产方式本身带来的,因此着眼点是生产过程。

当工人作为主体在资本主义生产过程中时,解放的主体就是依靠主体的力量,但是当工人在生产过程中不被作为主体时,也就是说在剩余价值的生产过程中,工人已经不再是生产的主体,那么,解放的力量也就不是来自工人这一非主体了。通过对相对剩余价值的生产的分析,才能够真正透彻地厘清在生产过程中工人处于怎样的地位,工人的作用是什么,资本主义的内在矛盾究竟是什么。从这里更进一步的分析可以看出,实际上,当工人在生产过程中占据主体地位的时候,对工人进行剥削的是资本家,他们通过各种手段来压榨工人的剩余价值,当工人在生产过程中不再居于主体地位时,对工人进行压迫的就是资本主义生产过程本身,也就是资本主义生产方式本身,是资本主义不断发展的内在的矛盾对工人施行的剥削,而不是资本家这一人的群体对工人进行剥削。

所以说,绝对剩余价值是马克思从人的角度进行研究,准确地说是从工人的角度进行研究,是在对工人的剥削层面的研究,这是一种能够看得见摸得着的剥削方式。而相对剩余价值的研究是从生产方式本身的角度来研究剩余价值,而这种相对剩余价值的获得是更深层次的,更加地看不见摸不着,但是却在更深层次上实现了对工人的剥削。所以,从绝对剩余价值到相对剩余价值的分析,马克思是从人的角度转向了生产方式的角度的分析或者说是从资本主义社会的表层向内在矛盾的分析。

在当代西方学术界,也有不少学者关注了剩余价值理论。比如说哈维在《马克思与〈资本论〉》中、奈格里在《大纲:超越马克思的马克思》(下面简称《大纲》)中,都分析过剩余价值理论,这里重点分析奈格里在《大纲》中所分析的剩余价值理论。之所以选取奈格里的理论进行分析,是因为从奈格里的分析中可以看到,如果不从历史唯物主义的深层对剩余价值进行分析,那么就会弱化对剩余价值的理解,从而也就会弱化马克思的整个理论思想体系。

奈格里非常重视马克思的剩余价值理论,他在这本书中专门辟出了一章讲剩余价值即"第四讲剥削理论和剩余价值论",并且在书中很多地方都涉及剩余价值理论,因为在奈格里的眼中:"剩余价值理论是《大纲》的巅峰。"[1]可见,奈格里对剩余价值理论的评价是非常高的。接着跟随奈格里的思路来厘清他是如何分析剩余价值的,剩余价值的重要性体现在哪里。

从第一讲开始,第一讲是一个总纲,在这个总纲中奈格里的分析就紧紧围绕剩余价值理论,剩余价值理论就成了这本著作的一个非常重要的理论基石。"迄今为止,我们只是明白了发展剥削规律的重要性。我们必须继续挖掘其中丰富的理论暗示,彻底遵循

---

1 [意]奈格里:《〈大纲〉:超越马克思的马克思》,北京师范大学出版社 2011 年版,第 106 页。

这种效果和反馈。随后我们必须从剩余价值的发现出发,在理论上完善生产与再生产之间,流通与危机之间,社会资本与工人阶级主体性之间,发展、危机和共产主义之间的各种关联。我们必须看到这个过程的总体性是如何被资本所持续塑造的,以及这种总体性如何界定剥削。"[1]从这一段中可以看到剩余价值是与剥削联系在一起的,同时剩余价值又是跟生产与再生产、流通、危机、共产主义等紧密相连,这也是奈格里会将剩余价值理论放在一个极其重要的位置的原因。实际上,奈格里在后面的分析中也确实是将剩余价值与这些理论联系起来进行分析的。

接着,奈格里分析道:"我们必须看到这个过程的总体性是如何被资本所持续塑造的,以及这种总体性如何界定剥削。换言之,剩余价值过程的动态统一性在任何情况下都不能消除两个主体之间(雇佣劳动和资本)的分离,反而会将每种调和(价值形式、货币、劳动或交换的形式等)都推向矛盾并且扬弃这些矛盾。危机和阶级斗争是如此深切地连接在一起,以至于在对抗性的辩证法的范围内,首先采取灾难的形式,其次采取共产主义的形式——一种真实的、物质的临界点,这种临界点是由历史必然性和不可动摇的意志所带来的,这种意志就是要消灭敌人。历史唯物主义——对阶级构成的特定分析——在政治经济学批判范围内被赋予了新内容,而且危机的规律在阶级斗争中成为中介。"[2]奈格里在这里指出剩余价值调和矛盾、推动矛盾的发展并且扬弃矛盾,从表面看来具有辩证法的逻辑,但是仔细思考就会发现,奈格里的辩证法与马

1　[意]奈格里:《〈大纲〉:超越马克思的马克思》,北京师范大学出版社 2011 年版,第 26 页。
2　[意]奈格里:《〈大纲〉:超越马克思的马克思》,北京师范大学出版社 2011 年版,第 26 页。

克思的辩证法是不一样的。一方面,奈格里是要说明在资本主义运行中,看不到劳资分离所带来的资本主义的矛盾,因为这种矛盾即使是会发展,但最终也是会被克服的。奈格里实际上是用政治性的话语转换了历史唯物主义话语,用一句话可以概括为,剩余价值过程的动态统一性在任何情况下都不能消除两个主体之间的分离。但是,奈格里没有分析清楚的是,劳资交换的矛盾是如何走向调和的,这种矛盾又是如何扬弃的。另外一方面,奈格里指出,在对抗性的辩证法范围内,首先采取灾难的形式,其次采取共产主义形式,也就是说在灾难之后必然会有共产主义出现。实际上这就陷入了二元论的论述中,灾难——共产主义。实际上,早在1848年革命后马克思就已经分析过这个问题,1848年革命之后,马克思以为资本主义社会将灭亡,无产阶级将登上历史的舞台,实际上,工人并没有像马克思所期待的那样登上历史的舞台,而是在收到小恩小惠之后就沉寂了。原因就在于对历史必然性的分析必须建立在对资本主义社会内在矛盾的透彻分析的基础上,如果不能揭示出革命斗争的社会历史基础,仅仅看到危机和斗争就认为共产主义会到来,实际上已经蕴含了更多的主观意志,是将主观意识融入了非历史的逻辑下。奈格里的这一理论逻辑实际上是用对抗性的辩证法取代了历史辩证法。

在讲了第一讲总纲之后,奈格里就开始分析货币与价值,可见货币在奈格里理论中的地位的重要性。之所以分析货币是因为在货币身上体现出了最大的斗争性。在奈格里那里,剩余价值不是具有剥削性质的东西,具有剥削性质的东西是货币。"货币隐藏了

　　尤尔的《工厂哲学》对马克思哲学发展的影响

一个内容,即它是最不平等的、剥削的东西。"[1]为什么货币是最不平等、剥削的东西呢？因为奈格里是站在流通过程来看资本主义的对抗的。"在《大纲》中,论述中所有的转变是围绕着流通的对立而展开的,其空间和时间上的规定性,立即被转移到劳动的区分,转移到对立的社会条件。"这是理论视域盯住货币的必然结果,而剩余价值是要在生产过程中才能够被看到。实际上,奈格里也不需要从生产过程的角度来思考货币,因为他的理论目标的指向是政治斗争。"让我们开始更简单一点：货币,即价值的形式,是不平等的关系——财产关系的一般代表,权利关系的实质性的代表。"[2]在这里可以看到,奈格里在分析货币时,往往跟不平等联系在一起,货币之所以会跟不平等联系在一起是因为奈格里无法区分作为资本的货币和一般货币。奈格里仅仅是从流通层面的货币来考察货币的,而马克思是从作为资本的货币来考察货币的。从流通的交换层面来看货币,那么看到的就是不平等,因为只有流通层面才具有平等与不平等的问题。而马克思是从生产过程的层面来考察货币,货币的本质是资本,在生产过程中,从资本层面考察货币,货币身上承载的是资本家与工人的剥削与被剥削的矛盾关系。所以,看不清货币的本质,奈格里只能走向斗争的道路,但是这条道路无法解释工人为何必然会抗争。

接着分析奈格里如何看待价值,他说："只要考虑到我们的斗争,价值理论已经陈旧不堪。"[3]从这里可以看到,奈格里是不重视

1　［意］奈格里：《〈大纲〉：超越马克思的马克思》,北京师范大学出版社 2011 年版,第 46 页。

2　［意］奈格里：《〈大纲〉：超越马克思的马克思》,北京师范大学出版社 2011 年版,第 53 页。

3　［意］奈格里：《〈大纲〉：超越马克思的马克思》,北京师范大学出版社 2011 年版,第 37 页。

马克思的价值理论的,因为从价值理论中他无法看到革命的斗争性,他需要的理论是能够给他带来革命政治斗争的理论,因此,他的理论着眼点都在于是否能够为他的政治斗争服务,能够为政治斗争服务的才会进入到他的理论视域。而实际上,马克思的价值理论与劳动价值论紧密相连,劳动价值论是与剩余价值联系在一起的,不理解劳动价值论就无法理解剩余价值理论。

接着,奈格里在第四讲中,专门讨论了剩余价值,奈格里列出的标题是"剩余价值和剥削"。剩余价值和剥削为什么会联系在一起,"我们只能从剥削构造了政治社会,也就是说剥削组成了社会的基石这一事实开始来发现剩余价值理论。"[1]剥削和剩余价值联系在一起能够得出的理论结论是资本家对工人的剥削带来了剩余价值,这里的剩余价值是从数量上来衡量资本家对工人的剥削,这只是一般的经验层面的事实指认。而马克思是要分析,剩余价值是来自于剥削,但是剥削的是工人的劳动力,马克思的剩余价值理论是与劳动价值论紧密相连的,如果剩余价值理论不能跟劳动价值论联系在一起,那么只能浅薄地从经验层面上去看资本家对工人的剥削。来源无法厘清,那么后面的理论的深入也只能走向政治性的批判。"迄今为止我们看到的所有在《大纲》的原文中关于动因和煽动及其方法论基础的内容都是为了使政治因素成为分析的核心。还不止如此:揭露越来越多地集中到政治的特性上。"[2]"因此,从货币到剩余价值——这就是提供阶级武器的政治学途

1　[意]奈格里:《〈大纲〉:超越马克思的马克思》,北京师范大学出版社 2011 年版,第85 页。

2　[意]奈格里:《〈大纲〉:超越马克思的马克思》,北京师范大学出版社 2011 年版,第85 页。

径。"[1]剩余价值理论并不是不要和剥削理论联系在一起,因为剩余价值本来就是反映了资本家对工人的剥削。但问题的关键在于如何分析这个剥削。剥削如果仅仅是反映剥削了数量的多少,那么必然是义愤填膺地走向资本家与工人的阶级斗争关系。剥削与剩余价值是要深入到生产过程中的内在矛盾,马克思是要通过资本增殖来说明这种资本增殖带来的内在矛盾。

在分析《大纲》的过程中,奈格里也看到了资本的增殖问题,但是,奈格里所看到的资本的增殖是资本增殖过程中产生的对抗。资本增殖过程中之所以会产生对抗是因为奈格里即使谈到资本的再生产,他也是为了他的政治斗争目的服务的,再生产生产出的不是内在的矛盾,而是再生产工人和资本家的对抗。"对抗再次出现。并且,对抗在我们已经逐渐学会将其视为普遍的增殖过程的形式中再次出现:对抗伴随着真个增殖的领域而再次出现。工人和资本家,工人总体和资本家总体。我们再一次置身于《大纲》诞生时的政治背景:但是一个重要的过程已经出现了,因为这个政治背景开始与革命的科学观点相关联。"[2]很显然,奈格里没有分析资本为什么会增殖,因为这不是他要研究的内容。所以,他只是把资本增殖过程看作是工人和资本家对抗不断增强的过程,因此分析资本增殖也是为政治斗争而服务的。"这一图像具有了对立和主体的形式:工人和资本家,工人总体和资本家总体。一旦资本达到了增殖和再生产过程的同体,其过程实际上再次成了对抗的再生产过程。再生产并不忽视区别,并不弥合对立;恰恰相反,它将

1　[意]奈格里:《〈大纲〉:超越马克思的马克思》,北京师范大学出版社 2011 年版,第85 页。
2　[意]奈格里:《〈大纲〉:超越马克思的马克思》,北京师范大学出版社 2011 年版,第105 页。

两者都加以扩大。这一过程的结果就是对抗的再生产的扩展和掩饰了历史力量的主体反抗的再次出现。在这一方法论的框架内，剩余价值理论将自身展示位一个基础性的方法。"[1] 在这里，奈格里所指认的组成资本的元素的矛盾性，实际上是指可变资本和不变资本的对立性，奈格里的对抗的再生产是再生产出政治斗争的对抗。而在前面分析过，马克思的再生产不是简单的生产叠加，而是再生产出资本主义社会的内在矛盾。

马克思所指认的资本主义社会的内在矛盾最后是从资本有机构成不断提高——一般利润率下降这条从政治经济学的角度出发的资本主义社会的内在的不可调和的矛盾，而在奈格里的理论视域中，他也分析了利润率下降的问题，但是，他的理论思路跟马克思完全不同的，"利润率下降趋势规律具有双重含义：一方面它揭示了生产过程决定资本必须包含越来越多的条件以及在流通过程中将资本社会化的趋势；这就是说资本将越来越多地侵占这些条件这一趋势，也就是剩余价值转化成利润。另一方面，它揭示了从剩余价值到社会剩余价值（利润）的发展，也就是从资本到社会资本所决定的新的对抗。这一以利润规律为承载、既前进又具毁灭性的特征，是被其与活劳动的关系所决定的。一方面，利润的发展趋势是变得越来越具有侵略性和生产性，这就意味着对活劳动的使用将会增加；另一方面，在这一层面上，利润是与其自身的生产条件以及自身的凶猛的和极端的趋向于征服的趋势和趋向于对活劳动的征服的扩展和增加相冲突的。这些趋势都是被活劳动所支配的：利润扩展的趋势与被直接剥削的但仍然是生产性的活劳动

---

1 ［意］奈格里：《〈大纲〉：超越马克思的马克思》，北京师范大学出版社 2011 年版，第105 页。

相关:利润率下降趋势预定了活劳动对利润的力量及其分离的结构的反抗;对盗窃及其对生产力的固定的对抗,资本家与工人生产力的对立,社会资本的力量与社会劳动生命力的对立:因为活劳动显示出自身是毁灭性的。"[1] 由于奈格里始终是为政治斗争服务的,始终紧扣对抗性,因而在分析利润率下降这条线索上,表面上看来是沿着马克思的思路不断前进的,实际上跟马克思恰恰是背道而驰。

马克思所分析的这条内在矛盾凸显的线索是建立在马克思对机器大工业的分析的基础上的。如果说在手工业时代工人还有部分劳动技能以此来跟资本家抗衡,那么到了机器大工业时代,劳动者对资本的抗争的直接性在下降,在机器大工业时代,工人处在机器体系的边缘,劳动过程从劳动对资本的形式上的从属转变为了劳动对资本的实质上的从属。在这种情况下,工人的主体性体现在哪里,马克思在《法兰西内战》中早已说明了这个问题:"新的革命,只有在新的危机之后才可能发生。但是新的革命正如新的危机一样肯定会来临。"[2] 也就是说,工人并不是不会起来革命,工人的革命所依托的现实是资本主义内在矛盾的充分发展。

通过对奈格里的《大纲》的分析可以看到,如果不能从历史唯物主义的深度去理解剩余价值,那么必然会弱化对剩余价值理论的理解,奈格里就是走向了主体反抗的政治道路,而这一理论路径表面看来体现了无产阶级的抗争,但这一抗争的根基却是浅薄的。

在《工厂哲学》中,尤尔分析了资本家通过机器来延长工人的

1　[意]奈格里:《〈大纲〉:超越马克思的马克思》,北京师范大学出版社 2011 年版,第121 页。

2　[德]马克思:《1848 年至 1850 年的法兰西阶级斗争》单行本,人民出版社 2018 年版,第 127 页。

劳动时间和劳动强度,实际上这已经触及了绝对剩余价值的生产,分析了机器大工业体系下机器的体系化生产对社会劳动生产力的提高,这触及了相对剩余价值的生产,这些理论实际上对马克思的剩余价值理论的产生有一定的影响,当然,尤尔并没有能够触及剩余价值理论的核心,也就是他是无法从历史唯物主义的视角来分析剩余价值的。

通过以上的分析可以看到,马克思的剩余价值概念并不是传统所理解的仅仅是一个政治经济学概念,只是反映了资本家对工人的剥削的数量和方式,更重要的是从历史唯物主义的深度去理解剩余价值概念,那么剩余价值身上所承载的就是资本主义的内在矛盾规律。并且绝对剩余价值和相对剩余价值的区分是建立在马克思对资本主义内在机理的分析基础上,相对剩余价值概念是一个更成熟的概念,只有厘清马克思这些理论的内在含义才能辨析清楚当代西方学者提出的理论。

五、资本主义生产方式下科学与资本的结合

在机器大工业的生产过程中,除了机器这一要素外,还有一个很重要的要素不能被忽略,那就是科学。尤尔在他的《工厂哲学》中已经看到了科学在资本主义生产方式下的重要作用,他说:"三种明显的力量共同作用于他们的生命——劳动,科学,资本;第一个决定着运转,第二个决定着指引的,第三个是维持。当三者和谐时,他们形成一个整体,就能够通过自我管理体制,成功地形成多种多样的

作用，像一个有机的生命一样。"[1]劳动、科学和资本是尤尔从生产过程中凝练出的三个重要的元素。将科学与资本并列是尤尔非常重要的理论发现，因为科学与资本相结合是机器大工业的产物，在工场手工业下，科学还未成为重要的元素。在这个问题上，马克思受到尤尔的影响，并且在尤尔的理论地平线上对这个问题进一步深化。

首先，在资本主义机器大工业下，科学的产生与工人无关。斯密基于工场手工业观察资本主义社会，他认为技术的发明大部分是工人在生产过程中实现的，科学和生产是联系在一起的。"我在这里所要说的只是：简化劳动和节省劳动的那些机械的发明，看来也是起因于分工。人类把注意力集中在单一事物上，比把注意力分散在许多种事物上，更能发现达到目标的更简易更便利的方法。分工的结果，各个人的全部注意力自然会倾注在一种简单事物上。所以只要工作性质上还有改良的余地，各个劳动部门所雇的劳动者中，不久自会有人发现一些比较容易而便利的方法，来完成他们各自的工作。唯其如此，用在今日分工最细密的各种制造业上的机械，有很大部分，原是普通工人的发明。他们从事最单纯的操作，当然会发明比较方便的操作方法。不论是谁，只要他常去观察制造厂，他一定会看到极像样的机械，这些机械是普通工人为了要使他们担当的那部分工作容易迅速地完成而发明出来的。"[2]

尤尔站在机器大工业之上分析了机器的运用对工人的影响，割断了机器的发明与工人之间的关系。他认为工人之所以不再承担发明机器的任务是因为在资本主义条件下工人的技能和智力都

1　Andrew Ure, *The Philosophy of Manufactures*, London: Charles Knight, 1835, p. 55.

2　［英］亚当·斯密：《国民财富的性质和原因的研究》上，郭大力、王亚南译，商务印书馆2012年版，第10页。

被机器大工业的工作方式消磨殆尽，而仅仅成为看管机器的工具而已，工人已经没有足够的能力和智力进行科学技术的发明。因此，在机器大工业下，科学发明与工人没有任何关系。尤尔是从工人的能力的角度出发来割裂科学发明与工人之间的关系。

马克思明确指出在机器大工业下科学与劳动相分离。一方面，马克思认可尤尔的观点，从工人的能力的视角展开论述。"只有现在，实验和观察——以及生产过程本身的迫切需要——才达到使科学的应用成为可能和必要的那样一种规模。现在，科学，人类理论的进步，得到了利用。资本不创造科学，但是它为了生产过程的需要，利用科学，占有科学。这样一来，科学作为应用于生产的科学同时就和直接劳动相分离，而在以前的生产阶段上，范围有限的知识和经验是同劳动本身直接联系在一起的，并没有发展成为同劳动相分离的独立的力量，因而整个说来从未超出传统手艺积累的范围，这种积累是一代代加以充实的，并且是很缓慢地、一点一点地扩大的。（凭经验掌握每一种手艺的秘密。）手和头还没有分离。"[1]科学成为一种独立的力量是资本主义机器大工业发展的产物。科学发明越是成为独立的职业离工人越遥远，从而工人只能从事最简单的体力劳动，脑力劳动和体力劳动在资本的统治下被清晰地分离。另一方面，马克思没有止于尤尔的人的理论视角，而是从人的视角延伸到资本的理论视角。机器大工业下的科学发明已经不是手工业时代简单的工具的发明创造，机器大工业下的发明需要更多的实验和观察，更重要的是需要相应的资金的支持，于是科学发明只能成为独立的职业。"自然科学本身〔自然科学是一切知识的基础〕的发展，也像与生产过程有关的一切知识

1　《马克思恩格斯全集》第37卷，人民出版社2019年版，第203页。

的发展一样,它本身仍然是在资本主义生产的基础上进行的,这种资本主义生产第一次在相当大的程度上为自然科学的发展提供了进行研究、观察、实验的物质手段。由于自然科学被资本用做致富手段,从而科学本身也成为那些发展科学的人的致富手段,所以,搞科学的人为了探索科学的实际应用而互相竞争。另一方面,发明成了一种特殊的职业。因此,随着资本主义生产的扩展,科学因素第一次被有意识地和逐级提升地加以发展、应用并确立起来,其规模是以往的时代根本想象不到的。"[1] 在资本主义大工业下,科学成为前所未有的强大力量。科学技术是为生产服务的,它的发明创造需要大量的资本的支持,其规模是以前任何时代都没有的,是个人的力量无法完成的。

其次,科学被纳入资本的体系成为剥削工人的手段。尤尔深刻地看到科学与资本之间的关系:"所以,对于当代厂主来说,最重要的是,通过科学与他们的资本的结合,把他们的工人的任务归结为让他们表现出机警和动作麻利这样一些品质,如果把他们固定在一点上,这些品质在少年时期就能很快培养起来。"[2]"这一发明〈铁人〉证实了我们已经阐述的理论:当资本招募科学为自己服务时,它总是迫使劳动的反叛之手就范。"[3] 科学与资本的结合,有助于工人在少年时代就能够纳入被剥削的体系,更重要的是,科学与资本的结合可以驯服不听话的工人,使得工人臣服在资本的统治之下。尤尔指出了科学的资本主义性质,这一见解十分深刻。只不过,尤尔是站在资产阶级的立场来看待这个问题的。

马克思在此基础上也分析了这个问题:"因此,正是在这里还

1　《马克思恩格斯全集》第37卷,人民出版社 2019 年版,第204—205 页。
2　转引自《马克思恩格斯全集》第37卷,人民出版社 2019 年版,第169 页。
3　转引自《马克思恩格斯全集》第37卷,人民出版社 2019 年版,第205 页。

存在着劳动的客观条件——过去劳动——与活劳动相异化的情况，这种异化是直接的对立，也就是说，过去劳动，其中包括劳动的一般社会力，自然力和科学，直接表现为一种武器，这种武器部分是用来把工人抛向街头，把他变成多余的人，部分是用来剥夺工人的专业和消除以专业为基础的各种要求，部分是用来使工人服从工厂中精心建立的资本的专制制度和军事纪律。"[1]马克思的这一观点与尤尔类似，但是他们的阶级立场完全不同，理论的批判力度也就不同。

马克思认为，资本通过科学成功地驯服了工人，并且在更高的程度上完成了对工人的统治。"变得空虚了的单个机器工人的局部技巧，在科学面前，在巨大的自然力面前，在社会的群众性劳动面前，作为微不足道的附属品而消失了；科学、巨大的自然力、社会的群众性劳动都体现在机器体系中，并同机器体系一道构成'主人'的权力。"[2]在资本主义机器大工业下，通过科学发明出来的机器是在新的机器大工业的生产方式下的"主人"，而这个主人所建立的绝对权威是以前任何时代都没有的。在资本主义生产方式下，科学与资本已经密不可分，资本为科学提供物质支持，科学为资本提供剥削的武器。"自然因素的应用——在一定程度上自然因素并入资本——是同科学作为生产过程的独立因素的发展相一致的。生产过程成了科学的应用，而科学反过来成了生产过程的因素即所谓职能。每一项发现都成了新的发明或生产方法的新的改进的基础。只有资本主义生产方式才第一次使自然科学为直接的生产过程服务，同时，生产的发展反过来又为从理论上征服自然

1　《马克思恩格斯全集》第 37 卷，人民出版社 2019 年版，第 199 页。

2　《马克思恩格斯全集》第 44 卷，人民出版社 2001 年版，第 487 页。

提供了手段。科学获得的使命是：成为生产财富的手段，成为致富的手段。"[1] 科学与资本的联合大大增强了资本对工人的剥削程度。

最后，科学与资本的关系是科学与资本在生产过程之外出现分离，在生产过程之中相互结合。尤尔指出，在现今体系下，工厂中的技术已经超过学校所传授的技术。"对于具体的机器科学，现代棉纺织工厂的现实生产早已超前于学校知识。"[2] 科学与技术的结合也是前所未有。"成千的定理带来的金色果实，这些定理在学院的高墙深院里是长期不结果实的。"[3] 科学技术曾经很长时间都躺在大学的砖墙里，而在机器体系下科学第一次跳出高墙深院。但是尤尔的分析视角是肯定这种分离与结合给资本的发展带来的好处。

在此基础上，马克思进一步分析了科学与资本的分离与结合。在生产过程之外，两者相分离，科学为资本的剥削提供技术支持。"科学成为与劳动相对立的、服务于资本的独立力量，一般说来属于生产条件成为与劳动相对立的独立力量这一范畴。正是科学的这种分离和独立（最初只是对资本有利），同时成为发展科学和知识的潜力的条件。"[4] 在生产过程中，资本与科学联合，带来了新的剥削。正因为科学是为资本服务而不是为资本家服务，因此，作为资本家自身是否懂得科学已经不重要了。"科学根本不费资本家'分文'，但这丝毫不妨碍他们去利用科学。资本像吞并他人的劳动一样，吞并'他人的'科学。但是，对科学或物质财富的'资本主义的'占有和'个人的'占有，是截然不同的两件事。尤尔博士本人

1　《马克思恩格斯全集》第 37 卷，人民出版社 2019 年版，第 202 页。
2　Andrew Ure, *The Philosophy of Manufactures*, London: Charles Knight, 1835, p. 25.
3　转引自《马克思恩格斯全集》第 37 卷，人民出版社 2019 年版，第 171 页。
4　《马克思恩格斯全集》第 37 卷，人民出版社 2019 年版，第 231 页。

曾哀叹他的亲爱的、使用机器的工厂主们对力学一窍不通。李比希也曾述说英国的化学工厂主们对化学惊人地无知。"[1]这正体现了资本强大的力量,它将科学纳入自身一起成为剥削工人的手段。由此可见,在资本主义生产方式下,虽然生产力高度发展,但是资本也以前所未有的程度压榨着工人,这就是资本所带来的内在矛盾。

第三节
马克思批评了尤尔对资本主义制度的辩护

在《工厂哲学》中,尤尔用大量的篇幅展现资本主义机器大生产的场景,而在这个场景中,机器体系是主体,工人属于从属地位,甚至,工人有时候还会游离于生产过程之外。不过当尤尔为资本主义制度辩护的时候工人就出场了,对此,马克思批评了尤尔对资本主义制度的辩护,在声讨尤尔的过程中,体现了马克思的人文关怀,同时马克思自身的历史唯物主义思想也在不断深化。

一、在尤尔的视域中机器给工厂主和工人带来的好处

尤尔站在为资本主义辩护的立场上,指出机器的运用同时给工厂主和工人带来很大的好处,他认为,对于工厂主来说,这些好处主要体现在四个方面:第一,机器的运用打破畜力的身体限制。以马力为例:"一匹马在负重满载的情况下,在 24 小时内使役时间

---

1 《马克思恩格斯全集》第 44 卷,人民出版社 2001 年版,第 444 页,注(108)。

不能超过 8 小时。"[1] 而使用了蒸汽动力之后,不再有像马力这样的生理限制,大大提高了资本的效率。第二,机器的运用降低企业成本,提高利润。仍然以马力为例:"一台 60 匹马力的发动机,每天工作 8 小时,一年的花费是 1 565 镑,约为同一时间内养马费用的 1/5。"[2] "在基本的开销和监督方面,畜力要远远贵于蒸汽动力。"[3] 尤尔通过详细的数据比较来说明使用畜力的费用要远远多于使用蒸汽动力的费用,以此来说明工厂的哲学意义就是提高了工厂的经济效益。第三,机器的运用使得资本家摆脱工人的限制。"这是应当使工人放弃任何暴乱的例子,这个例子向他们表明,科学同资本结合,必然会粉碎工人的一切阴谋诡计。"[4] 第四,机器的运用打破技术的地域限制,扩大了资本统治的范围。"在以前,当纤维制造还是手工业的时候,就像我说的,他们的生产必须靠近原料产地以及靠近有水流的地方,以此来冲刷磨机。自从有了蒸汽动力来驱动机器,同时伴随着航海运输业降低运输煤和商品的费用,制造业可以在选择他自身的地理位置上有一个更广泛的范围……"[5]

与此同时,尤尔也指出了机器体系对工人有利的方面。首先,工厂收容了流浪者,让他们有了稳定的生活。"当流浪的野蛮人变成一个公民,他放弃了很多他拥有的伴随危险的快乐,而获得的是平静安宁和安全感。他再也不能满足于报复他的敌人他就很高

1　转引自《马克思恩格斯全集》第 37 卷,人民出版社 2019 年版,第 171 页。

2　转引自《马克思恩格斯全集》第 37 卷,人民出版社 2019 年版,第 171 页。

3　Andrew Ure, *The Philosophy of Manufactures*, London: Charles Knight, 1835, p. 29.

4　转引自《马克思恩格斯全集》第 37 卷,人民出版社 2019 年版,第 173 页。

5　Andrew Ure, *The Philosophy of Manufactures*, London: Charles Knight, 1835, p. 70.

兴,或者用暴力夺取他邻居的财产。"[1]尤尔这里的论述是有当时的时代背景的。英国工业革命初期,发生了著名的"圈地运动",很多农民被赶出土地成了流浪者。工业革命不断展开,工业生产不断发展,使得这些无家可归的流浪者能够进入到工厂里工作。因此尤尔说,当流浪者进入到工厂工作时就拥有了平静安宁。但是他没有看到流浪者进入工厂工作失去的是人身自由,同时他更无意去分析这些流浪者为什么会成为流浪者。

其次,在机器生产体系下,工人的工作更加简单,不再需要以前的大量的体力劳动。尤尔认为现代工业体系使得穷人摆脱了劳动的压迫,从繁重的劳动中解放出来。"在这些大房子里,这些仁慈的巨大的蒸汽动力召唤了无数的心甘情愿工作的工人在它的周围,分配给他们有规律的工作,使工人摆脱原本痛苦的肌肉工作,它的巨大胳膊的能量,反过来要求工人的只是集中注意力,并灵巧地纠正在他的工作中不经常出现的一点点的偏差。"[2]

再次,尤尔比较了手工业劳动与机器大工业的劳动,通过对比来说明机器大工业下的劳动工人比手工业下的劳动工人享有更舒适的工作。"事实上,在观察之后,这是一个令人后悔的事件,在手工制作中,工人娴熟的技术被购买,这也牺牲了他的健康和舒适。在枯燥不变的操作中,这需要工人发挥坚持不懈地灵巧和勤奋,他的手和眼睛必须不断应变,否则在一段时间他遭受了工作上的转变,当工作是基于计时或计件,不管是雇佣者还是操作者,都会遭受接连发生的大量地损失。但是在自动运作的机器普遍化后,这

---

1   Andrew Ure, *The Philosophy of Manufactures*, London: Charles Knight, 1835, pp. 278 - 279.

2   Andrew Ure, *The Philosophy of Manufactures*, London: Charles Knight, 1835, p. 18.

种操作所需要的能力只需要适当运作；工人因此能免于焦虑或疲劳，并能够找到很多休闲时间用于娱乐和沉思，而不会损害他的管理者的利益和他自己的利益。当他的工作包括了有规则的机器，他能够在短时间内学会它；当他能够从一台机器到另一台机器上工作时，通过从他和他的同伴的劳动中，思考这些基本的联合，拓宽了他的工作面，也拓宽了他的视野。"[1] 尤尔指出了在工场手工业生产中对工人的技术有很高的要求，而这种要求不能被满足就会带来损失。相反，在机器生产中，在工厂里工作舒服，不需要太大的辛劳，并且在工作中没有什么危险，即使有也是工人自己造成的。"在大部分工厂里，机器所带来的危险受到了很好的防护因此基本不可能发生；即使有事故发生了，也是很少的，一般都是由于工人的粗心大意和误操作导致的。"[2] 尤尔用历史性的分析方法来分析工场手工业和机器大工业的不同，只不过，他是用这一方法论来为他的资产阶级立场辩护。

最后，尤尔描述了工厂中工人的生活境遇，给我们展现了一幅田园诗画般的生活。"曼彻斯特市格雷格父子公司生产的棉花占整个英国消费量的百分之一，该公司有五个工厂，其中历史最悠久的一个坐落在柴郡离威姆斯洛不远的夸里河岸。离工厂不远的一个阳光充足的河岸上，有一座漂亮的房子。这座房子有两层，是给女徒工作宿舍的。这里住着六十个年轻姑娘，他们衣、食、住和受教育的条件都不错，监工待她们又好。这些姑娘在厂里的举止和星期天到威姆斯洛教堂做礼拜时的举止都表现出一定程度的轻松

1　Andrew Ure, *The Philosophy of Manufactures*, London: Charles Knight, 1835, pp. 22 - 23.

2　Andrew Ure, *The Philosophy of Manufactures*, London: Charles Knight, 1835, p. 402.

愉快，使得那些人道的、明智的厂主脸上也有光彩。夸里河岸的女徒工，部分来自本教区，但主要是来自利物浦济贫所 她们的年龄从十岁到二十一岁不等。她们长大成人后几乎总是嫁给本厂的工厂，而且往往继续做工。由于她们得自己找房子住，工资比其他工人高。这些徒工上午吃牛奶燕麦粥，中午吃土豆和咸肉，星期天吃鲜肉。她们天天都有咸肉吃。"[1] "他们都生活在工厂主租来的房子里，他们很好地在这里居住。我看到，在他们的早饭时间，他们的早饭由这些构成：儿童早餐以麦片粥和牛奶为主，他们的爸爸的早晨以咖啡、鸡蛋、面包、蛋糕和黄油为主。"[2] 尤尔的这些描绘和分析带有严重的乌托邦情结，更加说明他的资本主义立场和非历史性。

当有报告说工人和儿童生活极端困苦的时候，尤尔辩护说是调查者本身不合格："这三个目击者中，没有一个是从事医学行业的，制造业的或者牧师。第一个是纱线的组装者，现在是代表团的成员之一，被兰开夏的工人派往伦敦，希望能够通过工厂十小时工作法案，他的伙伴是一个叫道尔帝的人，他曾经去曼彻斯特伪造身份，而后因恶劣地攻击了一个女性被关进监狱两年；第二个是这个小镇的郊区的一个小旅馆的拥有者，第三个是个无神论者。"[3] 尤尔指出虐待工人和虐待儿童的报告是不符合实际的。尤尔专门用一个章节来说明在机器体系下工人的工作环境，这很好来反驳那

---

1 转引自[英]E. 罗伊斯顿·派克：《被遗忘的苦难》，蔡师雄等译，福建人民出版社1983年版，第47页。Andrew Ure, *The Philosophy of Manufactures*, London: Charles Knight, 1835, p. 346

2 Andrew Ure, *The Philosophy of Manufactures*, London: Charles Knight, 1835, p. 390.

3 Andrew Ure, *The Philosophy of Manufactures*, London: Charles Knight, 1835, p. 3.

些认为工厂给工人带来疾病的观点。尤尔甚至还说,工厂中的劳动不仅不会给工人带来疾病,还可以治疗工人的疾病。"在几年前,我和一些医疗人员在一次仔细的检查中,我们惊奇地发现,棉纺织厂工人不仅不会使人产生淋巴结核病,在某种程度上还会治疗这种疾病。"[1]

总之,尤尔认为机器化大生产对资本家和工人都是有益的。"在最近的关于我们的工厂的讨论中,没有哪个环境是如此值得我们讨论的,我们的法律和经济的领导者表现出了明显的无知——他们在其他方面见多识广——制造业的惊人成就方面,长期以来给统治者提供了战争的资源创造了人们舒适的物质生活;事实上,这些已经使得我们成为很多民族的主宰者,和地球自己的恩人。"[2]"机器水平的提高所带来的好处共同分给了工厂主和操作者。一方面给工厂主带来了丰厚的利润,另一方面给工人带来了更高的工资。"[3]尤尔之所以认为机器化大生产给资本家和工人都能带来好处,那是因为尤尔的理论视域仅仅围绕机器本身带来的生产力的提高,而没有涉及机器的使用与机器的资本主义应用有本质区别,机器仅仅作为机器确实能够带来生产力的提高,但是将机器放在资本主义生产方式下,机器本身已经不再是那个能够带来生产力提高的机器,它还是会剥削工人的机器。当然,作为资产阶级代言人的尤尔,如此看待机器也是情理之中的。

钱乘旦先生在他的译著《英国工人阶级的形成》的后记中也提

---

1 Andrew Ure, *The Philosophy of Manufactures*, London: Charles Knight, 1835, p. 377.

2 Andrew Ure, *The Philosophy of Manufactures*, London: Charles Knight, 1835, p. 6.

3 Andrew Ure, *The Philosophy of Manufactures*, London: Charles Knight, 1835, p. 321.

到尤尔,他将尤尔看作是对工业革命中劳动人民生活水平持"乐观派"的理论家。"19 世纪下半叶,许多中等阶级人道主义者继续这种社会调查,证明在当时这个世界上最富裕的国家中,贫困仍是一种普遍的现象。这使费边社会主义者对工业革命中劳动人民生活水平的问题持一种'悲观'的态度;哈蒙德夫妇也支持这种立场。但'乐观'派也大有人在,尤尔牧师 1835 年写的《工业哲学》是系统地阐述'乐观派'观点的最早的一本著作,在以后几十年中,为这种观点辩护的人不断出现。"[1]实际上,尤尔不是乐观,他是站立在资产阶级的立场不断地为资本主义制度辩护。

为什么尤尔的《工厂哲学》这样一部并没有如实展现出工人生活悲惨境况的著作能够对马克思产生很大的影响,关键在于,对马克思来说工人生产生活水平境况悲惨已经是不争的事实,恩格斯在《英国工人阶级状况》中已经作了翔实实描述,但那只是现象层面的描述,对工人悲惨遭遇的同情还只是人道主义的关怀。马克思是要从理论层面去分析资本主义生产方式给工人带来的影响。

二、机器的资本主义应用带来过剩人口

在生产过程中使用机器的结果就是机器代替了大量的劳动力,于是很多工人从生产过程中游离出来,这就带来了一个有争议的问题,那就是大量的劳动工人从生产过程中游离出来是否会带来工人的过剩。斯密认为机器不会带来人口过剩,因为从生产过程中游离出来的劳动人口会在生产扩大时重新被纳入生产过程中。

1　［英］汤普森:《英国工人阶级的形成》下,译林出版社 2013 年版,第 1001 页,后记。

李嘉图首先看到机器的使用会带来过剩人口。李嘉图说:"我所要证明的,是机械的发明与采用,可伴以总生产物的减少。在这场合,劳动阶级必受害无疑。有一部分工人,必致失业;与雇佣基金比较,人口必生过剩现象。"[1]李嘉图看到了机器的运用会导致工人失业,马克思对此作出肯定:"李嘉图在谈到机器时正确地指出,资本造成人口过剩。资本既有使人口绝对增加的趋势,又有把人口中日益增长的部分变成过剩人口的趋势。"[2]李嘉图认为机器造成失业,他没有追问机器造成失业的原因是什么,也没有进一步思考失业的这种趋势继续发展带来的后果是什么。

实际上,工人重新被吸收还是变成相对过剩人口与资本主义发展的不同阶段息息相关。斯密之所以认为生产会增加工人人数是因为:一方面,斯密所处的时代是工场手工业时代,那个时期资本主义还处于扩展期、上升期,工场手工业的分工扩大了生产,使得更多的工人进入到手工工场中劳动,所以在斯密的视野中,工人是在增加的;另一方面,工场手工业是手工业为主,工场手工业条件下使用的是工具,工具的使用并不会突然游离出很多工人,而机器大工业下运用的是机器,机器的运用会导致突然代替很多工人的劳动。

尤尔立足于机器大工业的理论视域分析了机器的使用会导致工人失业。"如果棉纺织工业在发展中受到某种挫折,或者,甚至它的不断扩大不足以重新雇用那些被它不断抛出的成年工人,那就可以说,机器的改良会导致工资的降低。"[3]他看到了工人的失

1　[英]大卫·李嘉图:《政治经济学及赋税原理》,郭大力、王亚南译,译林出版社2011年版,第229—230页。

2　《马克思恩格斯全集》第37卷,人民出版社2019年版,第186页。

3　转引自《马克思恩格斯全集》第37卷,人民出版社2019年版,第210页。

业和工人工资的降低,并且构建了相对过剩人口的原型。"这些被代替的工人可以很快在工场中找到一周15S的工作,但是一般来说,他们不愿意屈尊去做如此低下的工作,而在街上游荡,消费了他们所用的工资,最终学会如何自我节制。同时,工厂主拥有选择好工人的权力,如果他们粗心大意和无能就将被其他工人所代替,这种权力保证他拥有最好的劳动力。"[1]随着机器化大生产的发展,机器体系不断健全,如果之前工人还能够不断被吸引与排斥,那么,资本主义生产发展的趋势就是不断将工人长期抛弃。与此同时,尤尔在一些地方又说工人会重新被吸纳进工厂中,所以他所持的观点是"补偿说"。还需要注意的是,尤尔在《工厂哲学》的开篇就带着一种乐观的态度给资本主义的趋势描绘了一个美好的未来——一个不需要人操作的全自动的机械化大生产。"工厂哲学就是要阐述这样一个基本原则,工业生产将被自动化机器所操纵。"[2]尤尔指出了机器大工业的发展趋势,但他没有发现这一趋势所具有的内在的矛盾——当工人完全被自动化的机器所取代的时候工人将如何生存?

尤尔对过剩人口的分析对马克思产生一定的影响,在尤尔的理论基础上,马克思对过剩人口理论进一步推进。首先,工人是否能够进入生产过程,在生产过程中担任什么角色要由扩大再生产决定,而不是重新进入之前的生产过程中。"可见,工厂工人人数的增加以投入工厂的总资本在比例上更迅速得多的增加为条件。但是,这个过程只是在工业循环的退潮期和涨潮期内实现。它还经常被技术进步所打断,这种进步有时潜在地代替工人,有时实际

1　Andrew Ure, *The Philosophy of Manufactures*, London: Charles Knight, 1835, p. 366.
2　Andrew Ure, *The Philosophy of Manufactures*, London: Charles Knight, 1835, p. 1.

地排挤工人。机器生产中这种质的变化，不断地把工人逐出工厂，或者把新的补充人员的队伍拒之门外，而工厂的单纯的量的扩大在把被逐出的工人吸收进来的同时，还把新的人员吸收进来。工人就这样不断被排斥又被吸引，被赶来赶去，而且被招募来的人的性别、年龄和熟练程度也不断变化。"[1] 工人之所以能够重新回到工厂中，是因为资本主义扩大再生产，但是，资本主义在扩大再生产的过程中会改变自身的资本结构。当资本重新招募劳动力时，由于采用更先进的机器，从而在生产过程中使用更加廉价的妇女和儿童。即使工资水平不断下降工人也不得不在资本的统治面前俯首称臣。资本主义生产方式下的机器体系就像一只看不见的手，不断将工人拉进生产体系又不断将工人赶出生产过程，来来回回已让工人麻木，只能听从这只看不见的手的召唤而毫无反抗之力，最终被湮没在资本主义的生产方式中。

其次，工人重新被招募的基础是资本的扩大再生产，扩大再生产的资本的来源正是资本自身。"在这里只指出一点：从一个工业部门被抛出来的工人，当然可以在另外一个工业部门找职业。如果他们找到了职业，从而在他们和同他们一道被游离出来的生活资料之间重新建立了联系，那么，在这里起中介作用的，是正在挤入投资场所的新追加的资本，而绝不是过去已经执行职能的并且现在转化为机器的资本。并且，即使如此，他们的前途也是多么渺茫！这些因为分工而变得畸形的可怜的人，离开他们原来的劳动范围就不值钱了，只能在少数低级的、因而始终是人员充斥和工资微薄的劳动部门去找出路。"[2] 马克思指出，工人重新工作是建立

1　《马克思恩格斯全集》第 44 卷，人民出版社 2001 年版，第 523 页。
2　《马克思恩格斯全集》第 44 卷，人民出版社 2001 年版，第 507 页。

在资本不断扩大的基础上的,因而,工人能够重新进入生产过程的前提是自身已经生产出更大的资本,而扩大的资本由于不断改变资本结构又不断将工人抛向街头,这是多么狡猾的循环!

最后,相对过剩人口出现的程度必然越来越深,而这正是资本自身不可克服的内在矛盾。"诚然,就这些织工短暂一生的结束来说,机器带给他们的只是'短暂的不便'。然而,由于机器不断占领新的生产领域,机器的'短暂的'影响也就成为长期的了。可见,资本主义生产方式使劳动条件和劳动产品具有的与工人相独立和相异化的形态,随着机器的发展而发展成为完全的对立。因此,随着机器的出现,才第一次发生工人对劳动资料的粗暴的反抗。劳动资料扼杀工人。"[1]在机器大工业条件下,资本不断扩大再生产是与机器的不断使用并存的,因此,资本不断扩大再生产的同时机器运用的规模也在不断扩大。马克思认为随着这种趋势不断发展,这种重新纳入生产过程的劳动力必然会遭遇自身内在的矛盾,就算不断扩大再生产也无法再生产出容纳工人的岗位,相对过剩人口出现的程度必然越来越深。"在资本主义生产范围内发展起来的劳动的一切社会形式和劳动的结合的特点是:它们缩短了生产商品的必要时间,从而也减少了生产一定量商品(以及剩余价值)所需要的工人人数。不过,只有在机器生产中和在以使用新的发达的机器体系为基础的机械工厂中,才能用一部分不变资本(重新成为劳动资料的那部分劳动产品)去代替工人,并且工人过剩的形成,普遍地表现为十分明显的和有意识的趋势,大规模发生作用的趋势。在这里,过去劳动表现为代替活劳动或减少工人人数的手段。在这里,人的劳动

1　《马克思恩格斯全集》第 44 卷,人民出版社 2001 年版,第 497 页。

的这种减少表现为资本主义的投机活动,增加剩余价值的手段。"[1]
在生产过程中,机器排挤工人,机器所占的比重越来越大,工人所
占的比重越来越小,这就是马克思所分析的在机器大工业下资本
有机构成越来越高,这种提高导致资本主义生产方式的内在矛盾,
这种内在矛盾会促使资本主义自身走向灭亡。

三、机器的资本主义运用对妇女和儿童的影响

当普通工人被抛向街头的时候,与之相反的是妇女和儿童却
不断被卷入生产过程中。尤尔在《工厂哲学》中不仅看到了机器对
工人的影响,还从具体层面看到了机器大生产给妇女和儿童带来
的影响。他看到,在机器体系下妇女和儿童被卷入生产过程,妇女
和儿童代替男工。尤尔在观察英国的工厂的时候,看到在英国工
厂中,大部分都是童工。"大概 9/20 的都是在 18 岁以下;在这 9/
20 中,大概 5 个是女工,接近四个是男工。"[2]"机器不断地把成年
人抛出工厂。"[3]

那么,为什么在机器体系下妇女和儿童不断代替男工?尤尔
认为,一方面,在工场手工业条件下,需要工人的体力技术等,因而
使用男工居多。而在大工业下,机器的出现降低了对工人的体力
和技术的要求。"这项工作只需要简单的指挥,就像手工梳毛,不
需要努力和技巧,现在被小孩所掌控;有一个显著的观点,自动机
器能够体现出手工业者的灵巧度和智力,现在被便宜和服从管理

---

1 《马克思恩格斯全集》第 37 卷,人民出版社 2019 年版,第 194 页。

2 Andrew Ure, *The Philosophy of Manufactures*, London: Charles Knight, 1835, p. 3.

3 转引自《马克思恩格斯全集》第 44 卷,人民出版社 2001 年版,第 498 页。

的劳动力所取代,而手工业劳动是昂贵和不服管理的。这些机器很早之前就取代了手工梳子。"[1]机器带来劳动过程的简单化,扩大了工人的范围,导致妇女和儿童也开始被纳入机器大生产的生产过程中。另一方面,妇女和儿童还有男工所不及的"优势"。相对男性,妇女和儿童更加温顺、更加能够服从大生产的要求。尤尔认为,在机器大生产体系下,生产的纪律性是一件非常重要的因素,因此资本家更愿意使用童工和女工。而正因为妇女和儿童可以去操作原本男性才能从事的劳动,因此,男性的反抗在机器体系下就成为泡沫了,他们自身已经失去了反抗的基础,于是,他们只能乖乖地服从资本家,服从资本的统治,不得不为了廉价的工资而去工厂干活。

在尤尔的眼里,妇女和儿童不断被卷入生产过程也并没有什么不妥,作为一个资本主义的辩护士,他总是能够找出很多理由来证明自己的理论。第一,尤尔认为,儿童越早进入工厂工作对儿童本身越有利。"年轻人,特别是女性,从 10 到 12 岁开始到工厂工作,他们能够独立地成为出色的工人,更好地保持他们的健康,到25 岁比那些 13 到 16 岁才进入工厂的工人拥有较合理的工作表现。"[2]尤尔并没有拿出证据来证明这一观点,他只是想告诉我们儿童进入工厂工作是有好处的。

第二,尤尔看到了工人工资的降低是一种趋势,但是尤尔是从肯定的角度来说明这个问题。一切对于资本家有利的东西,尤尔都认为是合理的。与此同时,尤尔还认为,有时候工人的工资还会

1　Andrew Ure, *The Philosophy of Manufactures*, London: Charles Knight, 1835, p. 150.

2　Andrew Ure, *The Philosophy of Manufactures*, London: Charles Knight, 1835, p. 389.

提升,尤尔用一个详细的图表数据说明在机器生产条件下,会使工人工资更高。"因此,改进的机器会让操作者在同样的时间内比之前不发达的机器赚取更多的钱。"[1]尤尔所论述的类似的矛盾在他的书中频繁出现,已经不足为怪。

第三,尤尔指出使用童工有时候是由机器本身的特性决定的。在谈到羊毛生产的时候,尤尔说:"儿童被选择为生产者,不仅仅是他们作为劳动力更便宜,以及他们肌肉的灵活性,更因为他们的个头,他们不受木板的约束,为了便于机器操作,这个木板必须保持低一点,这就不适合个子高的人,否则就会有痛苦或者容易受伤。"[2]在谈到亚麻的生产的时候,尤尔再次说:"这是一项实际操作,在纺织的房间里,那里没有灰尘,它有一个跪和弯腰的位置,而这样的位置正好特别适合儿童,等他们稍微大一点也仍然是他们的工作。"[3]尤尔这里指出了,雇佣儿童不仅仅是因为儿童的价格低廉,而且因为在生产过程中这些机器就是适合于儿童的生理因素的,也就是说,使用男工或是使用妇女和儿童不是来自资本家自身的利欲熏心,而是由资本主义生产方式本身决定的。尤尔的这一分析虽然是为资本主义制度辩护,但是却开辟了考察资本主义生产方式的客观视角。

第四,当尤尔不能回避儿童的苦难时,他将儿童的这种苦难归结为他们的父母对他们的工资的剥夺。"我越来越坚定地认为,如果儿童不是因为被那些很坏的父母或监护人滥用,并从他们所赚

---

1 Andrew Ure, *The Philosophy of Manufactures*, London: Charles Knight, 1835, p. 320.

2 Andrew Ure, *The Philosophy of Manufactures*, London: Charles Knight, 1835, p. 180.

3 Andrew Ure, *The Philosophy of Manufactures*, London: Charles Knight, 1835, p. 224.

取的钱中获得食物和衣服,他们将会在我们现在的工厂的雇佣中,比将他们放在家中,面对污浊空气和潮湿寒冷,更加能苗壮成长。"[1]尤尔认为,儿童在工厂中生活很好,有好的食物和好的工资,但是,"在这个国家,这些儿童被父母剥夺,这些贫穷的父母,他们依靠他们的孩子的收入生活"[2]。父母剥夺了儿童的工资是事实,能够看到在新的生产方式下所建构起来的新的亲权剥削关系是尤尔的功劳,但是尤尔没有追问为什么父母不去工作而让儿童去工作。在机器大生产下,由于工作变得简单,儿童就可以胜任的工作就不会雇佣成年人,因为付给儿童的工资更低,从而可以为资本家带来更多的剩余价值,于是有时候父母只能依靠儿童生活。

马克思也同样看到了在机器大工业生产过程中妇女和儿童越来越多。"最后,在这里还完全撇开了这种情况,就是除金属工厂外,到处都是少年工人(18 岁以下的)、妇女和儿童在工厂人员中远居优势。"[3]马克思不仅看到了在机器大工业生产中妇女和儿童越来越多,马克思在此基础上进一步分析了为什么在机器大工业下工人的工资不断降低。马克思认为,在手工业时代资本家雇佣男性,而资本家付给工人的工资是需要养活一家人的工资。在机器大工业下,妇女和儿童都被纳入生产过程中,因此,资本家只需要付给工人维持其自身生活的工资。"但是,从工资的平均价值的规定中可以得出,劳动能力的价值包括足够赡养一个工人家庭的工资。由于工厂制度把妇女和儿童变为被迫谋取自己的生存资料的雇佣工人,因此,劳动能力的价值降低了,这不仅是因为妇女和

1　Andrew Ure, *The Philosophy of Manufactures*, London: Charles Knight, 1835, p. 301.

2　Andrew Ure, *The Philosophy of Manufactures*, London: Charles Knight, 1835, p. 389.

3　《马克思恩格斯全集》第 44 卷,人民出版社 2001 年版,第 517 页。

儿童以其他工人的竞争者的身份出现,而且还因为现在对这一平均价值的支付,是通过把它分配到家庭所有成员身上来进行的。"[1]从这里可以看到,在机器体系下,工人的工资已经降到了不能再降低的程度,资本家通过一切方式来榨取工人的剩余价值。

马克思通过分析在机器大工业下资本家对妇女和儿童的剥削,发现了在新的生产方式下"奴隶制"重新出现。"由于使用童工,工人不出卖自身的劳动,而出卖自己的孩子的劳动,也就是出卖自己的孩子,即从事奴隶贩卖。由此便产生了资本家和工人之间关系上的根本改变,因为现在同劳动能力购买者对立的已经不是自己的劳动的出卖者,而是他人劳动的出卖者,未成年的和法律上没有行为能力的劳动能力的出卖者。成年工人由于童工的竞争而丧失的东西,已婚的工人企图以出卖自己的孩子来补偿。这里,连表示资本和劳动关系的特征的契约形式也没有了,连缔约者双方形式上的自由也没有了,因为,签订契约的不是儿童,而是代他们行事的父母。"[2]在机器体系下,儿童不再去学校读书,而是在很小的时候,有时候甚至 5、6 岁的时候就到工厂里干活。即使去学校读书,那些学校的老师也是无法给学生优质的教育的,有的教师甚至连自己的名字都不会写,试问这样的老师能够给予儿童优质的教育吗?"在 1844 年的修正工厂法颁布以前,上学证明书由男教师或女教师在上面划一个十字来代替签字,并不是少见的现象,因为他们自己也不会写字。"[3]这些小孩没有从小接受最基本的教育,在还没有自我意识的时候就被他们的父母出卖到资本家的工厂里工作,这种情况还带来了资本主义社会中家庭关系的紧张。

1　《马克思恩格斯全集》第 37 卷,人民出版社 2019 年版,第 159—160 页。
2　《马克思恩格斯全集》第 37 卷,人民出版社 2019 年版,第 159 页。
3　《马克思恩格斯全集》第 44 卷,人民出版社 2001 年版,第 461 页。

"机器还从根本上使资本关系的形式上的中介,即工人和资本家之间的契约发生了革命。在商品交换的基础上,第一个前提是资本家和工人作为自由人,作为独立的商品占有者而互相对立:一方是货币和生产资料的占有者,另一方是劳动力的占有者。但是现在,资本购买未成年人或半成年人。从前工人出卖他作为形式上自由的人所拥有的自身的劳动力。现在他出卖妻子儿女。他成了奴隶贩卖者。"[1]马克思将这种行为称为"奴隶贩卖"。

马克思认为,在机器大工业下奴隶制重新出现,这是资本主义生产方式造成的新形式的奴隶制。"然而,不是亲权的滥用造成了资本对未成熟劳动力的直接或间接的剥削,相反,正是资本主义的剥削方式通过消灭与亲权相适应的经济基础,造成了亲权的滥用。"[2]儿童在幼小的时候就被遣送到资本家的工厂工作,在这个过程中,不仅资本家能够在儿童如此小的时候就从他们的身上获取剩余价值,更重要的是,儿童从小到工厂里工作,没有智力上的发展和工作技能的提高,资本将训练出工人的服从和逆来顺受,以至于终身只能在资本家的工厂里工作,这是资本在更深层次上实现对工人的统治。这就是新的资本主义社会的奴隶制,表面上看来是父母对子女的奴役,本质上是资本对工人的奴役。

第四节
马克思批判了尤尔理论的资产阶级意识形态性

从工场手工业社会向机器大工业社会过渡,带来的是生产方

1　《马克思恩格斯全集》第 44 卷,人民出版社 2001 年版,第 455 页。
2　《马克思恩格斯全集》第 44 卷,人民出版社 2001 年版,第 563 页。

式的改变,生产方式的改变带来的是更深的对工人的压迫和剥削,给工人带来的是无尽的痛苦,于是在这个过程中伴随着的是工人的暴力反抗。尤尔反对工人的暴力反抗,他认为工人的暴力反抗都是惨无人道的,都是不道德的。尤尔在《工厂哲学》中专门用一章来分析道德问题,他这里的道德指的是工人的道德,不是针对资本家的。实际上,尤尔并非要说明工人的道德,而是认为在资本主义机器大工业下必须建立有秩序的生产方式,而工人就是秩序的认同者,服从者。所以尤尔的道德是资产阶级统治的道德,实际上,尤尔是要在新的机器大工业的生产方式下建构对工人的意识形态的统治。

一、尤尔反对工人的暴力斗争

尤尔在《工厂哲学》中描绘了一幅工人暴力的画面:"这些奇特的暴力都是犯罪的行为,有时候他们使用的工具应该只能在魔鬼身上使用,比如说,硫酸这样有腐蚀性的物质,猛冲那些值得称赞的人们,结果损毁了那些工人,并且毁坏他们的眼睛,他们非常痛苦。"[1]在他的眼里,工人是惨无人道的,他们的行为是非常凶残的,是非法的。甚至,尤尔认为一些工厂之所以倒闭就是因为工人的反抗,而工厂主是纯粹的受害者。"民族的破产倒闭和赤贫,就是工人动乱的结果。"[2]

接着,尤尔进一步分析了工人反抗的原因,他将原因归之于一

---

1 Andrew Ure, *The Philosophy of Manufactures*, London: Charles Knight, 1835, pp. 282 - 283.

2 Andrew Ure, *The Philosophy of Manufactures*, London: Charles Knight, 1835, p. 408.

些非法的人引发的煽动。尤尔将罢工的领导者都看作是邪恶的："对此我们不必感到惊讶,这些怒气是独裁的、具有阴谋的,他们领导了这些暴力,激起了公众思想深处的兴趣,引发了立法,并根据这些奇特的犯罪颁布了最新的法律。"[1]工人正是因为听信了这些不法分子的煽动才被卷进暴力斗争中。"工厂中的操作者,不太熟悉政治经济,流通和贸易,经常被一群对资本家有不满的人所蛊惑,很容易被狡猾的煽动者说服,他们所牺牲的时间和技术超过了他们报酬的那一部分,在工厂里工作更少的时间将是与他们的报酬足够相等的。这种观念似乎已经早早地根深蒂固地扎在工厂者的思维中,并且不断地被秘密联合会的领导者灌输,在特殊人群中已经形成,在全国狭隘的范围内集中起来就很多。"[2]尤尔的批判的原型来自当时社会中所不断建立的工人的政党,这些政党的领袖领导工人阶级起来反抗资本主义制度。但是在尤尔的眼里,这是非法的。这表明了尤尔鲜明的政治立场。

尤尔认为,如果不是因为工人联合会组织工人起来反抗,那么机器化的过程就会比较缓慢,那样工人就不会如此不幸。"如果不是因为联合,雇佣的变迁过程,以自动化代替手工劳动,就不会如此突然,那么就不会给工人带来如此的痛苦。"[3]尤尔看到了这样一个过程,工人反抗——使用新的机器——工人反抗——使用新的机器……但是从这个过程中,他看到的是,工人的痛苦来自工人自身的反抗。根据尤尔的论述,工人的痛苦是来自于工人自身,与

1　Andrew Ure, *The Philosophy of Manufactures*, London: Charles Knight, 1835, p. 287.

2　Andrew Ure, *The Philosophy of Manufactures*, London: Charles Knight, 1835, p. 279.

3　Andrew Ure, *The Philosophy of Manufactures*, London: Charles Knight, 1835, p. 41.

资本家和机器是毫无关系的。尤尔没有认识到的是，机器不断代替工人，工人不断暴力反抗，这一过程本身就是资本主义生产方式所造成的内在矛盾，而且，这一过程不断展开，这一矛盾就不断增强，每一次矛盾的解决恰恰是建构了一个更大更隐蔽的矛盾。

另外，对于工人，尤尔认为："工人不应该埋怨他们雇主所带来的繁重的工作并用讨厌的方法来摧毁它，工人应该心怀感激，从自我利益角度出发，从劳动中获得喜悦，通过规则和技术推荐他们自己给有钱人，从而得到有利的工作，并且取得有技能的手来执行它。因此，好的工人将会提升他们的工作条件，成为管理者，经理和新工厂的合作者，同时，在市场上增加他们对同伴的劳动的需求。这种方式是不被阻碍的进步，工资也将永久地增加和提高。如果没有暴力冲突和被操作者错误的观念所打断，工厂体系将会必比现在发展得更快和更有利，也将会展现出更多的令人高兴的例子，使有技术的工人成为富裕的工厂主。"[1]尤尔指出，工人应该努力工作而不是暴力冲突，来获得更多的工资和更好的生活条件。"一个绅士告诉鲍林先生在他的雇佣中有三种年轻人，最年轻的，他给 1 000 法郎的薪水。三四年后，如果这个年轻人工作成果显著，他将有三到四倍的工资；如果他的名声一旦建立，他将被邀请成为合作者。这就是里昂学校大部分的男孩的一般进程。"[2]从这里可以看到，尤尔论述的工人指的是有资历的工人，是生活在这个社会的中层的人而非生活在最下层的广大劳动者。尤尔的理论对象之所以是社会中层的人的原因就在于，他是一个讲师，在学校里

---

1 Andrew Ure, *The Philosophy of Manufactures*, London: Charles Knight, 1835, pp. 279 - 280.

2 Andrew Ure, *The Philosophy of Manufactures*, London: Charles Knight, 1835, p. 260.

接触的是这些接受了教育的中层人,并没有真正接触到根本没有钱接受教育的下层的普通老百姓。所以,他并没有看到下层人民的真实生活。马克思与尤尔的理论对象在本质上是不同的。

实际上,在当时的社会中,即使在同一行业中也有不同的工人。有的是掌握有高级技术的技工,有的是普通的工人,有的是最底层的没有任何技术的靠出卖体力的劳动者,不同劳动者的生活境况差别很大。尤尔针对的是中层阶级,而不是最下层的劳动者。用汤普森的划分,尤尔指的是那些新的特权工人:"新的特权工人是随着冶铁、机械和制造业中新技术的兴起而诞生的。这在机械行业中表现得最为明显;然而,即使在棉纺织业中,我们也必须牢记这样的告诫:'我们根本不是纺纱工人。'因为在 1841 年的人口普查中列举棉纺织业项目之下有 1 225 个就业工种,其中包括监工、调试和修理机器的各类熟练的'看管工'、印花染织的图案绘制工和各种其他的熟练辅助工匠。他们赚取的工资特别高。"[1]在那些特权工人以外,大部分工人的生活境况远远不是尤尔所说的那样。"直到 19 世纪 40 年代,伦敦同一行业中的工人有'体面'与'不体面'之分,其中最明显的行业是家具制造业、木工和细木工、靴鞋业、裁缝业和所有的服装及建筑行业。'体面'的部分包括生产奢侈品和高质量产品的部门,'不体面'部分则是各种'廉价而肮脏'的部分——做成品服装的,做华而不实的或是简陋的家具的,做花里胡哨的针线盒的,磨制廉价眼镜的,在教堂建筑中(由'小包工头')做转手承包下来的零碎活的以及承包军队或政府交办的劳

1　[英]汤普森:《英国工人阶级的形成》上,钱乘旦等译,译林出版社 2013 年版,第 264 页。

尤尔的《工厂哲学》对马克思哲学发展的影响

务的。"[1]在当时的社会中,"不体面"的工作才是社会的主流,但是尤尔却不以为然。尤尔不断地穿梭于这种不同层次的工人之间,并带着一种"乐观"的态度看待当时的工人。对此,马克思评价尤尔:"不过,尤尔的功绩在于,他为了吹嘘工厂劳动而指出和强调还留在工厂大门以外的工人处境更加困难——处于这种状况的工人本身就是工厂制度的结果。尤尔强调手工织工的极端贫困,好像这种贫困不是机器织造业和正好要利用这种贫困的资本家所造成的结果。"[2]而正是这种并存的工人,才让马克思看到了真正的资本主义生产方式的变化的过程。马克思看到的是从工场手工业到机器大工业的过渡,工人的生活状况不断下滑,这种变化的过程一步步加剧了资本主义社会的内在矛盾。

二、通过管理建立对工人的意识形态控制

在《工厂哲学》中第三章是《工厂系统的道德和经济》,尤尔专门用一章来分析工人的道德问题,可见其重要性。他认为,在机器化大生产下,工人的道德与机械化和商业化同等重要。"制造的目的是通过最可靠的方式将自然改造成我们需要的物品,方便甚至奢侈。三个行动的原则,或者三个有机的体系:机械化,道德和商业化,打个不恰当的比方,他们就像是动物的肌肉,神经和输血系统。"[3]那么,这里要追问的是,尤尔这里所说的道德指的是什么?

要理解尤尔所指的道德首先要看尤尔为什么要建立道德。尤

1　[英]汤普森:《英国工人阶级的形成》上,钱乘旦等译,译林出版社 2013 年版,第280—281 页。

2　《马克思恩格斯全集》第 37 卷,人民出版社 2019 年版,第 216 页。

3　Andrew Ure, *The Philosophy of Manufactures*, London: Charles Knight, 1835, p. 55.

尔看到了生产过程中一个很重要的问题,从工场手工业到机器大工业,生产方式发生变化,而工人却难以适应这种变化。手工劳动,工人虽然劳动辛苦,但享有自己的劳动的自由;而机器大工业下,机器给工人带来的是更加痛苦的劳动方式,于是这些工人通过野蛮的方式来抵制这种生产方式的改变。于是,尤尔提出了一个很重要的问题就是新的生产方式下如何建立对工人的管理。"在我的理解里,主要的困难不在于发明出合适的自动化机器来拉长和搓扭棉花,使其变成一个连续的细丝,也不在于将这些不同的机器联合成一个统一的整体,也不在于驱动各个部分以合适的精确度和速度,最重要的是训练工人放弃他们散漫的工作习惯,使得自己与这些复杂的机器有一个固定的规则。"[1]在西方思想史上,尤尔往往被认为是管理学的教父式的人物,将尤尔认作是教父式的人物是对尤尔在工厂管理方面的肯定,但是这种管理不仅仅是管理本身,更重要的是建立起了对工人的思想的控制。

由此可见,尤尔所提出的道德针对的是工人,实质上就是要建立起对工人的统治,这对工厂主来说是非常重要的。"因此,任何一个工厂主必须以同样合理的原则建立他的道德机器,否则,他就无法得到稳定的工人,能干的眼睛,提高合作,特别是生产的效率。"[2]"忽视了道德原则,将会给工人带来很大的问题,没有稳定的体系,没有个人的有规则的操作,就会在操作的过程中浪费时间和原料。"[3]对资本家来说,工人的不道德将会给资本家带来很大

1　Andrew Ure, *The Philosophy of Manufactures*, London: Charles Knight, 1835, p. 15.

2　Andrew Ure, *The Philosophy of Manufactures*, London: Charles Knight, 1835, p. 417.

3　Andrew Ure, *The Philosophy of Manufactures*, London: Charles Knight, 1835, p. 417.

尤尔的《工厂哲学》对马克思哲学发展的影响

的弊端,所以必须建立起适应机器体系的道德。

如何建立起工人的道德,尤尔提出了几种方式。首先,针对儿童,从小将儿童送入他们所创办的学校中。让儿童从小接受教育的目的在于训练出工人的顺从。"在这样的神学院,他们相信,儿童将会学会顺从和秩序,抑制他们的热情;他们相信,在很大程度上,他们在自己的家里是不会这样的。"[1]对尤尔来说,创办学校的目的并不是为了儿童的学习,学校只有一个目的,教会学生服从,从而进入工厂成为不知反抗的工人。尤尔引用了一个资料:"一个纺纱工所娶的一个女性,她已经在这个工厂里工作了 32 年,但是她只有 39 岁,身体非常好。"[2]这个工人在工厂里工作了 32 年,这32 年里工厂已经牢牢地建立了对工人的统治,这个时候的工人已经不知道要起来反抗资本家了。

其次,新的发明和新的机器的出现驯服了工人,建立了对工人的统治的新形式。尤尔说:"自动工厂的主要困难在于建立必要的纪律,以便使人们抛弃无规则的劳动习惯,使他们和大自动机的始终如一的规则性协调一致。但是,发明一个适合自动体系的需要和速度的纪律法典,并有成效地加以实行,不愧是海格立斯式的事业,而这正是阿克莱的高尚成就! 甚至在这个体系已完全建立起来的今天,也几乎不可能在成年工人中间为自动体系找到有用的助手。"[3]机器大工业下让工人能够臣服于工厂主是一件很困难的事情,随之而来的问题就是如何管制这些不驯服的工人。尤尔深刻地指出阿克莱的高尚成就不仅仅是因为阿克莱的发明带来生产

1　Andrew Ure, *The Philosophy of Manufactures*, London: Charles Knight, 1835, p. 423.

2　Andrew Ure, *The Philosophy of Manufactures*, London: Charles Knight, 1835, p. 391.

3　转引自《马克思恩格斯全集》第 44 卷,人民出版社 2001 年版,第 488 页。

力的提高,更重要的是技术的提高驯服不听话的手工工人。

最后,通过竞争来实现对工人的统治。在机器大工业下,大批工人被赶出工厂体系,为了要生存,他们只有顺从资本家从而在工厂中占有一席之地,否则,他们很快就会被代替。"政治经济学家可能很自然地问道,为什么有这些过剩的劳动力,纺纱工的工资还能保持在一个较高的高点呢?对于这个问题,一个最了解情况的工厂主给我这样的答复:'我们发现,一个适中的对工资的限制相对工人来说只有一点点满足,所以我们将工资尽可能地保持在我们能承担的情况,就为了让工人有最高质量的工作。……因而他们就会尽可能地作出最好品质的纱线来维持他们在工厂中的地位。"[1]工人努力工作,资本家就给他们最好的工资;如果他们不好好工作,会有很多的工人在排队代替他们。工人为了保持住自己在工厂中的工作,必须卖力地出卖自己的劳动力。竞争于无形中实现了对工人的统治,并且这种无形的统治牢牢地束缚住工人,而让工人没有任何反抗的余地。

尤尔分析了工厂能够有秩序地运行就需要建立起工人驯服的态度和工厂规范的秩序。工人驯服的态度来自对工人的教育,更进一步说就是对工人思想的奴役;工厂规范的秩序来自新的机器的出现从生产方式本身来建立对工人的统治。"身体的财富必须有一个健全的思想驾驭健全的身体。"[2]

在资本主义体系下,工人已经被意识形态牢牢控制。在生产过程中,工人看到的是他付出自己的劳动,得到自己的工资,似乎

1　Andrew Ure, *The Philosophy of Manufactures*, London: Charles Knight, 1835, p. 366.

2　Andrew Ure, *The Philosophy of Manufactures*, London: Charles Knight, 1835, p. 404.

尤尔的《工厂哲学》对马克思哲学发展的影响

这是一个公平的社会。这正是马克思所要批判的:"在资本—利润(或者,更恰当地说是资本—利息),土地—地租,劳动—工资中,在这个表示价值和财富一般的各个组成部分同其各种源泉的联系的经济三位一体中,资本主义生产方式的神秘化,社会关系的物化,物质的生产关系和它们的历史社会规定性的直接融合已经完成:这是一个着了魔的、颠倒的、倒立着的世界。在这个世界里,资本先生和土地太太,作为社会的人物,同时又直接作为单纯的物,在兴妖作怪。"[1]这是一个着了魔的、颠倒的世界,在这个社会中,在日常生活层面,资本的剥削已然不见,在现象层面看到的是公平。在《资本论》中,马克思致力于批判这种观念拜物教。

1　《马克思恩格斯全集》第46卷,人民出版社2003年版,第940页。

结束语：尤尔之于马克思为何重要？

本书从马克思哲学的思想发展史的角度分析了尤尔对马克思的哲学思想的发展所产生的影响。当然，不能说没有尤尔就没有马克思，但是不可忽视的是，在马克思对资本主义机器大工业的生产方式的准确分析中，尤尔产生了非常重要的影响。

《工厂哲学》对马克思的哲学思想所产生的影响主要体现在四个方面：第一，尤尔准确地区分了工场手工业和机器大工业。在理论史上，尤尔首次指出斯密的分工理论只适用于工场手工业，而不适用于机器大工业。第二，尤尔第一次揭示了现代工厂的概念，对机器大工业做出了准确的分析。第三，尤尔对资本主义制度的辩护促使马克思进一步深入分析资本主义制度中工人的地位和遭遇。第四，尤尔在资本主义制度下通过教育所建立的对工人的意识形态的统治促使马克思发现了工人阶级身上的观念拜物教。

不过，尤尔的《工厂哲学》对马克思的哲学思想的发展所产生的影响是随着马克思自身的理论水平的不断提高而产生效果的。当马克思自身的理论水平还未达到一定的高度时，他是不能发现尤尔的《工厂哲学》中的深刻之处的。

在《布鲁塞尔笔记》中，马克思首次摘录了尤尔的《工厂哲学》，摘录了五页纸。虽然在马克思浩瀚的笔记中，这五页纸不算多，但

尤尔的《工厂哲学》对马克思哲学发展的影响

是这些摘录却在马克思今后的思想发展过程中起着非常重要的作用。在这一摘录中,通过马克思对尤尔的《工厂哲学》的摘录轨迹和摘录内容可以发现,此时马克思对尤尔的理论的关注点在于尤尔对工厂中的人的考察。随后,在《评李斯特》中,马克思就用在《布鲁塞尔笔记》中所摘录的尤尔的观点来反对李斯特。由于马克思此时自身对机器的理解,对机器大工业的理解还非常薄弱,因此,马克思并没有理解尤尔的思想。

在《德意志意识形态》中,尤尔却消失了。虽然在《布鲁塞尔笔记》中马克思已经摘录了尤尔关于斯密的理论的判断,但是却未引起他的重视。在《德意志意识形态》中,马克思依然是从斯密的分工理论出发来分析机器大工业,因而,他继续延续着斯密的错误混淆了两种分工,认为分工带来人的片面性。与此同时,马克思受到了舒尔茨的影响,将理论视域从革命的实践活动转向物质生产。但是,与舒尔茨相同,此时马克思所理解的物质生产只是"物"的生产,并不具有社会关系的含义,没有能够深入到具体的资本主义生产方式下考察物质生产,由此可见,马克思此时对资本主义的解读尚未成熟。

在《哲学的贫困》中,马克思的思想开始渐渐发生转变,此时马克思开始走出斯密的理论漩涡,站在李嘉图的理论基石上来分析资本主义社会。在这一文本中,马克思对尤尔的重视程度开始加深,对尤尔的《工厂哲学》的引用长达两页纸,他以尤尔的观点来反对蒲鲁东的观点。在对蒲鲁东的批评的过程中,马克思自身的思想也在不断深入,第一次区分了两种分工,并且开始区分工具和机器,对机器的理解也在不断深化。但是此时马克思是以动力来区分工具和机器的,也就是说,此时的马克思的理论水平是停留在拜比吉的水平上的。

马克思是一位无产阶级的革命斗士,他的目的是要推翻资产阶级的统治,于是,马克思与恩格斯为了在革命到来前为革命提供强有力的理论支持,写下了《共产党宣言》。他们认为,由于资本家残酷压迫工人,在即将到来的革命中,无产阶级一定会反抗资本家的统治,取得革命的胜利登上历史的舞台。但是1848年革命却给了马克思重重一击,无产阶级革命胜利的果实却被资产阶级窃取了,于是在这个过程中,马克思开始对革命进行总结,写下了一系列政论性文章,其中比较具有代表性的就是《法兰西阶级斗争》和《雾月十八日》。在这两篇政论性文章中,马克思的主客体双重解读线索不断推进。在客体线索上,马克思转向对资本主义生产方式本身的研究,他发现资本主义的统治还处在上升期,资本主义生产方式自身还没有完全发展成熟,在这样的情况下,无产阶级革命是不会取得胜利的。在主体线索上,马克思发现了工人阶级身上的观念拜物教。在《形态》中,马克思认为无产阶级会在革命中洗去身上肮脏的东西,此时,马克思发现,由于工人受到观念拜物教的束缚,因而受到资本家的小恩小惠之后就沉寂了,将革命胜利的愿景寄托在无产阶级身上是无济于事的。于是,马克思开始转向资本主义自身的内在的矛盾去研究资本主义灭亡的原因。

1848年革命之后,马克思移居伦敦,1850年9月至1853年8月他在大英博物馆潜心研究经济学,写下了《伦敦笔记》。与此同时,正值1851年在英国举办世界上第一次万国工业博览会,从现实的角度给马克思展示了最新的科学技术,促使马克思开始推进对工艺学的研究。在这个过程中,尤尔再次进入了马克思的理论视域。在《伦敦笔记》中,马克思摘录了尤尔、波佩和贝克曼的著作,通过对工艺学的研究促使马克思深入到资本主义生产方式本身去对完成对资本主义内在矛盾的分析。此时的理论成果体现在

《57—58 手稿》中。

在《57—58 手稿》中，马克思开始深入资本主义生产过程去研究资本主义的内在矛盾。在这一经济学手稿中，马克思区分了劳动过程和生产过程。当眼光盯住劳动过程的时候，理论对象必然是"人"，当眼光盯住生产过程时，才能够发现资本主义生产过程中的内在矛盾。由于马克思自身的理论水平在不断提高，他开始渐渐理解尤尔并超越尤尔。不过，马克思并没有止于尤尔对机器大工业的分析。尤尔对机器的分析更多的是停留于机器作为"物"的层面。而马克思超越了尤尔所理解的机器作为"物"的层面，将机器置于资本主义生产方式之下，从而机器具有了更深刻的含义。马克思发现，机器的使用不是因为机器能够提高劳动生产力，而是因为机器能够创造剩余价值，本质上是为了资本的增殖。在这样的思路下，马克思将机器延伸到了固定资本。与此同时，马克思也从主体向度推进了对工人的理解，那就是将工人理解成雇佣劳动。固定资本和雇佣劳动身上所承载的是在资本主义生产过程中资本家对工人的剥削关系。

在《61—63 手稿》和《资本论》中，马克思大量引用了尤尔的著作《工厂哲学》。但马克思没有止于对尤尔的思想的吸收，在《61—63 手稿》和《资本论》中，马克思超越了尤尔对机器大工业的分析，主要体现在四个方面：第一，马克思超越了尤尔对工场手工业的分析。在这一过程中，马克思明确区分了两种分工，并且区分了工场手工业下的分工与机器大工业下的分工的不同。第二，马克思超越了尤尔对机器大工业的解读。马克思将机器置放在资本主义生产方式下进行讨论，指出机器与机器的资本主义运用是不同的，并且看到了在资本主义生产方式下，科学与资本相结合进一步完成了对工人的统治。第三，马克思批评了尤尔对资本主义制度的辩护。在声讨尤尔的过程中,体现了马克思对工人的关怀,马克思指出,机器的资本主义运用带来了过剩人口,导致了对妇女和儿童更深层的剥削。第四,马克思批判了尤尔理论的资产阶级意识形态。尤尔认为要通过教育等方式实现对工人的管理,透过这一层面,马克思发现了资产阶级是如何实现对工人的观念拜物教的统治的。当然,马克思的理论目的不是要超越尤尔,而是在超越尤尔的理论的过程中完成了对资本主义机器大工业的分析,从而深化了对资本主义内在矛盾的批判。

在前面的分析中可以看到,马克思通过对资本主义机器大工业的分析完成了对资本主义内在矛盾的批判。马克思在成熟时期所要论述的是资本主义最终的灭亡来自资本主义自身的内在矛盾。这会让人产生一种误解,如此理解马克思的思想是否过分强调资本主义的客观运行规律而弱化了工人阶级作为主体的力量。

实际上,马克思对工人主体地位的准确分析是建立在他对资本主义生产方式的准确分析的基础上的。只有当马克思真正站在机器大工业基础上去分析机器大工业的内在矛盾时,他对资本主义的分析才真正透彻,也只有建立在这个基础上,他才能真正弄清楚工人在生产过程中的地位以及工人作为解放的主体的意义。

在资本主义工场手工业时代,生产的内部分工得到进一步发展,工人的劳动不再是完成一个完整的工作,他的劳动仅仅是总劳动中的一个部分。工人因为分工而成为被肢解的器官,这些器官在资本的统治下成为一个整体的人。工场手工业时期,虽然人被肢解,但是在生产过程中依然需要工人的技术、熟练程度。虽然工人是片面的职能,但是结合起来的人依然是生产的中心,工场手工业中的人还是占主导地位的。

在资本主义机器大工业时代,在生产过程中机器取代工人占

　　　　　尤尔的《工厂哲学》对马克思哲学发展的影响

据主导地位。机器是主体,人游离于机器之外也就是游离于主体之外。机器具有了"主人"的权力,而这种"主人"的权力正是资本的权力,资本以更强健的霸权统治着工人。如果在工场手工业中工人还有局部技术作为"资本"与资本家的资本相对抗,那么在机器大生产条件下工人仅有的这点"资本"也被资本家的资本全部剥夺。在机器大生产条件下,工人被紧紧戴上"雇佣"的紧箍咒成为"雇佣工人",甚至连人都不是而成为"雇佣劳动"。对于资本来说,工人仅仅是无技术无智力的劳动。从工场手工业到机器大工业,工人就是这样被一步步地边缘化,直到牢牢地成为雇佣劳动而没有任何反抗的机会。

马克思对主体的理解与历史唯物主义的进展是同步进行的。对历史唯物主义的理解达到什么样的深度,对主体就会有什么样的理解。当马克思对资本主义社会的理解停留在工场手工业时,因为在工场手工业中,人还是生产过程的一部分,因此,马克思的理论对象就是人和人的劳动,马克思所看到的矛盾必然是资本家和工人之间的斗争;到了机器大工业,机器占据主导地位,人退居次要地位,因此,马克思的理论对象转向资本主义生产方式本身,马克思所看到的矛盾必然是资本主义生产方式本身所具有的内在矛盾,而工人是内含在这个矛盾之中的。马克思这个时候并非只看到了资本主义的内在矛盾,而忽略了工人的主体性,实际上这是马克思对资本主义的深刻分析。

实际上,一直关注主体并不代表就能解决主体解放的问题,不谈论工人这个主体也不代表马克思就没有人文关怀。从前面的分析可以看到,马克思在早期一直在分析工人的解放问题,但是,事实上他并没有足够的能力驾驭这个问题,他只能通过人本主义的价值悬设去解放工人被束缚的自由。恰恰相反,主体的解放其实并不一定要主体的切入。有时候看似不在谈人,但是恰恰是在为人的解放提供历史唯物主义逻辑。实际上,分析现实的客观的内在矛盾并非就是放逐了工人的主体性,就是纯粹客观的历史。在马克思的后期著作中,主体并未缺位,主体一直都在,只不过是主体经历了一个去神话的过程,以另一种方式而存在,那就是去分析资本主义的内在矛盾。

马克思在《资本论》及其手稿中着力于对资本主义内在矛盾的分析,这个时候资本的运作过程本身就像是一个主体在运作。那么,资本作为主体的力量从何而来,那就是资本自身所蕴含的内在的矛盾,正是因为这种内在矛盾,使得资本自身不断向前发展。马克思在内在逻辑层面通过分析资本主义社会的内在矛盾的运动,为主体解放路径的获得提供科学依据。从手工业资本主义到机器大工业资本主义,工人不断被统治,因此,呼唤工人起来反抗那只能是伦理的召唤。而机器大工业下,主体的力量蕴藏在资本主义的内在矛盾中。当资本主义内在矛盾充分发展,主体作为主体的力量就会显现出来。因此,在马克思的历史唯物主义视域中,主客体是统一的,这种统一不是外在的统一而是统一在资本主义的内在矛盾中。

参考文献

1. 图书篇:

Andrew Ure, *The Philosophy of Manufactures, or, an Exposition of the Scientific, Moral, and Commercial Economy of the Factory System of Great Britain*, London: Charles Knight, 1835.

Andrew Ure, *The Cotton Manufacture of Great Britain, Systematically Investigated, and Illustrated by 150 Original Figures, Engraved on Wood and Steel; with an Introductory View of Its Comparative State in Foreign Countries, Drawn Chiefly from Personal Survey*, London: Charles Knight, 1836.

Andrew Ure, *A Dictionary of Arts, Manufactures and Mines: Containing a Clear Exposition of Their Principles and Practice*, London: Longman, 1839.

Charles Babbage, *The Economy of Machinery and Manufactures*, Cambridge: Cambridge University Press, 2009.

MEGA² *Karl Marx Friedrich Engels Gesamtausgabe* (MEGA),

Vierte Abteilung: *Exzerpte* · *Notizen* · *Marginalien*, Vol. 3, Berlin: Akademie Verlag, 1998, S. 342 - 351.

[德]马克思、[德]恩格斯:《马克思恩格斯全集》第 1～50 卷,人民出版社,1956—1986 年,第 1 版。

[德]马克思、[德]恩格斯:《马克思恩格斯选集》第 1～4 卷,人民出版社 1995 年版。

《马列主义研究资料》第 1～58 期,人民出版社 1978—1990 年版。

《马克思主义研究资料》第 3 卷,中央编译出版社 2013 年版。

《马克思主义研究资料》第 4 卷,中央编译出版社 2013 年版。

《马克思主义研究资料》第 10 卷,中央编译出版社 2015 年版。

《马克思恩格斯研究》第 1～24 期,中共中央编译局马克思恩格斯研究室。

《马克思恩格斯列宁斯大林研究》第 1～8 期,中共中央编译局。

《马克思恩格斯著作特辑》单行本,人民出版社 2018 年版。

《马克思恩格斯文集》,人民出版社 2009 年版。

《马恩列斯研究资料汇编》1980,书目文献出版社 1980 年版。

《马恩列斯研究资料汇编》1981,书目文献出版社 1981 年版。

[古希腊]柏拉图:《理想国》,郭斌和、张竹明译,商务印书馆 2002 年版。

[英]亚当·斯密:《国民财富的性质和原因的研究》,郭大力、王亚南译,商务印书馆 2012 年版。

[英]大卫·李嘉图:《政治经济学及赋税原理》,郭大力、王亚南译,译林出版社 2011 年版。

[德]李斯特:《政治经济学的国民体系》,邱伟立译,华夏出版社 2009 年版。

[英]汤普森:《英国工人阶级的形成》,钱乘旦等译,译林出版社

2013 年版。

［英］M. M. 波斯坦主编：《剑桥欧洲经济史（工业革命及其以后的经济发展：收入、人口及技术变迁）》第 6 卷，王春法、张伟、赵海波译，经济科学出版社 2002 年版。

［英］卡尔·波兰尼：《大转型：我们时代政治与经济起源》，冯钢、刘阳译，浙江人民出版社 2007 年版。

［英］威廉·汤普逊：《最能促进人类幸福的财富分配原理的研究》，何慕李译，商务印书馆 1986 年版。

［美］安德鲁·芬伯格：《技术批判理论》，韩连庆、曹观法译，北京大学出版社 2005 年版。

［美］诺曼·莱文：《不同的路径：马克思主义与恩格斯主义中的黑格尔》，臧峰宇译，北京师范大学出版社 2009 年版。

［法］蒲鲁东：《贫困的哲学》，余叔通、王雪华译，商务印书馆 2010 年版。

［法］蒲鲁东：《什么是所有权》，孙署冰译，商务印书馆 1963 年版。

［法］米歇尔·博德：《资本主义史 1500—1980》，吴艾美等译，东方出版社 1986 年版。

［法］布尔迪厄：《再生产》，邢克超译，商务印书馆 2002 年版。

［意］阿列桑德洛·荣卡格利亚：《西方经济思想史》，罗汉、耿筱生、郑梨莎、姚炜堤译，上海社会科学院出版社 2009 年版。

［苏］阿·伊·马雷什：《马克思主义政治经济学的形成》，刘品大译，四川人民出版社 1983 年版。

［苏］巴加图利亚：《马克思的第一个伟大的发现》，陆忍译，中国人民大学出版社 1981 年版。

［苏］伊林柯夫：《马克思〈资本论〉中的抽象和具体的辩证法》，孙开焕等译，山东人民出版社 1993 年版。

［日］见田石介:《〈资本论〉的方法》,沈佩林译,山东人民出版社 1992 年版。

［日］望月清司:《马克思的历史理论研究》,韩立新译,北京师范大学出版社 2009 年版。

［比］曼德尔:《晚期资本主义》,马清文译,黑龙江人民出版社 1983 年版。

［德］弗里德里希·李斯特:《政治经济学的国民体系》,陈万煦译,商务印书馆 1961 年版。

［德］曼弗雷德·缪勒:《通往〈资本论〉的道路》,钱学敏等译,山东人民出版社 1992 年版。

［东德］图赫舍雷尔:《马克思经济理论的形成与发展》,马经青译,人民出版社 1981 年版。

孙伯鍨:《卢卡奇与马克思》,南京大学出版社 1999 年版。

孙伯鍨:《探索者道路的探索——青年马克思恩格斯哲学思想研究》,南京大学出版社 2002 年版。

孙伯鍨:《孙伯鍨哲学文存》第 1～4 卷,江苏人民出版社 2010 年版。

孙伯鍨、侯惠勤:《马克思主义哲学的历史和现状》上下卷,南京大学出版社 2009 年版。

张一兵:《回到马克思——经济学语境中的哲学话语》,江苏人民出版社 1999 年版。

张一兵:《马克思主义历史辩证法的主体向度》,南京大学出版社 2002 年版。

张一兵:《文本的深度耕犁》第 1、2 卷,中国人民大学出版社 2004、2008 年版。

张一兵:《马克思哲学的历史原像》,人民出版社 2009 年版。

张一兵主编:《资本主义理解史》第 1 卷,江苏人民出版社 2009 年版。

唐正东:《从斯密到马克思》,江苏人民出版社 2009 年版。

黄楠森等主编:《马克思主义哲学史》第 1～8 卷,北京出版社 1991—1997 年版。

陈岱逊:《从英国古典经济学到马克思》,上海人民出版社 1981 年版。

熊子云、张向东:《唯物史观形成史》,重庆出版社 1988 年版。

顾海良:《在马克思经济学道路上》,河北大学出版社 1997 年版。

李成旺:《马克思哲学革命的文本学解读》,中国社会科学出版社 2011 年版。

田光、陆立军:《〈资本论〉创作史简编》,浙江人民出版社 1992 年版。

刘永佶:《〈资本论〉的逻辑》,江苏人民出版社 1987 年版。

刘永佶:《马克思政治经济学方法论史》,北京大学出版社 1987 年版。

刘永佶:《马克思经济学手稿的方法论》,河南人民出版社 1990 年版。

龚唯平:《工业化范畴论——对马克思工业化理论的系统研究》,经济管理出版社 2001 年版。

刘佑成:《社会分工论》,浙江人民出版社 1985 年版。

钱乘旦:《第一个工业化社会》,四川人民出版社 1988 年版。

程恩富主编:《马克思主义经济思想史　中国卷》,东方出版社 2006 年版。

汤在新主编:《〈资本论〉续篇探索　关于马克思计划写的六册经济学著作》,中国金融出版社 1995 年版。

汤在新：《马克思经济学手稿研究》，武汉大学出版社 1993 年版。

李善明主编：《马克思恩格斯经济学创建纪略》，河北人民出版社 1984 年版。

马健行、郭继严：《〈资本论〉创作史》，山东人民出版社 1983 年版。

庄前生主编：《马克思主义经典文献研究论文题录集》，中国社会科学出版社 2010 年版。

俞忠英：《〈资本论〉的整体方法探讨》，复旦大学出版社 1993 年版。

顾海良：《马克思"不惑之年"的思考》，中国人民大学出版社 1993 年版。

孙承叔：《真正的马克思》，人民出版社 2009 年版。

2. 论文篇：

Andrew Ure, "Experiments on Sulphuric Acid to Determine the Law of Progression, Followed in Its Densities at Different Degrees of Dilution; with Several New Tables", *American Periodicals*: *Journal of Science and Art*, Vol. 4, No. 7 (Jan. , 1818).

Andrew Zimmerman, "The Ideology of the Machine and the Spirit of the Factory: Remarx on Babbage and Ure", *Cultural Critique*, No. 37 (Autumn, 1997).

Steve Edwards, "Factory and Fantasy in Andrew Ure", *Journal of Design History*, Vol. 14, No. 1 (2001).

Richard S. Rosenbloom, "Men and Machines: Some 19th-Century Analyses of Mechanization", *Technology and Culture*, Vol. 5, No. 4 (Autumn, 1964).

W. V. Farrar, "Andrew Ure, F. R. S. , and the Philosophy of

Manufactures", *Notes and Records of the Royal Society of London*, Vol. 27, No. 2 (Feb. , 1973).

W. S. C. Copeman, "Andrew Ure, M. D. , F. R. S. (1778 - 1857)", *Proceedings of the Royal Society of Medicine*, Vol. 44(1951).

Terry Mortenson, "British Scriptural Geologists in the First Half of the Nineteenth Century: Part 4, Andrew Ure (1778 - 1857)", www. creation. com.

Donald Cardwell, "Ure, Andrew (1778 - 1857)", in *Oxford Dictionary of National Biography*, www. oxforddnb. com/ view/printable/28013.

Johann Plenge, "Ein tödlicher Widerspruch im Marxismus: Die "managers bei Karl Marx selbst" die Seele unseres Industriesystems", *Finanz Archiv / Public Finance Analysis*, *New Series*, Bd. 12, H. 3 (1950/51).

Mohinder Kumar, "Karl Marx, Andrew Ure and the Question of Managerial Control", *Social Scientist*, Vol. 12, No. 9 (Sep. , 1984).

[苏]C. M. 格里哥里扬:《马克思〈1861—1863 年经济学手稿〉中关于技术进步问题的论述》,《马列著作编译资料》,1981 年第 15 辑。

[日]吉田文和:《对查理·拜比吉〈论机器和工厂的节约〉一书的分析——马克思"机器理论"形成史研究一》,王克峻摘译,《马列主义研究资料》,1984 年第 3 辑。

[美]尼克·迪尔-维斯福特:《马克思的机器观》,罗燕明译,《当代世界与社会主义》,2001 年第 4 期。

《关于〈伦敦笔记〉第Ⅰ-Ⅵ本的内容——〈马克思恩格斯全集〉历史
　　考证版第4部分第7卷前言》,《马列主义研究资料》,1984年
　　第5辑。

《关于马克思〈伦敦笔记〉第Ⅺ-ⅩⅣ笔记本——〈马克思恩格斯全
　　集〉历史考证版第4部分第9卷前言》,《马克思恩格斯研究》,
　　1994年第18辑。

张钟朴:《马克思在〈伦敦笔记〉中对科学技术、机器生产和工艺学
　　的研究》,《马克思恩格斯研究》,1994年第17期。

孙乐强:《马克思机器大生产理论的形成过程及其哲学效应》,《哲
　　学研究》,2014年第3期。

杨晓敏:《更正E. P. 汤普森的一个见解》,《河北师范大学学报》,
　　2010年第6期。

孙伯鍨、张一兵、唐正东:《"历史之谜"的历史性剥离与马克思哲学
　　的深层内涵》,《南京大学学报》,2000年第1期。

孙伯鍨、张一兵、仰海峰:《体系哲学还是科学的革命的方法论》,
　　《天津社会科学》,1997年第6期。

张一兵、周嘉昕:《"资产阶级生产方式":资本主义批判的一般理论
　　框架》,《山东社会科学》,2008年第5期。

张一兵、周嘉昕:《马克思恩格斯资本主义理解范式的历史性生
　　成》,《南京大学学报》,2007年第1期。

张一兵:《古典经济学与社会主义最初联结的哲学意义》,《学术月
　　刊》,1998年第10期。

张一兵:《劳动塑形、关系构式、生产创序与结构筑模》,《哲学研
　　究》,2009年第11期。

张一兵:《历史唯物主义、历史认识论与历史批判理论》,《哲学研
　　究》,1999年第10期。

张一兵:《历史唯物主义与政治经济学的最初接合》,《中共福建省委党校学报》,1999 年第 1 期。

张一兵:《马克思理论写作中的三类文本及其哲学评估》,《马克思主义与现实》,1997 年第 3 期。

唐正东:《基于经济学视角的现代性批判及其哲学意义》,《哲学研究》,2007 年第 12 期。

唐正东:《"一般智力"的历史作用:马克思的解读视角及其当代意义》,《马克思主义与现实》,2012 年第 4 期。

唐正东:《〈资本论〉:马克思新唯物主义哲学发展的第四个阶段》,《江苏行政学院学报》,2005 年第 4 期。

唐正东:《从预设论到内生性历史发生学》,《学术月刊》,2005 年第 10 期。

唐正东:《当代资本主义生产关系:名字、动词或其他?》,《学习与探索》,2012 年第 4 期。

唐正东:《对蒲鲁东的批判给马克思带来了什么?》,《江苏社会科学》,2010 年第 2 期。

唐正东:《基于经济学视角的现代性批判及其哲学意义》,《哲学研究》,2006 年第 12 期。

唐正东:《经济学视域与青年马克思的哲学发展》,《学海》,2007 年第 3 期。

唐正东:《马克思"物质生产"概念的哲学内涵论析》,《学术研究》,2005 年第 5 期。

唐正东:《马克思拜物教批判理论的辩证特性及其当代启示》,《哲学研究》,2010 年第 7 期。

刘永谋:《机器与统治》,《科学技术哲学研究》,2012 年第 1 期。

俞吾金:《作为全面生产理论的马克思哲学》,《哲学研究》,2003 年第 8 期。

曹克:《技术的社会批判与马克思对工业革命的哲学审视》,《自然
　　辩证法研究》,2004 年第 8 期。

夏永红、王行坤:《机器中的劳动与资本——马克思主义传统中的
　　机器论》,《马克思主义与现实》,2012 年第 4 期。